U0959832

权威·前沿·原创

皮书系列为
“十二五”“十三五”国家重点图书出版规划项目

BLUE BOOK

智库成果出版与传播平台

证券公司蓝皮书

BLUE BOOK OF
SECURITIES COMPANIES

中国证券公司竞争力研究报告（2020）

ANNUAL REPORT ON THE COMPETITIVENESS OF SECURITIES COMPANIES IN CHINA (2020)

鲁信发展研究院
山东省亚太资本市场研究院
主　编／孙国茂

社会科学文献出版社
SOCIAL SCIENCES ACADEMIC PRESS (CHINA)

图书在版编目（CIP）数据

中国证券公司竞争力研究报告. 2020 / 孙国茂主编
. -- 北京：社会科学文献出版社，2021.1
（证券公司蓝皮书）
ISBN 978-7-5201-7747-4

Ⅰ. ①中… Ⅱ. ①孙… Ⅲ. ①证券公司-竞争力-研究报告-中国-2020 Ⅳ. ①F832.39

中国版本图书馆 CIP 数据核字（2021）第 016534 号

证券公司蓝皮书
中国证券公司竞争力研究报告（2020）

主　　编 / 孙国茂

出 版 人 / 王利民
组稿编辑 / 高　雁
责任编辑 / 颜林柯

出　　版 / 社会科学文献出版社·经济与管理分社（010）59367226
地址：北京市北三环中路甲 29 号院华龙大厦　邮编：100029
网址：www.ssap.com.cn
发　　行 / 市场营销中心（010）59367081　59367083
印　　装 / 三河市东方印刷有限公司

规　　格 / 开　本：787mm×1092mm　1/16
印　张：22　字　数：329 千字
版　　次 / 2021 年 1 月第 1 版　2021 年 1 月第 1 次印刷
书　　号 / ISBN 978-7-5201-7747-4
定　　价 / 188.00 元

《中国证券公司竞争力研究报告（2020）》
编 委 会

撰写组成员 孙国茂 李宗超 李 猛 孙同岩
姚丽婷 王大雷 黄晓艳 郭文娟
张 辉 闫小敏

主　　编 孙国茂

机构介绍

山东省亚太资本市场研究院是一家致力于金融与资本市场研究的智库机构，拥有一支30多人的专业团队，主要从事政策研究、行业咨询、企业孵化、管理培训、市值管理、会议论坛、编辑出版和数据挖掘等业务，为政府提供决策咨询和研究服务，为企业提供实用、专业、权威和有价值的财富管理资讯服务，孵化和培育具有增长潜力的中小企业进入资本市场并提供市值管理和资本运营服务，为政府相关部门、大学及研究机构提供具有战略价值的产业发展、区域规划、乡村振兴、普惠金融、绿色金融等专项研究解决方案。

研究成果

山东省亚太资本市场研究院连续多年编写《山东上市公司经营绩效及市值管理研究报告》《山东省金融科技发展报告》等5本年度研究报告。其中，《中国证券公司竞争力研究报告》《山东省普惠金融发展报告》《山东省中小企业发展报告》3本年度报告被列入中国社会科学院蓝皮书系列。每年编写《山东省中小企业年鉴》，发布《山东省上市公司白皮书》《山东省区块链产业发展白皮书》等研究报告。

会议论坛

中国公司金融论坛自2012年创办以来已连续举办8届，每年根据国家宏观经济政策和国内外广受关注的经济金融热点问题确定论坛主旨。参加论坛的人员有政府部门和金融监管部门工作人员，金融机构、类金融机构和财富管理机构等机构的从业人员，大学及研究院（所）的研究人员，以及海内外关注中国经济改革和金融改革的专家学者。

专家团队

山东省亚太资本市场研究院特约专家包括李扬、夏斌、吴晓求、贾康、贺强、王忠民、刘尚希、韦森、胡汝银、巴曙松、姚洋、祁斌、王松奇、姚景源、张承惠、管涛、刘李胜、谭雅玲、徐洪才、邹平座、马险峰、李迅雷、郭田勇、曾刚、王力、黄震、林采宜、张述存、胡金焱、曹廷求和张卫国在内的近百名国内著名经济学家、金融学家和证券投资与研究专家，组成了在行业内享有盛誉的专家团队。

合作伙伴

山东省亚太资本市场研究院与中国社会科学院、北京大学、中国人民大学、中央财经大学、上海证券交易所、山东大学、山东社会科学院、青岛大学、济南大学、山东财经大学、中国金融四十人论坛、中国上市公司市值管理研究中心、齐鲁股权交易中心、山东省扶贫基金会、山东省小额贷款企业协会、山东省普惠金融研究院等近百家大学、研究机构、金融机构，以及人民网、新华网、光明网、中国网、中国经济网、央视网、央广网、国际在线、中国社会科学网、山东电视台、山东广播经济频道、齐鲁网、《中国证券报》、《上海证券报》、《证券时报》、《金融时报》、《证券日报》、《经济日报》等近百家中央、地方专业媒体建立了良好的合作关系。

主编简介

孙国茂 山东省泰山产业领军人才，山东省金融高端人才，山东省人大常委会财经专家顾问，山东省政府研究室特邀研究员，青岛大学经济学院特聘教授、博士生导师，山东工商学院金融学院特聘教授、金融服务转型升级协同创新中心首席专家。先后担任济南大学公司金融研究中心主任、济南大学金融研究院院长、山东省资本市场创新发展协同创新中心主任、济南大学商学院教授等职。主要研究领域为公司金融、资本市场和制度经济学。出版《普惠金融组织与普惠金融发展研究》《制度、模式与中国投资银行发展》《公司价值与股票定价研究》等专著10部；在《管理世界》《中国工业经济》《经济学动态》等学术期刊以及《人民日报》《经济参考报》《中国证券报》等重要报纸上发表论文100多篇，其中30多篇被《新华文摘》和《人大报刊复印资料》转载；连续9年主编《中国证券公司竞争力研究报告》，连续7年主编《山东上市公司经营绩效及市值管理研究报告》，连续6年主编《山东省金融科技发展报告》，主编《山东省区块链产业发展白皮书(2020)》。主持国家社科基金项目、省部级重大研究课题以及横向研究课题10多项，获得山东省社会科学一等奖两次、二等奖等奖项多次。作为省政府特邀研究员和金融专家，参加时任山东省省长郭树清主持召开的山东省“十三五”规划讨论、山东省金融“十三五”规划讨论、山东省资本市场“十三五”规划讨论和《山东地方金融条例》讨论。

摘 要

资本市场是现代经济的核心，是全社会资源配置的枢纽和基础设施。习近平总书记对我国资本市场发展做出了一系列重要论述，他强调指出资本市场在金融运行中具有牵一发动全身的作用，要通过深化金融改革，打造一个规范、透明、开放、有活力、有韧性的资本市场。金融监管部门紧扣深化金融供给侧结构性改革的主线，设立科创板并启动注册制改革，加强资本市场基础制度建设，我国资本市场迎来新的发展契机。但同时也应该看到，世界仍处在国际金融危机后的深度调整期，防范化解金融风险特别是防止发生系统性金融风险，是金融工作的根本性任务。党的十九大提出了“健全货币政策和宏观审慎政策双支柱调控框架”，表明宏观审慎监管已成为我国金融改革顶层设计的重要组成部分。其中，系统重要性作为金融基础设施重要组成部分亦被纳入宏观审慎监管视野。2019 年，中国人民银行、中国银保监会发布《系统重要性银行评估办法（征求意见稿）》，意味着我国将对系统重要性金融机构进行评估。证券公司作为金融机构的一部分，监管部门至今未出台系统重要性证券公司评估办法。本报告通过借鉴国际相关经验和国内银行系统评价方法，创新性地提出系统重要性证券公司评估体系。

在经历了两年稳定期后，我国证券公司迎来了数量的增加。2019 年，我国证券公司共计 133 家，较上年增加 2 家，新增的 2 家证券公司均为外资控股券商；沪深上市券商新增 2 家，共计 37 家。经过多年的发展，证券公司的经营管理日益规范，行业合规发展成为常态。部分经营稳健、业绩优良的证券公司的知名度和信誉不断提高，但部分证券公司管理不善，合规问题不可小觑。总结证券公司运行状况并运用科学方法评价其竞争力，分析证券公司发展中存在的问题，对于指导行业健康发展和完善宏观审慎监管体系下系统重要性评估具有重要意义。本报告秉承及时有效、科学严谨、客观权威的理念，全面分析了中国证券公司作为资本市场主体呈现的新变化、新特征，并运用科学的研究方法和评价体系对证券公司竞争力、系统重要性进行排名评估。全书分为总报告、评价篇、专题篇和附录 4 个部分。

总报告首先总结了中国证券行业运行的宏观背景，重点阐述了深化资本市场改革的内容；其次，介绍了我国 2019 年资本市场运行概况，从证券一级、二级市场展开分析，对新三板市场、科创板市场做了详细介绍；最后，总结了证券公司的发展状况和呈现的新特点。

评价篇深度剖析了我国证券公司各项数据，并运用科学的研究方法和评价体系对证券公司竞争力进行了评比和排名。首先，介绍了本报告所采用的证券公司评价理论，在借鉴以往经验的基础上，创新性地运用基于宏观审慎和微观审慎风险控制能力的指标，使评价体系更加符合时代背景和监管要求。其次，对证券公司进行了深层次剖析，在经纪业务、承销与保荐业务、资产管理业务等单项指标方面进行了对比并排名。最后，通过运用上述评价体系，对我国证券公司竞争力进行了综合排名，即本报告的核心研究成果。

专题篇从证券公司体制改革及证券公司监管两个维度进行阐述。其中，系统重要性证券公司评价属于本报告创新部分，通过设置科学的指标体系，在业内首次对系统重要性证券业公司进行了评价。

附录部分以大事记的方式对 2019 年我国证券市场发生的事件进行梳理。此外，评价篇和专题篇对 2019 年证券公司各项指标进行了详细汇总，供读者查阅和参考。

关键词： 证券公司　证券市场　金融监管

财富管理的新使命（代序）

夏　斌*

一　中国私人财富管理市场已经形成

众所周知，改革开放以来，中国人均 GDP 连续 40 年保持 9% 以上的增幅，这是人类经济史上的奇迹。在这一奇迹创造过程中，自然造就了一个快速膨胀的私人财富市场。40 年后，无论是财富增长速度还是财富总量，都位居世界前列。根据瑞信研究院（Credit Suisse Research Institute）发布的《2019 年全球财富报告》，中国家庭总财富从 2000 年的 3.7 万亿美元增长到目前的 63.8 万亿美元，增长了 16 倍以上，增长速度是其他国家平均水平的 3 倍以上。如果加上分配环节的制约与影响，两极分化是一个客观存在，因此，少量富人财富的增速更是惊人。在全球 4680 万名百万（美元）富翁中，中国约有 445 万人，占比达 9.5%，仅次于美国位列第二；在财富超过 5000 万美元的超级富豪中，中国有 18130 人，同样是仅次于美国位列第二。在全球最富裕的前 10% 人口当中，中国以约 1 亿人的数量，首次超过美国的 9900 万人。改革开放以来，我国市场经济不断完善，政策制度的正确引导和较好的外部环境，为私人财富的快速创造提供了充分的支持。从财富创造的动力和源泉看，中国私人财富经历了经商创富、制造创富、资源创富及信息创富 4 个阶段，如美的、格兰仕脱胎于经商创富，联想、海尔脱胎于制造创富，雅居乐、复星集团脱胎于资源创富，而阿里、腾讯等互联网企业脱

---

* 夏斌，国务院参事、当代经济学基金会理事长、国务院发展研究中心金融研究所名誉所长、中国首席经济学家论坛主席、中国经济 50 人论坛成员。曾任深圳证券交易所总经理、中国人民银行政策研究室副主任、国务院发展研究中心金融研究所所长和央行货币政策委员会委员。

胎于信息创富。可以说，在批量创富的“风口”之下，只要抓住机遇，想干、肯干、会干，都有可能发家致富，完成“亿元级的小目标”。因此，这几十年来，财富管理的使命主要是围绕中国经济高速发展的大好时机，抓紧创造财富、积累财富。无论是对于国家、社会，还是对于个人来说，最重要的任务就是发展，发展是硬道理。抓住一切机会，用好人口红利和改革红利，尽可能地加快发展，增加国民与国家财富，实现民富国强。40 年过去了，我们确实取得了为海内外所称赞的“中国速度”“中国奇迹”。以 2008 年美国金融危机为转折，世界经济进入了慢增长的新历史时期。以 2018 年特朗普制造中美贸易摩擦为标志，世界经济环境发生了重大变化，冲击和影响了我国经济的发展，加上我国经济转型升级和结构调整还在进行中，在这样复杂的国内外背景下，中国经济步入中低速增长将是常态。国民财富增长的关键因素是经济增长。受经济增长下行因素的影响，未来私人财富市场的增速将放缓，此前大规模的创富、暴富的情景，可能难以出现。尽管经济转型的新机遇仍会催生一定数量的创富英雄，新旧动能转换中不排除仍有一些人的财富增速很快，但从平均角度上看，肯定不会是产生大规模、批量超级富翁的时代了。根据贝恩咨询与招商银行联合发布的《2019 年中国私人财富报告》，2016 ~ 2018 年，中国个人持有的可投资资产年均复合增长率为 7%，已出现 2008 年以来首次个位数的增长，尤其是资产市场产品市值年均复合增长率已下降到 1%，投资性不动产增长率下降到 8%。资产管理产品因“资管新规”出台，增速更是大幅放缓。与此同时，中国高净值人群的规模及其资产，在增速上也开始放缓。高净值人群在数量上的年均复合增长率，从2014 ~ 2016 年的 23%，下降到 2016 ~ 2018 年的 12%。

二　守富和传富已成为中国财富管理的使命

大规模快速创富和暴富的时代慢慢过去。如何守住财富和传承财富，使财富慢慢增值自然成为中国财富管理的焦点。与此同时，从财富持有者人群的自然年龄结构看，中国即将迎来改革开放以来首次大规模财富传承的关键期，守富和传富的重要性将进一步凸显。中国的创富实践已经历时40多年，20世纪八九十年代的创富主体是“50后”和“60后”，21世纪前10年的创富主体是“70后”。从年龄来看，这些人群普遍面临如何将财富传承下去的问题。《2019年中国私人财富报告》显示，2019年，超过50%的受访高净值人群已经开始准备或正在进行财富传承的相关安排，这是10年来这类人群首次超过尚未开始准备财富传承的高净值人群。中国的财富“战场”，未来10～20年将迎来史无前例、波澜壮阔的一幕，即日益逼近的急促的传承脚步，将会产生大量继受上一代财富的“富二代”、“富三代”甚至“富N代”。因此，在中国经济和财富增速逐步放缓、海内外经济和金融市场不确定性提升的大背景下，财富传承的重要性与急迫性日益凸显。随着财富传承关键窗口期的来临，财富管理市场关注的重点自然要从创造财富和积累财富，向保有财富和传承财富转变。私人财富通过代际传承，最终会演化成家族财富，而家族财富能否平稳传承，不仅事关家庭、家族的和谐，也事关家族企业的盛衰和员工利益及就业，事关社会可持续发展，进而有可能影响到经济社会的稳定运行。传承得好，财助人旺；传承得不好，损人毁财，对个人、家庭、企业和社会都是不可忽视的损失。

三　财富管理行业应担当时代赋予的使命

做好私人财富的代际传承是当下中国财富管理行业的使命。然而，财富传承是非常具有挑战性的，如此巨量的私人财富如何传承下去，如何不被财富的负面能量所伤害，对于很多没有传承经验的中国富人来说，确实是一个巨大的挑战。全世界很多国家都有“富不过三代”的谚语，即第一代创造，第二代停滞，第三代消逝，这似乎成为财富管理的宿命和打不破的魔咒。在世界范围内，能够历经百年而不衰的财富家族非常罕见，很多显赫一时的家族在时间的洪流下逐渐销声匿迹。如何打破财富魔咒，将财富传承下去，传承得更平稳一点，传承得更久远一点，这是中国财富管理长期面临的重大任务，也是必须应对的重大挑战。从这个意义上讲，财富管理的目的就是改变财富的宿命，对抗财富的生命周期。它的核心就是在财富的创造、保有和传承这个全过程中，进行一种系统性的安排和规划，形成一个财富创造、保护、传承、再创造的良性循环。鉴于财富保有和传承的复杂性，要想完成这一新使命，需要国家制度、社会、各类专业服务机构及高净值客户自身等所有与财富管理相关的方面协同配合，共同努力。首先也是最重要的一点是，已处相对较高自然年龄段的高净值人士要转变认识，在关注日常创富事宜的同时，要兼顾守富和传富。在财富问题上，人的一生往往面临两个“战场”：先是创富“战场”，即通过经营企业、投资理财等方式不断地创造财富；后是守富、传富“战场”，即用一定的方式将从前一“战场”上获取的财富保有和传承下去。应该说，中国的高净值人士尤其是企业家，在财富的第一“战场”上很成功，但对财富的第二“战场”认知不够，知识与技能几乎一片空白，这是要不得的。我们经常会听到和看到，很多人在第一“战场”上创造了神话般的创富故事，但到了传承阶段，就会变成一出闹剧，变成娱乐记者关注的对象。因此，高净值人士必须认识到，家族财富传承并非简单的自然过程，而是一个复杂的工程。因为父辈与子辈的学识、兴趣以及处世方式等不尽一致，他们所处的政治经济环境、各项制度也会发生变化。所谓继承，需要不同的主观个体去适应变化的、不同的客观环境，这些问题不仅复杂而且专业，需要长期的专业研究。如果创富者的后代善于学习并适应环境，财富有可能顺利传承。所以说创富者要将自己的精力与重心从创造财富转移到守富和传承上来。大量的经验表明，仅靠自己和家族内部的组织安排远远不够，家族财富管理还需要专业服务机构的配合。专业服务机构要具备为客户提供系统的专业化服务的能力。目前，国内家族财富管理服务机构主要包括私人银行、信托公司、家族办公室和第三方财富机构 4 类。尽管参与者众多，但财富管理市场还很不成熟。在业务上，各类专业服务机构以提供点状的产品和工具服务为主，尚未实现以客户为中心、从内容到工具为客户提供系统的专业化服务。事实上，财富传承是一个非常复杂的系统工程，既涉及核心家庭，也涉及更广泛的家族；既涉及财富本身的管理，也涉及人的管理；既涉及家族所有，也涉及慈善及复杂的家庭治理体系等内容。点状思维、点状管理无法从根本上帮助高净值人士解决财富传承的难题。财富管理要成功，必须具备系统思维。专业服务机构应当掌握基于目标管理的系统规划方法，建立以客户为中心的服务体系，帮助客户梳理目标，明确客户的真正需求。如何真正做到给客户提供系统化的专业化服务？在应对制度环境上，我们的专业服务机构要熟悉中国宏观经济环境，特别是要熟悉转轨经济阶段中国相关财富管理制度的动态变化，充分了解和适应金融监管层的政策意图和政策导向。专业服务机构要提供专业的、熟悉法律法规的服务，保证财富传承行稳致远。对于财富管理行业来说，好的专业服务机构首先要能整合行业内外的专家资源，了解相关法律法规，综合利用各种工具来协同规划方案。只有这样，才能更好地帮助客户实现其财富管理目标。其次，在国家层面要进一步完善财富管理的相关法律法规，为财富传承提供坚实的制度基础。财富管理绝不是简单的私人事情，在很大程度上还关系到市场和经济的独立运行。如果在传承的窗口期，全社会的私人财富没有得到妥善管理，则很有可能造成财富价值的减损，降低财富的社会效用。

目前，在财富管理方面，四部门的“资管新规”已经出台，奠定了私人财富管理市场的制度基础，但还存在某些制度空白或缺陷，还需要进一步修改和完善。例如，“资管新规”还是部门的行政规章，那应该依据什么上位法？《信托法》、《银行法》、《证券法》和《基金法》4 部法律在资产管理、私人财富管理的规定上怎样衔接？以家族信托为例，家族信托因具有资产保护、风险隔离、隐私保密、灵活分配等特征，是财富管理的基石工具。但由于信托税制不明确、尚未建立信托财产登记制度等原因，家族信托如何缴税、能否节税仍存在很大疑问，实践中能够进入家族信托的财产也比较有限，民事信托在我国因此长期没有发展壮大。因此，要完成守富、传富的财富管理新使命，既需要高净值人士转变思维，将重心投入守富、传富的新“战场”，并积极向具有信任度、专业度和久远度的专业服务机构寻求帮助。专业服务机构要构建以客户为中心、从内容到工具为客户提供系统服务的体系。政府部门也要认识到财富传承对于国家和社会的重要性，及时修改完善相关法律制度，为国内财富的保有、传承提供坚实的制度保障。

目　录

Ⅰ　总报告

Ⅱ　评价篇

Ⅲ　专题篇

Ⅳ 附 录

皮书数据库阅读**使用指南**

总 报 告

General Report

B.1
中国资本市场及证券行业发展报告（2020）

孙国茂　李宗超*

摘　要： 2019年中央经济工作会议提出要加快金融体制改革，完善资本市场基础制度，提高上市公司质量。上海证券交易所科创板正式开市，成为资本市场发展的里程碑事件；启动新三板发行和交易制度改革，促进新三板成为创新型民营中小微企业融资的重要平台；探索创业板注册制。新修订的《证券法》为证券市场全面深化改革落实落地、有效防控市场风险等提供了坚实的保障。资本市场进一步向市场化、法治化迈进。在提高上市公司质量方面，监管部门延续往年的严监管

* 孙国茂，青岛大学经济学院特聘教授、博士生导师，山东工商学院金融学院特聘教授、金融服务转型升级协同创新中心首席专家，研究领域为公司金融、资本市场和制度经济学。李宗超，山东省亚太资本市场研究院高级研究员，研究领域为证券投资、商业银行。

态势，对违纪违法犯罪行为重拳打击，使诚信合规经营成为上市公司高质量发展的基础。加快资本市场开放步伐，《关于进一步扩大金融业对外开放的有关举措》推出11条金融业对外开放措施，涵盖证券市场等领域，涉及市场和机构层面实质性的变化。全年资本市场呈现新气象，上市公司数量明显增长，IPO数量增长近一倍，融资额增长约八成。随着外资券商数量的增加，国内证券行业加速并购重组，培养自己的“航母型”券商迫在眉睫。

关键词： 证券公司　证券市场　外资券商

2019年，在国内外风险挑战明显加大的情况下，我国坚持以供给侧结构性改革为主线，深化改革，扩大开放，保持经济持续健康发展。金融监管部门紧扣深化金融供给侧结构性改革的主线，加强资本市场基础制度建设，加快推进资本市场全面深化改革，努力打造一个规范、透明、开放、有活力、有韧性的资本市场。全年资本市场的顶层设计逐渐完善，我国资本市场迎来新的发展契机。

中央经济工作会议提出要加快金融体制改革，完善资本市场基础制度，提高上市公司质量。证监会系统积极贯彻新发展理念，稳步推进资本市场改革。新修订的《证券法》获得第十三届全国人大常委会第十五次会议审议通过，在市场法治建设和投资者保护方面取得重大突破。成功设立科创板并试点注册制，科创板引领经济发展向创新驱动转型的作用初步显现。注重提高上市公司质量，强化上市公司治理，资本市场作为经济“晴雨表”的基础功能不断夯实。探索创业板改革方案，启动新三板改革，多层次资本市场体系进一步健全。资本市场文化建设得到加强，中介机构责任能力建设呈现新面貌，权益类投资比重有效提升，行业回归本源。资本市场对外开放水平稳步提升，股票、债券逐步被纳入国际指数。资本市场重点领域风险防范化解取得阶段性成效。资本市场的融资规模不断提高，服务实体经济高质量发展的成效明显。加强证券市场宏观审慎监管，防范证券行业风险传染与扩散，促进行业健康稳定发展。总体来看，当前我国资本市场正面临难得的发展机遇，金融供给侧结构性改革深入推进、居民财富管理需求迅速增长、发展直接融资和服务实体经济潜能持续释放，这都为资本市场发展提供支撑、注入活力。同时，世界经济形势复杂多变，国内经济下行压力增大，金融风险管理面临新的考验，我国资本市场的健康持续发展仍有大量工作要做。

证券公司作为资本市场的重要主体，在我国呈现较强的周期性特征。2019 年行业收入结束四连跌局面，营业收入同比增长三成，净利润同比增长八成。随着我国资本市场大门的进一步敞开，越来越多的境外投资银行和投资者进入我国市场。在此过程中，应该加强市场监管和跨境合作，提高监管的规范性和透明度，打击各类违法违规行为，为资本市场开放创造稳定环境。

一　资本市场运行宏观背景

（一）经济运行概况①

2019 年我国经济发展面临的外部环境和内部条件更趋复杂，经济和非经济的困难和挑战明显增多。从国外看，世界主要经济体的经济形势发生转变，由上年的“同步复苏”转向“同步减速”，货币政策由“加息”“缩表”转向了“降息”“扩表”（QE），世界贸易保护主义势力抬头，经济贸易摩擦加大，地缘政治、局部冲突及多地上演的民粹主义为全球经济带来风险和挑战。从国内看，我国通过加大逆周期调节，实施“稳就业、稳金融、稳外贸、稳外资、稳投资、稳预期”政策，国民经济总体保持在合理区间。2019 年全国 GDP 达 990865 亿元，同比增长 6.1%（见图 1）。其中，第一、第二和第三产业分别实现增加值 70467 亿元、386165 亿元和 534233 亿元，

① 国家统计局：《中华人民共和国 2019 年国民经济和社会发展统计公报》。

与上年相比分别增长 3.1%、5.7%和 6.9%，占 GDP 的比重分别为 7.1%、39.0%和 53.9%。全年最终消费支出对国内生产总值增长的贡献率为 57.8%，资本形成总额的贡献率为 31.2%，货物和服务净出口的贡献率为 11.0%。

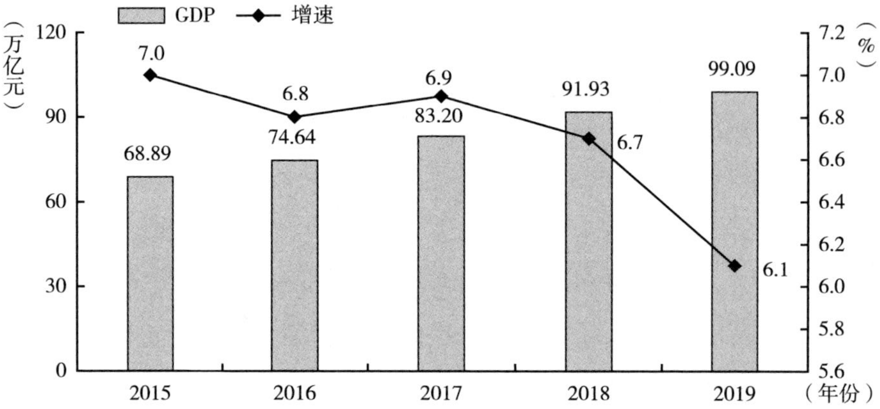

图 1　我国 GDP 及增速（2015～2019 年）

资料来源：国家统计局、山东省亚太资本市场研究院。

在消费方面，2019 年全国居民人均可支配收入为 30733 元，扣除价格因素，实际增长 5.8%，收入分配结构持续改善，农村居民收入增速持续高于城镇。最终消费支出对经济增长的贡献率保持高位，2019 年为 57.8%，高于资本形成总额 26.6 个百分点，全年消费对经济增长的贡献率上升。在固定资产投资方面，2019 年固定资产投资（不含农户）同比增长 5.4%，比上年低 0.5 个百分点。其中，制造业投资增速为 3.1%，比上年低 6.4 个百分点；基础设施投资增速为 3.8%，与上年持平；房地产投资增速为 9.9%，比上年高 0.4 个百分点。整体来看，固定资产投资缓中趋稳。在进出口方面，货物进出口总额为 31.54 万亿元，同比增长 3.4%，增速比上年回落 6.3 个百分点。其中，出口增长 5.0%，进口增长 1.6%。顺差为 2.92 万亿元，同比扩大 25.4%。进出口规模扩大，且出口商品进一步向价值链高端迁移。在外资方面，2019 年实际利用外资 9415 亿元，增长 5.8%，尽管受到中美贸易摩擦影响，但利用外资呈稳定增长态势。非金融类对外直接投资1106亿美元，下降8.2%。对“一带一路”沿线国家投资150亿美元，占对外总投资的13.6%，占比提升0.6个百分点。对外投资合作平稳有序展开。

整体上看，2019年宏观经济运行呈现“两降两升一稳”特征①。“两降”一是指经济下行，GDP增速创1990年以来新低，经济下行压力持续增大；二是指经济效益走弱，工业企业利润出现负增长。2019年规模以上工业企业利润为61996亿元，比上年下降3.3%。“两升”一是指贸易顺差大增，外汇储备增加；二是指消费物价涨幅扩大。受猪肉、鸡蛋等食品价格上涨影响，2019年居民消费价格比上年上涨2.9%，其中11月、12月CPI同比增长高达4.5%。“一稳”即稳就业。2019年就业形势总体稳定，目标任务全面完成。城镇新增就业继续保持在1300万人以上，全年实现城镇新就业1352万人。2019年末全国城镇登记失业率为3.62%，保持较低水平。

（二）金融运行概况

1. 金融运行表现

2019年我国主要经济金融指标运行在合理区间。全年金融工作重点在于推进金融供给侧结构性改革、加大金融开放力度、实施“稳金融”政策三个方面。完善贷款市场报价利率（LPR）形成机制，调降存款准备金率3次，加大对民营小微企业的定向支持。同时发行永续债、推出科创板。金融开放水平进一步提升。中国债券、股票被纳入多家国际指数，QFII、RQFII投资额度限制取消，沪伦通计划启动，外资金融机构准入门槛大幅降低。全年金融市场运行总体平稳。货币信贷平稳增长，货币市场利率低位运行，影子银行规范发展，民营小微企业融资可得性增强，股票市场三大指数年度内实现上涨，企业融资成本趋于下行，人民币汇率企稳②。

① 中国银行研究院：《全球经济金融展望报告（2020年）》，2019年11月28日。

② 中国银行研究院：《全球经济金融展望报告（2020年）》，2019年11月28日。

（1）货币、社会融资表现企稳回升，实体经济融资状况有所改善。随着货币政策逆周期调节力度的加大，金融对实体经济的支持增强，2019 年货币、社会融资表现企稳回升。2019 年末，流通中货币（M0）余额为 7.72 万亿元，同比增长 5.4%；狭义货币（M1）余额为 57.6 万亿元，同比增长 4.4%，增速比上年同期高 2.9 个百分点；广义货币（M2）余额为 198.65 万亿元，同比增长 8.7%，增速比上年同期高 0.6 个百分点。全年净投放现金 3981 亿元①。2019 年，社会融资规模存量增长 10.7%。全年对实体经济发放的人民币贷款增加 16.88 万亿元，比上年多增 1.21 万亿元。货币信贷增长呈现量大特点，一是信贷和债券成为社会融资增长的主力，二是中长期贷款占比上升，普惠领域贷款同比多增。

（2）货币市场利率低位运行，但波动性有所加大。2019 年，不同市场的利率表现主要呈以下特征。一是货币市场利率中枢维持低位。在稳健货币政策维护市场流动性充裕的大背景下，2019 年上半年和下半年的 7 天银行间市场存款类机构质押式回购利率（DR007）中枢（平均值）分别为 2.53% 和 2.59%，分别比上年同期下行 29 个和 2 个基点。二是利率波动性明显加大。2019 年隔夜 Shibor 的方差为 0.23（最大值达到 2.998，最小值仅为 0.844），远大于 2018 年的 0.06。其中，中小银行风险是引发银行间市场利率波动的重要原因。三是央行通过改革完善 LPR 形成机制，引导实体经济贷款利率下行。新的 LPR 以 MLF 利率为锚，将贷款利率与公开市场操作利率挂钩，形成“公开市场操作利率—LPR—贷款利率”的传导路径，有利于畅通货币政策传导机制②。

（3）债券市场波动加大，全年呈现“W”形震荡。2019 年债券市场发行规模稳步扩大，现券交易量增加，收益率曲线陡峭化下移，市场投资者结构进一步多元化。根据央行数据统计，全年债券市场共发行各类债券 45.3 万亿元，较上年增长 3.1%。其中，银行间债券市场发行债券 38.0 万亿元，

---

① 国家统计局：《中华人民共和国 2019 年国民经济和社会发展统计公报》。

② 中国银行研究院：《全球经济金融展望报告（2020 年）》，2019 年 11 月 28 日。

同比下降0.3%。截至2019年12月末，债券市场托管余额为99.1万亿元，其中银行间债券市场托管余额为86.4万亿元①。债券收益率和货币市场利率下行，债券收益率曲线整体下移。2019年末，中债国债总指数收盘价为190.14，较上年同期上涨7.21；中债新综合全价指数收盘价为119.08，较上年同期上涨1.54②。受经济下行、流动性充裕、通胀抬头、违约风险上升等“利多”和“利空”因素相互博弈的影响，2019年10年期国债收益率改变了2018年以来持续下探的运行局面，不仅波动加大，而且在个别时点还出现了大幅攀升的局面，全年呈现“W”形走势。

（4）股市走高，投资者情绪升温，资本市场改革开放加速。股票市场走势呈现以下特征。其一，A股走势为冲高后横盘震荡，整体波幅较大。在政策支持效果显现、投资者情绪升温、境外资金积极入场等因素的影响下，从2019年初至4月中旬，市场行情明显走高，上证综指从年初的2497.88点涨至4月19日的3270.80点，涨幅达30.94%。从4月下旬开始，在中美贸易摩擦、经济下行压力加大等因素影响下，市场表现为震荡下行。其二，资本市场改革开放加速推进。科创板正式开板，“沪伦通”正式启动，QFII和RQFII投资额度限制被取消，一系列改革开放措施紧锣密鼓地推进，助力中国资本市场长期发展。其三，外资流入明显加快。明晟、富时罗素、标普道琼斯等国际指数先后将A股纳入其全球指数体系，并相继提高纳入因子，带动外资进入。同时，外资也加速流入国内债券市场。

（5）外汇交易总体平稳，人民币汇率波动走贬。2019年人民币外汇即期成交金额为7.9万亿美元，同比增长4%；人民币外汇掉期成交金额为16.4万亿美元，同比减少0.5%，其中隔夜美元掉期成交金额为9.5万亿美元，占掉期总成交额的57.9%；人民币外汇远期成交金额为760亿美元，同比减少13.2%。“外币对”成交金额为4756亿美元，同比增长154.7%，其中成交最多的产品为欧元对美元，占“外币对”总成交金额的57.4%。

① 由于统计口径不同，中国人民银行、中央结算公司、Wind的统计数据之间存在差异。

② 中国人民银行：《2019年金融市场运行情况》，2020年1月。

与2018年末比，人民币汇率贬值1.62%，海外市场对人民币汇率的贬值预期有所增强①。受外部环境恶化、经济下行以及中美贸易摩擦的影响，2019年人民币兑美元汇率先升、后贬、再升，9月3日曾创下近十年的历史性低点（7.17），此后人民币汇率开始企稳②。

2. 货币政策③

（1）灵活开展公开市场操作。2019年，中国人民银行灵活搭配长、中、短期货币政策工具，保持银行体系流动性合理充裕。在综合运用降准、定向降准、中期借贷便利（MLF）等工具投放中长期流动性的基础上，中国人民银行以7天期逆回购为主灵活开展公开市场操作，进一步提高操作的前瞻性、针对性和主动性，保持流动性合理充裕。公开市场操作中标利率小幅下行，货币市场利率运行平稳。银行间市场存款类机构以利率债为质押的7天期回购利率（DR007）在合理区间平稳运行，2019年均值为2.54%，比2018年低20个基点。年末货币市场利率走势平稳，波动性进一步下降，12月末DR007为2.81%，比2018年末低23个基点。为增强金融服务实体经济的能力，2019年中国人民银行累计开展7次共计320亿元央行票据互换（CBS）操作，对于提升银行永续债的流动性发挥了积极作用。

（2）开展常备借贷便利和中期借贷便利操作。及时开展常备借贷便利操作，对地方法人金融机构按需足额提供短期流动性支持。中国人民银行2019年累计开展常备借贷便利操作共5466亿元，第一至第四季度分别开展常备借贷便利操作753亿元、1239亿元、1190亿元、2284亿元，期末余额为1021亿元。为促进经济平稳增长，保证基础货币供给，定期开展中期借贷便利操作。2019年累计开展中期借贷便利操作36900亿元，期限均为1年。

（3）降低金融机构存款准备金率。2019年中国人民银行三次下调金融机构存款准备金率，建立"三档两优"存款准备金框架，即存款准备金率

① 国家统计局：《中华人民共和国2019年国民经济和社会发展统计公报》。

② 中国银行研究院：《全球经济金融展望报告（2020年）》，2019年11月28日。

③ 中国人民银行：《2019年中国货币政策执行报告》，2020年2月19日。

基准档大体分为三档，在此之上还有两项存款准备金率优惠政策。其中，1月和9月全面下调金融机构存款准备金率共1.5个百分点，释放长期流动性约2.3万亿元。自5月起分三次定向下调服务县域的农商行存款准备金率2～3.5个百分点至农信社档次，自10月起分两次下调仅在本省经营的城商行存款准备金率1个百分点。定向降准共释放流动性约4000亿元，全部用于发放小微、民营企业贷款。定向降准旨在鼓励中小金融机构服务当地，支持实体经济健康发展。

（三）资本市场宏观表现

1. 明确资本市场改革方向

2018年的中央经济工作会议对资本市场的改革发展做出重要部署。会议提出资本市场在金融运行中具有牵一发而动全身的作用，要通过深化改革，打造一个规范、透明、开放、有活力、有韧性的资本市场。这成为今后资本市场改革的方向。会议还提出了资本市场改革措施，主要包括：完善交易制度，提高上市公司质量，引导更多中长期资金进入资本市场，推动在上交所设立科创板并试点注册制尽快落地。资本市场是现代经济的核心，是资源配置的枢纽和重要平台。在发挥好资本市场功能、增强微观主体活力和实施稳健中性货币政策三者之间，形成三角形支撑框架，促进国民经济整体良性循环。通过有效发挥资本市场的功能和搞活微观机制，将货币政策传导机制打通，加大对实体经济的支持，进而对稳增长产生作用。当前，世界环境复杂严峻，处于“百年未有之大变局”，我国经济面临下行压力，经济运行稳中有变、变中有忧，但同时应该注意到宏观经济持续健康发展，处于重要战略机遇期。在此背景下，要深化供给侧结构性改革，实现经济高质量发展，巩固“三去一降一补”成果，提升产业链运营水平，增强经济微循环和主体活力，畅通国民经济循环，这都需要更好地发挥资本市场配置资源、确定资产价格、管理风险的重要功能，充分发挥资本市场牵一发而动全身的关键作用。

2. 创新制度试点注册制

2018 年 11 月 5 日，国家主席习近平在首届中国国际进口博览会上提出设立科创板并试点注册制。2019 年 7 月 22 日，上海证券交易所科创板正式开市，首批 25 家科创板企业股票上市交易，成为资本市场发展的重要里程碑，是科技创新领域的历史性突破。科创板的设立也标志着我国资本市场进一步向市场化、法治化和规范化迈进。

设立科创板并试点注册制是一项重大的制度创新，为资本市场改革提供经验并推动整个资本市场改革。科创板试点注册制属于资本市场的增量改革，降低了对现有板块改革带来的冲击，有利于积累经验。科创板在上市程序、交易、信息披露、退市等方面做出很多制度创新，实现了重大制度突破。科创板的设立主要是为了解决我国资本市场对科技创新型企业支持力度不足的问题，以弥补短板。科创板对上市企业的盈利无硬性要求，对科技创新型企业具有更高的包容度，优先支持符合国家战略、拥有关键核心技术、市场认可度高、科技创新能力突出、具有较强成长性的企业。科技创新是我国实现从高速度增长到高质量发展目标的重要基础，科技创新尤其是初期需要耗费大量的人力、物力和财力，需要资本力量的支持，科技创新和资本的有机结合才能激发出极大活力。通过科创板的设立，引导资金加速流向有活力、有创新力的优质企业，助力金融资源配置效率进一步提升和科技创新型企业快速发展。

2019 年 2 月，中国证监会主席易会满在国务院新闻办发布会上表示，科创板不是一个简单的“板”的增加，核心在于制度创新、在于改革，同时进一步支持科创。注册制的成功试点，能够大力推动资本市场的各项改革。设立科创板并试点注册制是深化资本市场改革开放的基础制度安排，是推进金融供给侧结构性改革、促进科技与资本深度融合、引领经济发展向创新驱动转型的重大举措。

3. 扩大资本市场开放范围

2019 年 7 月，国务院金融稳定发展委员会办公室对外发布《关于进一步扩大金融业对外开放的有关举措》，推出 11 条金融业对外开放措施。开放措施主要从金融机构准入、市场准入两方面进行说明，涵盖银行市场、债券市场、保险市场和证券市场四大领域，涉及市场和机构层面实质性的变化。中国经济的高质量发展离不开与世界的交流，这些措施表明了中国对外开放的决心。金融领域的进一步开放，不仅有利于提高中国金融市场竞争力，也将使境外投资者享受到中国发展的红利。随着资本市场开放的步伐加速，境外机构持续增持人民币资产，境外资金流入股市、债市的规模不断增长。

2019 年 6 月 17 日，沪伦通启动仪式在伦敦证券交易所举行，标志着沪伦通首单业务正式开启。沪伦通打通了人民币“外循环”受阻通道，相对于沪港通发展空间更大。6 月 25 日，中国和日本 ETF 互通正式开通，两国资本市场深化合作迎来历史性时刻。中日资本市场互补性强，合作空间广阔，中日 ETF 互通有助于双方加强交流，增进互信。10 月 11 日，中国证监会明确取消证券公司、基金管理公司、期货公司外资股比限制时点。11 月 15 日，中国证监会全面展开 H 股“全流通”改革。H 股全流通打开了港股市场的又一扇大门，大大增强了内地与港股市场的活力。此外，明晟指数、富时罗素指数等国际知名指数公司不断提高 A 股纳入比例。此前，以人民币计价的中国国债和政策性银行债券开始被纳入彭博巴克莱全球综合指数，并将在 20 个月内分步完成，这是中国债券首次被纳入全球主流债券指数。一系列便利境外投资者进入中国债市的举措也相继公布。随着我国资本市场开放范围的扩大，各种制度安排、互联互通机制等逐步完善，形成了横向覆盖股票、债券、基金、期货等各细分市场，纵向贯穿发行与交易环节，不断丰富参与主体多样性的双向开放格局。外资参与我国资本市场的路径、范围越来越广，我国资本市场对境外投资者的吸引力不断提升。

4. 进一步完善证券市场的基础制度

2019 年 12 月 28 日，第十三届全国人大常委会第十五次会议审议通过了修订后的《中华人民共和国证券法》（下称“新证券法”），新证券法于 2020 年 3 月 1 日起施行。此次证券法修订历时四年多，早在 2015 年 4 月，全国人大常委会就对证券法修订草案进行了初次审议，此后又于 2017 年

4 月和 2019 年 4 月进行了两次审议。

新证券法共有条文 226 条，比 2005 年版证券法的 240 条少 14 条，增加了“信息披露”和“投资者保护”两章，修改变动的条文超过 100 条。此次修订后的证券法，按照顶层制度设计要求，进一步完善了证券市场的基础制度，体现了市场化、法治化、国际化方向，为证券市场全面深化改革落实落地，促进证券市场服务实体经济功能发挥，提高上市公司质量，有效防控市场风险，切实维护投资者合法权益，打造一个规范、透明、开放、有活力、有韧性的资本市场，提供了牢固的法治保障，具有非常重要而深远的意义。新证券法的制度改革主要体现在 10 个方面：全面推行证券发行注册制度，强化信息披露要求，显著提高证券违法违规成本，完善证券交易制度，完善投资者保护制度，强化监管执法和风险防控，建立健全多层次资本市场体系，落实“放管服”要求取消相关行政许可，压实中介机构市场“看门人”法律职责，以及扩大证券法的适用范围。在十大制度改革中，全面推行证券发行注册制、建立健全多层次资本市场体系、扩大证券法的适用范围三项是最根本的、具有里程碑意义的制度改革，将重塑中国资本市场的整体生态。其中，注册制改革既体现了国家对资本市场改革的决心和力度，也注重改革推进中的步骤和节奏。

二　资本市场运行情况

（一）一级市场

1. IPO 呈现常态化

我国正处在优化经济结构、转变发展方式和转换增长动力的关键时期，投资对优化供给结构具有关键性作用，在经济去杠杆的大背景下，要增强金融服务实体经济能力，助力民营经济发展，就必须提高直接融资特别是股权融资比重。

2019 年 1 月，中国工商银行董事长易会满履新中国证监会主席，履新后中国证监会先后采取恢复股指期货常态化交易、松绑上市公司并购重组和松绑创业板上市公司借壳上市等一系列政策，提出了全面深化资本市场改革的 12 项重点任务，制订提高上市公司质量行动计划，资本市场改革进程明显提速。2019 年，我国资本市场出现许多新变化，科创板正式开通，新三板市场改革全面启动，沪伦通落地，上市公司退市步入常态化，上市公司再融资规则松绑，H 股“全流通”改革出台，证券公司及基金管理公司取消外资持股比例限制，新证券法出炉。

2019 年 5 月，中国证监会主席易会满在中国上市公司协会 2019 年年会暨第二届理事会第七次会议上表示，要继续保持 IPO 常态化，坚持竞争中性，不唯所有制，不唯大小，不唯行业，只唯优劣，切实做到好中选优，支持优质企业回归 A 股。2019 年中国证监会发审委共表决 156 家企业的上市申请，通过 138 家、否决 16 家、暂缓表决 2 家，通过率为 88.46%；科创板上市委共表决 114 家企业的上市申请，通过 109 家、否决 3 家、暂缓表决 2 家，通过率为 95.61%；“两委”累计表决 270 家企业的上市申请，通过 247 家、否决 19 家、暂缓表决 4 家，整体通过率为 91.48%。2018 年，中国证监会发审委（不含科创板上市委）共审核 170 家企业的上市申请，其中 111 家企业过会，通过率为 65.29%。2019 年 IPO 总量达到 203 家企业，尽管与 2017 年的 438 家企业相比存在很大差距，但是比 2018 年的 105 家有明显提升（见图 2）。全年 IPO 保持平稳发行节奏，体现了监管部门更加注重市场投融资两端的平衡，明确市场预期，严把资本市场入口关，把握新股发行的节奏和力度，推动发行、注册和市场承受力的有机统一衔接，防控金融风险，吸引更多优质企业上市。

在新股保持常态化发行的同时，监管部门严控上市公司质量，助力企业解决较为迫切的资金短缺问题，发挥资本市场服务实体经济的作用，提高投资者对市场的信心。2019 年，IPO 融资额达 2532.48 亿元，比 2018 年增长 83.76%（见图 3），也是自 2012 年以来融资额最高的一年。2019 年，平均每家公司融资 12.48 亿元，比 2018 年减少 0.65 亿元。全年有 4 家公司 IPO 融资额超过 100 亿元，分别为：邮储银行（601658.SH）融资 327.14 亿元，

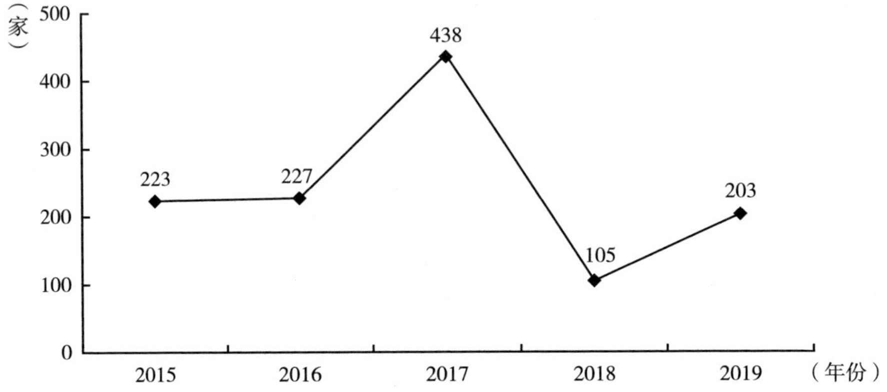

图2　沪深市场 IPO 家数统计（2015～2019 年）

资料来源：Wind、山东省亚太资本市场研究院。

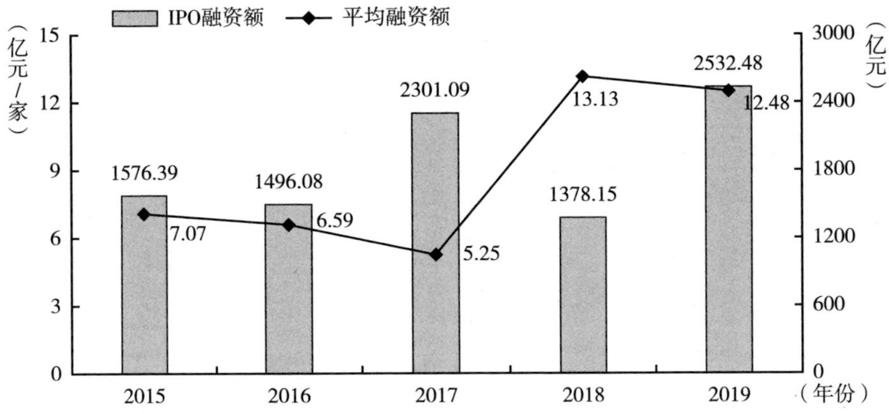

图3　IPO 融资额及平均融资额（2015～2019 年）

资料来源：Wind、山东省亚太资本市场研究院。

位居第一；浙商银行（601916. SH）融资 125. 97 亿元，位居第二；中国广核（003816. SZ）融资 125. 74 亿元位居第三；中国通号（688009. SH）融资 105. 30 亿元，位居第四（见表 1）。全年 IPO 融资额超过 20 亿元的企业共有 16 家，占 IPO 数量的 7. 88%，而前四家企业共计融资 684. 15 亿元，占 IPO 融资额的 27. 02%，有效提升了整体融资水平。

表1　IPO融资额TOP20（2019年）

单位：亿元

排名	股票名称	股票代码	募资规模	上市板块	行业
1	邮储银行	601658. SH	327. 14	主板	银行
2	浙商银行	601916. SH	125. 97	主板	银行
3	中国广核	003816. SZ	125. 74	中小企业板	公用事业Ⅱ
4	中国通号	688009. SH	105. 30	科创板	资本货物
5	渝农商行	601077. SH	99. 88	主板	银行
6	宝丰能源	600989. SH	81. 55	主板	材料Ⅱ
7	金山办公	688111. SH	46. 32	科创板	软件与服务
8	海油发展	600968. SH	38. 05	主板	能源Ⅱ
9	传音控股	688036. SH	28. 12	科创板	技术硬件与设备
10	澜起科技	688008. SH	28. 02	科创板	半导体与半导体生产设备
11	苏州银行	002966. SZ	26. 20	中小企业板	银行
12	华熙生物	688363. SH	23. 69	科创板	制药、生物科技与生命科学
13	青农商行	002958. SZ	22. 00	中小企业板	银行
14	青岛港	601298. SH	20. 95	所主板	运输
15	西安银行	600928. SH	20. 80	所主板	银行
16	青岛银行	002948. SZ	20. 38	中小企业板	银行
17	三美股份	603379. SH	19. 37	主板	材料Ⅱ
18	久日新材	688199. SH	18. 54	科创板	材料Ⅱ
19	鸿合科技	002955. SZ	17. 98	中小企业板	技术硬件与设备
20	南微医学	688029. SH	17. 49	科创板	医疗保健设备与服务

资料来源：Wind、山东省亚太资本市场研究院。

从行业分布来看，2019年首发融资主要向银行、资本货物和材料Ⅱ行业集中。2019年，银行在A股市场IPO再次呈现“井喷”之势，多达8家银行成功上市，与2016年并列成为银行IPO数量最高的年份。值得注意的是，2019年也是银行回归A股的高产年，在当年上市银行中，4家银行此前已在H股上市，分别为青岛银行（002948. SZ）、渝农商行（601077. SH）、浙商银行（601916. SH）和邮储银行（601658. SH），其中，邮储银行（601658. SH）成功在A股上市，实现了国有大型商业银行在A股市场的团圆。此外，作为助力国家产业转型升级、助力资本市场与科技创新企业深度融合的“试验田”，科创板肩负着时代使命和改革重任，2019 年，科创板共有 70 家企业上市，募集资金 824.27 亿元，占当年 IPO 融资额的 32.55%。科创板企业主要分布于智能制造装备、先进有色金属材料、生物医药等领域，首发募集资金也多向这些行业集中（见表 2）。

表 2　IPO 融资行业分布（2019 年）

行业名称	数量（家）	融资额（亿元）	平均融资额（亿元/家）
银行	8	653.86	81.73
资本货物	36	336.65	9.35
材料Ⅱ	32	313.09	9.78
技术硬件与设备	32	270.18	8.44
软件与服务	21	191.77	9.13
公用事业Ⅱ	2	135.03	67.52
半导体与半导体生产设备	9	111.61	12.40
制药、生物科技与生命科学	11	98.44	8.95
医疗保健设备与服务	9	78.82	8.76
汽车与汽车零部件	8	55.55	6.94
食品、饮料与烟草	8	50.90	6.36
商业和专业服务	7	45.72	6.53
能源Ⅱ	1	38.05	38.05
运输	4	31.16	7.79
多元金融	4	28.26	7.07
耐用消费品与服装	2	27.06	13.53
媒体Ⅱ	4	26.48	6.62
食品与主要用品零售Ⅱ	2	15.74	7.87
电信服务Ⅱ	1	10.88	10.88
家庭与个人用品	1	8.42	8.42
房地产Ⅱ	1	4.79	4.79

资料来源：Wind、山东省亚太资本市场研究院。

2019 年全国共有 23 个省区市实现了 IPO（见表 3），比 2018 年多出 4 个。同过去一样，首发上市公司主要集中于沿海地区的广东、江苏、浙江及北京、上海等东部经济发达省市，而西部地区的四川、陕西等 IPO 数量也较为靠前。

IPO 数量排名前六的省市，IPO 数量均超过 10 家，其中，广东和江苏两省均超过 30 家。从首发融资额来看，募集资金分布集中的区域和经济发展水平基本吻合，北京由于邮储银行（601658. SH）上市的原因融资额位居全国第一，达 686. 67 亿元，同比增长 439. 62%。广东首发融资 394. 43 亿元，位居全国第二，同比减少 17. 17%，减少的原因主要是 2018 年工业富联（601138. SH）等规模较大公司上市。浙江民营经济发达，全省 IPO 数量与融资额连续多年排名靠前，彰显出浙江企业在资本市场上的巨大实力和潜力。

表 3　全国 IPO 地域分布情况（2019 年）

省区市	IPO 数量（家）	排名	IPO 融资额（亿元）	排名
广东	34	1	394. 43	2
江苏	31	2	248. 72	4
北京	29	3	686. 67	1
浙江	25	4	316. 89	3
上海	22	5	208. 23	5
山东	16	6	172. 81	6
四川	7	7	36. 62	10
陕西	5	8	52. 20	9
重庆	4	9	117. 66	7
福建	4	9	30. 72	11
湖北	4	9	29. 26	12
云南	3	10	26. 15	13
辽宁	3	10	16. 30	16
安徽	3	10	12. 08	18
河北	2	11	22. 64	14
天津	2	11	22. 04	15
西藏	2	11	15. 45	17
河南	2	11	9. 26	21
宁夏	1	12	81. 55	8
湖南	1	12	10. 13	19
黑龙江	1	12	9. 52	20
广西	1	12	7. 33	22
江西	1	12	5. 80	23

资料来源：Wind、山东省亚太资本市场研究院。

从新股发行市盈率（PE）来看，同上年相比，2019年由于科创板的设立，新股发行市盈率相对分散，89家IPO企业的市盈率集中在22～23倍，占43.84%，而2018年这一市盈率区间比例达74.29%。科创板上市公司的发行市盈率普遍高于30倍，其中，发行市盈率集中在40～50倍的企业共有30家，占比达42.86%。2019年，科创板上市公司发行市盈率最高的是微芯生物（688321.SH）的467.51倍，其次是中微公司（688012.SH）的170.75倍，而市盈率最低的是中国通号（688009.SH）的18.80倍。剔除科创板来看，新股发行市盈率集中在22～23倍的企业数量占66.92%，其中，最高的是红塔证券（601236.SH）的35.56倍，其次是中国卫通（601698.SH）的26.01倍，而最低的是渝农商行（601077.SH）的9.26倍。具体市盈率分布见图4和图5。

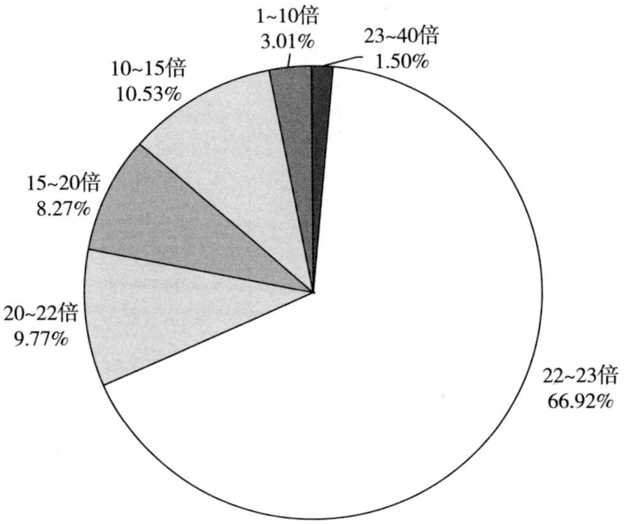

图4　新股（不含科创板）发行市盈率分布（2019年）

注：1～10倍含1倍，不含10倍，全书余同。

资料来源：Wind、山东省亚太资本市场研究院。

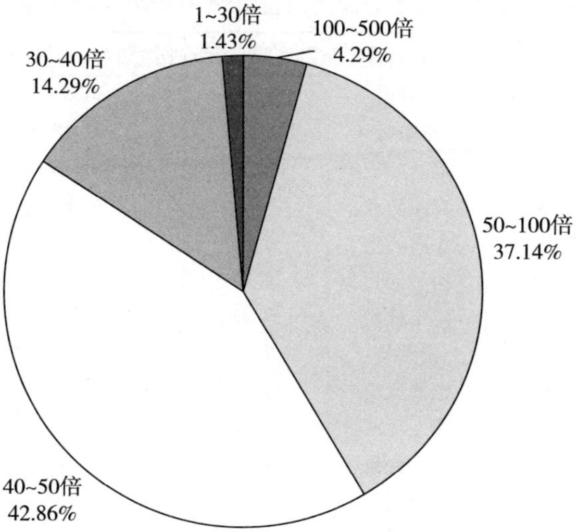

图 5　科创板上市公司发行市盈率分布（2019 年）

资料来源：Wind、山东省亚太资本市场研究院。

从新股上市后的股价涨幅来看，一字板涨停天数最多的是福莱特（601865. SH），共计 18 天；其次是左江科技（300799. SZ），持续 17 天；再次是钢研纳克（300797. SZ）和瑞达期货（002961. SZ），均为 16 天。浙商银行（601916. SH）上市当天收盘涨幅仅 0. 61%，其间一度跌破发行价，成为 2012 年以来“最惨”新股：上市首日即破发。从上市后三个月涨幅来看，卓盛微（300782. SZ）以 562. 73% 的涨幅位居新股之首；其次是指南针（300803. SZ），涨幅为 426. 44%；再次是瑞达期货（002961. SZ），涨幅为 400. 62%；余下股票涨幅均未突破 3. 50 倍（见表 4）。从 2019 年新股涨幅来看，卓盛微（300782. SZ）全年涨幅高达 892. 43%，成为股价涨幅最高的上市公司，而康龙化成（300759. SZ）、瑞达期货（002961. SZ）和指南针（300803. SZ）紧随其后，全年股价涨幅均过 4 倍，分别为 467. 62%、461. 69% 和 405. 07%。安恒信息（688023. SH）成为上市后三个月涨幅最高的科创板上市公司，涨幅达 144. 88%，卓易信息（688258. SH）成为全年涨幅最高的科创板上市公司，涨幅达 110. 15%。

表 4　新股上市后三个月股价涨幅 TOP20（2019 年）

排名	股票代码	股票名称	发行价格(元)	收盘价(后复权,元)	涨跌幅(%)
1	300782. SZ	卓胜微	35. 29	336. 80	562. 73
2	300803. SZ	指南针	6. 25	47. 38	426. 44
3	002961. SZ	瑞达期货	5. 57	40. 15	400. 62
4	300775. SZ	三角防务	5. 91	36. 81	332. 55
5	300777. SZ	中简科技	6. 06	34. 99	300. 80
6	603093. SH	南华期货	4. 84	27. 59	295. 84
7	002967. SZ	广电计量	7. 43	40. 06	274. 39
8	601865. SH	福莱特	2. 00	10. 75	273. 26
9	603613. SH	国联股份	15. 13	79. 20	263. 47
10	300759. SZ	康龙化成	7. 66	36. 40	230. 01
11	300783. SZ	三只松鼠	14. 68	68. 60	224. 50
12	603927. SH	中科软	16. 18	75. 51	224. 08
13	300799. SZ	左江科技	21. 48	99. 20	220. 72
14	300785. SZ	值得买	28. 42	126. 50	209. 14
15	601698. SH	中国卫通	2. 72	12. 09	208. 42
16	300792. SZ	壹网壹创	38. 30	168. 21	205. 00
17	601236. SH	红塔证券	3. 46	14. 93	199. 80
18	300797. SZ	钢研纳克	4. 50	18. 94	192. 28
19	603236. SH	移远通信	43. 93	178. 02	181. 41
20	603256. SH	宏和科技	4. 43	17. 55	175. 08

资料来源：Wind、山东省亚太资本市场研究院。

2. 再融资市场回暖

2019 年 11 月，中国证监会发布《上市公司证券发行管理办法》《创业板上市公司证券发行管理暂行办法》《上市公司非公开发行股票实施细则》等再融资规则的征求意见稿，旨在完善基础制度、优化流程机制、激发市场活力，为上市公司提供更为便利、更加顺畅的再融资渠道。此前受 2017 年再融资政策收紧影响，近两年再融资规模持续下滑，2019 年上市公司再融资市场回暖。截至 2019 年末，A 股再融资市场规模达 12880. 77 亿元①，同比增长 20. 05%，出现企稳趋势，但较 2016 年仍大幅下滑（见图 6）。

① 本报告是指增发、配股、优先股、可转债和可交换债 5 种再融资方式。

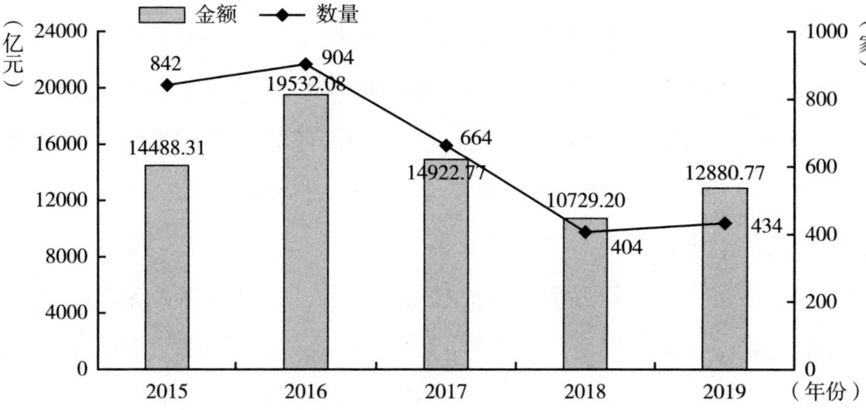

图 6　A 股再融资市场统计（2015～2019 年）

资料来源：Wind、山东省亚太资本市场研究院。

从结构上看，再融资市场呈现两极分化现象。虽然定向增发融资是上市公司最主要的再融资方式，但其规模已连续 3 年下滑，与之对应的是可转债市场成为 2019 年再融资市场的主要增长点。2018 年 11 月，中国证监会修订发布《发行监管问答——关于引导规范上市公司融资行为的监管要求》，修订后的监管要求缩短了定向增发间隔时限，被认为是为增发适度“松绑”的信号。2019 年，A 股市场共有 251 家上市公司增发股票，与 2018 年的 267 家相比略有减少。增发融资规模为 6887.70 亿元，同比降低 8.45%。增发融资占再融资金额的 53.47%，占比较 2018 年下跌 16.65 个百分点。虽然增发融资规模已连续 3 年下滑，但同比降幅大幅缩窄。具体到公司来看，2019 年增发公司平均募资金额为 27.44 亿元，募资规模排在前两位的是万华化学（600309.SH）和云南白药（000538.SZ），分别增发 522.18 亿元和 510.28 亿元，紧随其后的是双汇发展（000895.SZ）、居然之家（000785.SZ）、世纪华通（002602.SZ）和中信特钢（000708.SZ），4 家公司的增发融资也超过 200 亿元。2018 年 11 月以来，多项政策陆续出台用于支持可转债融资，同时推出定向可转债，鼓励多种金融工具并用。在新的政策支持下，2019 年可转债市场呈现井喷式发展，全年可转债融资规模达 2477.81 亿元，同比增长

131.33%，已连续4年增长。从募资结构看，可转债融资金额较大的前4家公司均为上市银行，分别为浦发银行（600000.SH）、中信银行（601998.SH）、平安银行（000001.SZ）和江苏银行（600919.SH），融资金额分别为500.00亿元、400亿元、260亿元和200亿元。4家银行可转债融资额占A股市场可转债融资额的54.89%，银行业募集资金占可转债融资市场的半壁江山。发行可转债已成为上市银行资本补充的重要选择，可转债转股成功后银行募集资金将由债券融资变成股权融资，补充核心一级资本。2019年可转债产品也出现了创新之处，根据深圳证券交易所12月3日公告，创业板上市公司新劲刚（300629.SZ）完成发行定向可转债购买资产的登记工作，定向可转债代码为124001，标志着A股首只定向可转债产品正式落地实施。从其他再融资方式来看，2019年优先股、可交换债融资金额均出现增长，其中，优先股融资额同比增长88.92%（见表5）。

表5　上市公司再融资统计（2015～2019年）

单位：亿元，家

年份	增发		配股		优先股		可转债		可交换债	
	金额	家数	金额	家数	金额	家数	金额	家数	金额	家数
2019	6887.70	251	133.88	9	2550.00	6	2477.81	106	831.38	62
2018	7523.52	267	228.32	15	1349.76	7	1071.10	77	556.50	38
2017	12705.31	540	162.96	7	200.00	1	602.72	23	1251.78	93
2016	16811.43	811	298.51	11	1623.00	12	226.52	12	572.63	58
2015	12210.54	810	42.34	6	2007.50	12	93.80	3	134.13	11

资料来源：Wind、山东省亚太资本市场研究院。

3. 债券发行规模大幅增长①

2019年，我国债券市场整体运行平稳，呈现窄幅震荡格局。债券发行规模大幅增长，市场交易结算量增幅扩大，流动性有所提高。在世界主要经济体增速放缓、中美贸易摩擦持续、国内经济下行压力较大等复杂形势下，

① 中央结算公司：《2019年债券市场统计分析报告》，2020年1月17日。

我国货币政策保持稳健适宜，货币市场利率整体降低，债券收益率略有下行，社会融资成本小幅降低。债券市场信用风险高位企稳，信用债券发行回暖，信用利差全面收窄。债券产品创新提速，价格指标细化丰富，发行交易制度持续完善，风险疏导机制陆续推出，对外开放步伐不断加快，境外投资者持债规模大幅提高。我国债券市场发展日益成熟，为社会提供了安全、高效的直接融资渠道，服务我国经济高质量发展。

2019 年我国债券市场共发行各类债券 45.19 万亿元，较上年增长 3.06%。发行各类债券 43822 只，较上年增长 11.70%。其中，银行间债券市场发行债券 38.0 万亿元，同比下降 0.3%[①]。2019 年，国债发行 4.16 万亿元，地方政府债券发行 4.36 万亿元，金融债券发行 6.60 万亿元，政府支持机构债券发行 1650 亿元，资产支持证券发行 2.36 万亿元，同业存单发行 17.95 万亿元（见表 6）。剔除转让存单后，在中央结算公司登记发行债券 15.31 万亿元，占 56.61%；上海清算所新发债券 7.21 万亿元，占 26.67%；交易所新发债券 4.52 万亿元，占 16.72%。2019 年债券市场发行规模稳步扩大，现券交易量随之增加。

表 6　债券发行规模统计（按债券类型，2019 年）

类别	发行数量(只)	占比(%)	发行金额(亿元)	占比(%)
国债	162	0.37	41641.00	9.22
地方政府债券	1093	2.49	43624.27	9.65
央行票据	7	0.02	320.00	0.07
同业存单	27901	63.67	179513.93	39.73
金融债券	1304	2.98	66016.40	14.61
政策银行债券	686	1.57	38237.10	8.46
商业银行债券	96	0.22	4329.50	0.96
商业银行次级债券	88	0.20	11651.00	2.58
保险公司债券	9	0.02	566.50	0.13

① 银行间债券市场发行数据来自中国人民银行发布的《2019 年金融市场运行情况》，2020 年 1 月 19 日。

续表

类别	发行数量(只)	占比(%)	发行金额(亿元)	占比(%)
证券公司债券	182	0.42	4553.30	1.01
证券公司短期融资债券	176	0.40	4491.00	0.99
其他金融机构债券	67	0.15	2188.00	0.48
企业债券	392	0.89	3624.39	0.80
一般企业债券	392	0.89	3624.39	0.80
公司债券	2462	5.62	25438.63	5.63
一般公司债券	889	2.03	10861.21	2.40
私募债券	1573	3.59	14577.42	3.23
中期票据	1675	3.82	20308.10	4.49
一般中期票据	1675	3.82	20308.10	4.49
短期融资券	3516	8.02	36254.19	8.02
一般短期融资券	468	1.07	4826.20	1.07
超短期融资债券	3048	6.96	31427.99	6.96
定向工具	863	1.97	6181.02	1.37
国际机构债券	9	0.02	135.00	0.03
政府支持机构债券	18	0.04	1650.00	0.37
资产支持证券	4209	9.60	23628.70	5.23
交易商协会 ABN	693	1.58	2888.04	0.64
证监会主管 ABS	2942	6.71	11106.06	2.46
银保监会主管 ABS	574	1.31	9634.59	2.13
可转债	151	0.34	2695.19	0.60
可交换债	60	0.14	824.15	0.18
合计	43822	100	451854.97	100

资料来源：Wind、山东省亚太资本市场研究院。

截至2019年末，全国债券市场托管存量达到87.38万亿元，同比增加10.93万亿元，同比增长14.29%。其中，中央结算公司托管债券64.98万亿元，占74.36%，中央结算公司托管债券以国债、地方债券和政策性金融债为主；上海清算所托管债券11.63万亿元，占13.30%；交易所托管债券10.78万亿元，占12.33%（见表7）。从2019年中央结算公司的托管债券来看，主要呈现以下特点：地方债券存量创新高；商业银行债券规模稳定增长，资本补充工具发展迅速；资产支持证券托管量保持高速增长；企业债券托管量持续下降；财务公司、信托公司等其他金融机构持有债券规模增长明显；境外机构持券较上年增长。

表 7　债券市场托管情况（2019 年）

单位：亿元，%

托管机构	托管金额	占比
中央结算公司	649780. 21	74. 36
上海清算所	116250. 98	13. 30
中国证券登记结算公司	107755. 01	12. 33
全市场	873786. 20	100. 00

资料来源：中国债券信息网、上海清算所、Wind、山东省亚太资本市场研究院。

2019 年证券公司参与承销债券数量和金额均比上年明显提高。全年共有 93 家证券公司参与承销了 28018 只债券，同比增长 78. 81%，共计承销金额 76195. 90 亿元，同比增长 34. 14%。从承销数量来看，前 7 名证券公司承销数量均超过 1000 只，合计承销 9930 只，占 2019 年证券公司承销总量的 35. 44%。前 20 名证券公司合计承销 19153 只，占全年承销量的 68. 36%。其中，中信证券（600030. SH）以 2048 只的承销量排名第一，也是唯一承销超过 2000 只的证券公司。从承销额来看，前 16 名证券公司的承销额均超过千亿元，合计承销 57237. 04 亿元，占全年承销额的 75. 12%。前 20 名证券公司合计承销 60964. 27 亿元，占全年承销额的 80. 01%。其中，中信证券（600030. SH）以 10162. 46 亿元的承销额排名第一（见表 8）。另外，从承销的地方政府债券、政策性银行债券以及非政策性金融债券等债券类型来看，中信证券（600030. SH）无论是在承销金额还是承销数量方面均排名第一，海通证券（600837. SH）在企业债券的承销金额及承销数量上均排名第一，中信建投（601066. SH）在公司债券的承销金额及承销数量上均排名第一。

表 8　证券公司债券承销金额 TOP20（2019 年）

排名	证券公司	承销金额（亿元）	市场份额（%）	数量（只）	平均承销额（亿元）
1	中信证券	10162.46	13.34	2048	4.96
2	中信建投	8449.66	11.09	1978	4.27
3	国金公司	5294.06	6.95	1060	4.99
4	国泰君安	5088.23	6.68	1355	3.76
5	招商证券	3946.72	5.18	874	4.52
6	海通证券	3928.96	5.16	1315	2.99
7	华泰证券	3331.33	4.37	1085	3.07
8	光大证券	3249.46	4.26	1089	2.98
9	平安证券	2796.88	3.67	971	2.88
10	中银国际	2467.66	3.24	676	3.65
11	广发证券	1942.38	2.55	642	3.03
12	中泰证券	1536.32	2.02	908	1.69
13	申万宏源	1531.54	2.01	697	2.20
14	国开证券	1248.99	1.64	482	2.59
15	国信证券	1186.83	1.56	723	1.64
16	东方证券	1075.56	1.41	841	1.28
17	天风证券	976.14	1.28	367	2.66
18	开源证券	931.84	1.22	242	3.85
19	兴业证券	915.28	1.20	717	1.28
20	信达证券	903.97	1.19	192	4.71

注：证券公司子公司承销金额加总计入母公司。
资料来源：Wind、山东省亚太资本市场研究院。

4. 并购市场延续降温趋势

2019 年全球经济增长速度放缓，国际贸易增长放慢。在全球经济不景气、市场波动巨大、中美贸易冲突等复杂局势下，我国并购交易延续了降温趋势。一方面，企业普遍面临现金流紧张问题，可用于实施并购的资金量受限；另一方面，海外对我国企业技术收购的监督审查依然严格，跨境交易减少。与之对应的是，产业链横向合并、纵向延伸，国企改革及上市公司主体资产重组成为推动并购市场发展的强劲动力。2019 年 10 月，中国证监会发布《关于修改〈上市公司重大资产重组管理办法〉的决定》（证监会令第

159 号)，放宽重组上市认定标准和计算期间，恢复重组上市配套融资，同时允许符合国家战略的高新技术产业和战略性新兴产业在创业板重组上市。这对于资本市场激活存量资产、缓解高新技术企业上市压力有着重大意义。2019 年 7 月，我国成功推行科创板并试行注册制，一个月后《科创板上市公司重大资产重组特别规定》（证监会公告〔2019〕19 号）出台，为科创板公司实施并购重组奠定了政策基础。这些政策有力地支撑了企业间的并购。

根据 Wind 统计，2019 年我国并购市场（包括境内、出境、入境和境外）共发生交易 10988 起，同比下降 10.90%；并购交易金额为 27240.26 亿元，同比下降 20.36%；平均交易规模为 2.48 亿元/起，同比下降 10.47%。2019 年交易规模最大的事件是招商蛇口（001979.SZ）和深圳市前海开发投资控股有限公司以 1458.17 亿元联合收购深圳市前海蛇口自贸投资发展有限公司部分股权。2019 年并购交易金额创下了 2014 年后的新低，在宏观经济增速放缓、企业普遍现金流紧张、上市公司商誉大幅减值等因素影响下，高估值泡沫逐渐出清，并购交易估值恢复理性（见图 7）。

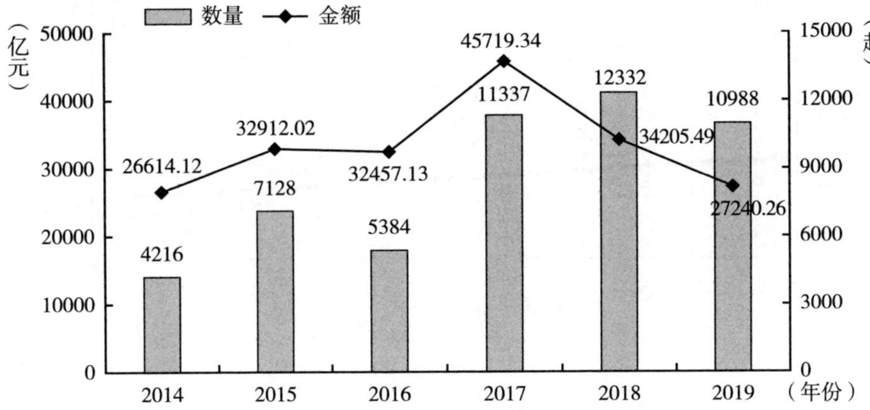

图 7　并购交易市场规模统计（2014～2019 年）

资料来源：Wind、山东省亚太资本市场研究院。

从2019年全年的行业并购来看，并购数量居前的行业是工业（资本货物、运输、商业和专业服务），共计1433起，比上年减少25起；其次是信息技术行业，并购数量919起，与上年相比减少195起；再次是可选消费行业；余下行业并购数量均小于600起，而电信服务行业并购数量最少，仅10起。从交易金额来看，工业行业以3959.68亿元的并购额居行业首位，与上年相比下跌28.78%；其次是金融行业，并购额为2705.15亿元，同比下跌14.47%；材料行业以2427.52亿元的金额位居第三；交易额最少的行业为电信服务行业，仅发生10.90亿元。日常消费行业并购额为963.48亿元，同比增长79.55%，成为增长最快的行业；医疗保健行业并购额为706.28亿元，同比下跌59.61%，成为跌幅最大的行业。2019年行业并购数量及金额见图8。随着科创板的成功上市，代表未来产业发展方向的新一代信息技术领域、高端装备领域、新材料领域、新能源领域、节能环保领域、生物医药领域和以技术创新为核心竞争力的先进制造业领域的并购将维持较高活跃度。从细分行业来看，以医疗保健行业为例，2019年，生物技

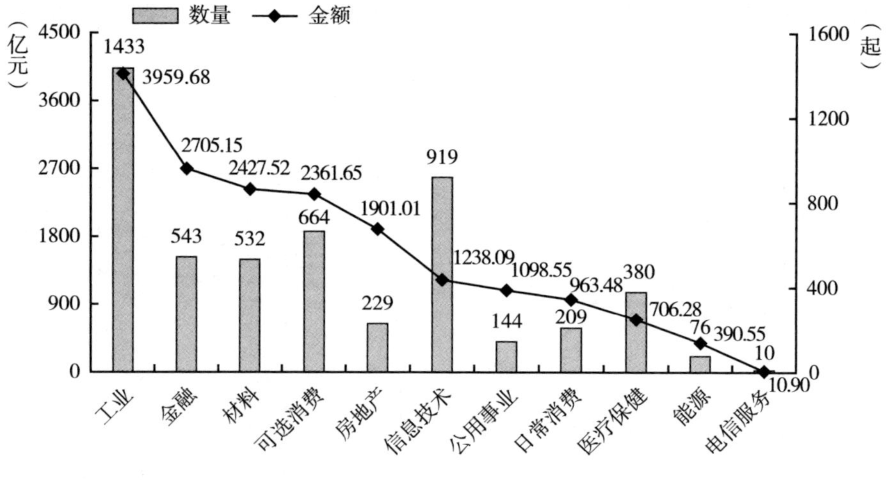

图8　行业并购数量及金额（2019年）

注：根据Wind数据，行业并购是指发生在一个行业内的并购事件，不包含跨行业并购，故与前文并购数据有差异。

资料来源：Wind、山东省亚太资本市场研究院。

术、医疗健康企业被并购数量较为靠前，其中同业整合案例数占比超过50%。医药研发难度大且周期长，通过收购可快速获得专利、扩大生产规模，从而提升公司业绩。实际上，同业整合已经成为目前企业并购的主流逻辑。值得注意的是，2019年外资并购事件中，VC/PE机构的表现十分亮眼。全年海外并购金额最大的是安踏体育（2020. HK）联合方源资本、腾讯等组成财团以46亿欧元收购Amer Sports。企业通过搭建基金或组建财团间接或直接进行境外收购成为惯常做法，VC/PE机构在资金筹措、资源对接等方面可发挥重要作用。

从并购交易的地理分布来看，华东地区企业并购案例达2055起，并购金额为5393. 37亿元，规模位居区域之首，其次是中南地区，并购数量达1222起，并购金额5117. 21亿元，华北、西北、西南和东北地区并购数量均未超过1000起，并购金额也普遍偏少。从省区市来看，广东、江苏、浙江、山东、北京、上海等无论是并购数量还是交易金额普遍较高。并购金额超过千亿元的共有5个省市，分别是广东、北京、江苏、上海和浙江，合计并购金额9537. 29亿元，占全国交易额的56. 38%，其中，广东的并购数量和并购金额均位居第一。青海、西藏、宁夏等省区的并购规模相对较小。2019年，并购金额同比出现增长的共有12个省区市，其中，江西省内公司并购金额同比增长360. 56%，位居全国第一，吉林紧随其后，同比增长106. 10%（见表9）。江西并购金额较大的案例是南昌市国金工业投资有限公司和南昌工业控股集团有限公司以34. 72亿元收购深圳欧菲投资控股有限公司、裕高（中国）有限公司持有的欧菲光（002456. SZ）16%的股权。吉林并购金额较大的案例是央企一汽轿车（000800. SZ）以270. 09亿元收购中国第一汽车股份有限公司持有的一汽解放汽车有限公司100%的股权。整体来看，东部地区并购市场的优势依旧明显，但交易集中度下降的趋势逐渐明显，总体趋势依旧是从沿海城市向中西部地区辐射。中西部地区的四川、安徽、贵州及河南等省份未来具有广阔的发展空间。

表9　全国31个省区市并购交易规模统计（2019年）

省区市	数量(起)	金额(亿元)	增长(%)
广东	782	2925.66	-14.94
北京	693	2687.43	-14.89
江苏	490	1330.23	22.52
上海	486	1232.95	-40.61
浙江	464	1361.03	-44.70
山东	275	769.72	-27.20
福建	155	227.71	-75.42
四川	146	380.34	-36.13
河南	141	667.48	23.23
安徽	136	181.69	-70.40
湖北	119	846.44	35.09
辽宁	95	213.18	-39.30
天津	94	485.13	3.92
河北	92	858.74	35.68
湖南	91	224.23	-46.92
陕西	88	191.00	-24.54
江西	69	290.05	360.56
新疆	69	157.64	7.92
云南	67	137.33	-81.49
重庆	57	212.99	26.60
广西	53	160.31	6.97
山西	41	94.21	-55.53
海南	39	293.09	-46.94
内蒙古	39	239.72	31.82
吉林	37	385.82	106.10
黑龙江	34	141.34	12.71
甘肃	34	34.99	-56.25
贵州	30	65.43	-24.81
宁夏	23	12.32	-81.25
西藏	15	47.69	-37.21
青海	12	59.24	-57.07

资料来源：Wind、山东省亚太资本市场研究院。

（二）二级市场

1. 世界主要股指表现

2019 年世界形势更加复杂，国际经济金融充满不确定性、不稳定性，保护主义和单边主义势力抬头，世界多国经济呈现同步放缓之势。全球各国股市表现不一，但主要国家股票指数上涨。在主要股指涨幅方面，俄罗斯 RTS 以 44.93% 的涨幅领跑全球，其后是中国深证成指的 44.08%，接着是美国纳斯达克指数的 35.23%（见表 10）。全年新兴市场股市涨幅领跑全球。新兴市场投资机会丰富且前景广阔，多个新兴市场国家的财政政策和货币政策以及其他经济政策正日益改善，并在经济结构性改革方面发挥着更加重要的作用。少数发展中国家股指走势较弱，埃及 CMA、乌克兰股票指数、智利综指、越南指数等国家股指出现负增长。

表 10　世界主要股票指数涨跌幅（2019 年）

单位：%

股指名称	涨跌幅
俄罗斯 RTS	44.93
中国深证成指	44.08
美国纳斯达克指数	35.23
巴西 IBOVESPA 指数	31.58
标普 500	28.88
法国 CAC40	26.37
德国 DAX	25.48
道琼斯工业指数	22.34
中国上证综指	22.30
澳洲标普 200	18.38
日经 225	18.20
印度 SENSEX30	14.38
英国富时 100	12.10
中国香港恒生指数	9.07
韩国综合指数	7.67

资料来源：Wind、山东省亚太资本市场研究院。

2. 股票二级市场

（1）沪深两市股指上涨。2019 年虽然我国经济增速继续下滑，但上证综指和深证成指走势向好，其中，深证成指涨幅在世界主要股票指数中位居第二。整体来看，2019 年第一季度我国经济触底回升迹象显现，工商业经营形势好转，股市迎来了期待已久的持续上涨，第一季度上证综指上涨 23.93%，深证成指上涨 36.84%，创业板指数上涨 35.46%。进入第二季度后，两大股指纷纷在 4 月 8 日创出年内新高，其中，上证综指高点为 3288.45 点，深证成指高点为 10541.18 点。全年上证综指上涨 556.22 点，涨幅为 22.30%；深证成指上涨 3190.98 点，涨幅 44.08%；创业板指数上涨 547.59 点，涨幅为 43.79%。2019 年上证综指、深证成指和创业板指数见图 9。

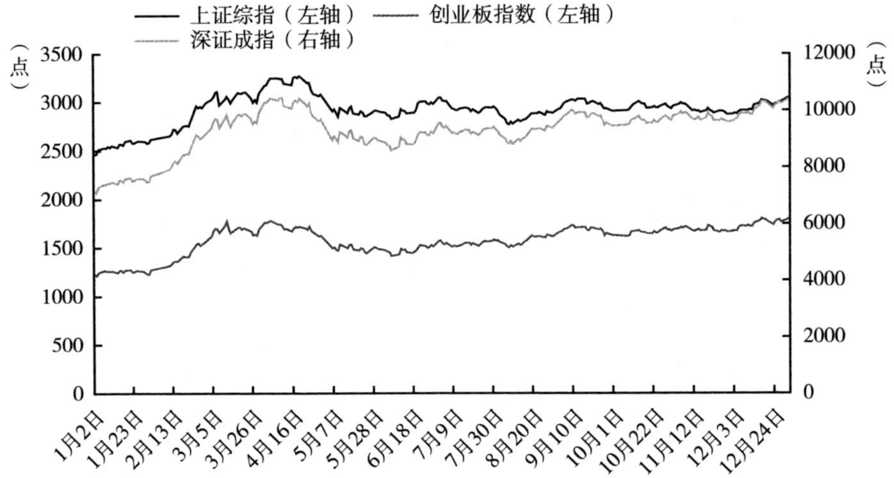

图 9　上证综指、深证成指和创业板指数走势（2019 年）

注：图中数据为当天指数收盘数据。

资料来源：Wind、山东省亚太资本市场研究院。

（2）总市值回升明显。随着内外部经济和政策环境的改善，资本市场服务实体经济功能的不断增强，上市公司管理者更加重视公司在资本市场的表现，市值创造财富的效应将逐步显现。截至 2019 年末，全国沪深上市公司共计 3777 家，总股本为 69760.46 亿股，总市值为 658716.31 亿元，同比增长 35.11%（见图 10）。从年末个股市值来看，工商银行（601398.SH）、中国平安（601318.SH）、建设银行（601939.SH）、贵州茅台（600519.SH）等 7 家上市公司的市值突破 1 万亿元，其中，工商银行（601398.SH）成为沪深上市公司中唯一市值突破 2 万亿元的公司。而年末市值最小的*ST 大化 B（900951.SH）的市值不足 1 亿元，仅 0.96 亿元。2019 年是我国证券市场图改革、谋发展、迎新生的一年，年内科创板诞生、证券法修改、注册制推广、国际化发展不断深入，推动 A 股市值总量创历史新高。

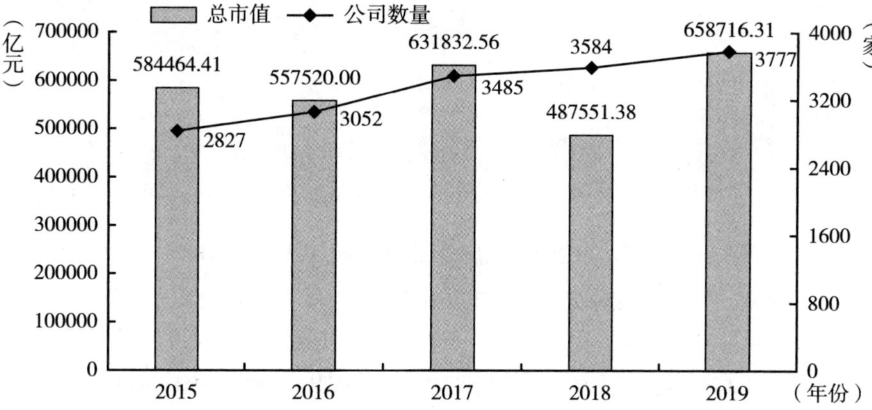

图 10　沪深上市公司总市值及公司数量（2019 年）

资料来源：Wind、山东省亚太资本市场研究院。

分板块来看，2019 年末主板市场共计上市公司 2043 家，市值为 497263.14 亿元，同比增长 32.17%；中小板市场共计上市公司 943 家，市值为 100019.45 亿元，同比增长 41.19%；创业板市场共计上市公司 791 家，市值为 61433.72 亿元，同比增长 51.78%。2015～2019 年主板、中小板和创业板市值见图 11。其中，创业板市值占总市值的比重为 9.33%。对创业板上市公司按照申万一级行业进行分类后发现，计算机类和机械设备类上市公司数量最多，均为 113 家，其次为医药生物类、电子类和化工类上市公司，分别为 84 家、83 家和 80 家，这些上市公司整体而言具有一定的科技含量。2009 年 10 月，创业板在深圳证券交易所正式上市，经过十年发展，在创业板企业构成中，高新技术企业和战略性新兴产业企业在板块中占有较高比例，基本符合当年创立创业板时“支持高新技术企业通过中小板、创业板等资本市场发展壮大”的期待。

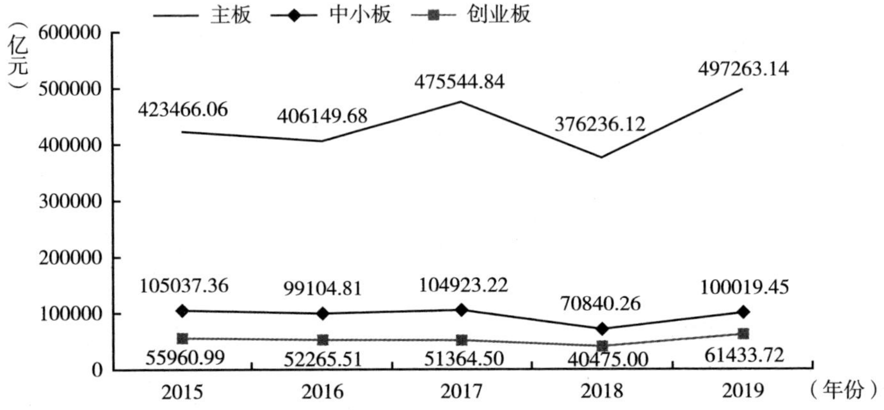

图11 主板、中小板和创业板市值比较（2015～2019年）

资料来源：Wind、山东省亚太资本市场研究院。

分行业来看，按照申万一级行业标准，2019年银行业市值依然排在行业首位，也是市值唯一超过10万亿元的行业，19个行业市值为1万亿～10万亿元，综合行业市值居最末位，仅2071.84亿元。全年28个行业中有26个行业市值出现增长，仅建筑装饰和综合两个行业的总市值出现下跌。市值增幅超过50%的行业共有5个，其中电子行业市值增幅达92.24%，位居全行业之首。增幅为10%～50%的行业共有17个，此区间占据多数。在增幅10%以下的行业中，采掘行业市值增幅较小，同比增长1.83%。2019年上市公司行业市值及增幅见表11。2019年5G基站、半导体、华为产业链、苹果产业链等热点引发电子行业指数上涨，全年电子行业指数涨幅达73.77%，位居行业涨幅之首。电子行业指数走势整体呈三个阶段：第一阶段，1～5月龙头公司超跌反弹，行业板块跟随整体大盘上涨；第二阶段，6月初至9月末，业绩较好的公司随着半年报和三季报的发布，股价开始逐步上涨，主要是业绩驱动行情上涨；第三阶段，10月初至12月末，LED、面板、半导体封测等周期属性细分板块预期景气周期反转，推动股价上涨，从而带动行业指数上涨。行业指数的上涨，有力地推动了行业市值的增长。

表 11　上市公司行业市值及增幅（2019 年）

单位：亿元，%

行业	2018 年总市值	2019 年总市值	增长
银行	87505.49	107747.31	23.13
非银金融	42483.39	63111.76	48.56
电子	24093.83	46318.66	92.24
医药生物	30754.92	45532.81	48.05
食品饮料	22435.90	39975.30	78.18
化工	26165.19	33309.76	27.31
计算机	15749.53	26213.35	66.44
房地产	19941.79	25421.97	27.48
交通运输	19159.80	23634.56	23.35
机械设备	16567.51	23499.21	41.84
采掘	22752.10	23167.44	1.83
公用事业	19716.13	22578.37	14.52
汽车	16760.08	19286.74	15.08
传媒	12337.02	18007.50	45.96
电气设备	14168.99	17513.41	23.60
有色金属	12132.95	15330.07	26.35
建筑装饰	15264.37	14619.87	-4.22
家用电器	10088.97	13841.58	37.20
通信	9652.05	11363.25	17.73
农林牧渔	7610.35	10974.52	44.21
国防军工	6028.17	9871.90	63.76
建筑材料	5549.28	8906.66	60.50
商业贸易	7981.14	8547.96	7.10
轻工制造	6776.18	8543.79	26.09
钢铁	6336.65	6788.95	7.14
纺织服装	4044.21	4196.19	3.76
休闲服务	3261.03	4060.61	24.52
综合	2256.35	2071.84	-8.18

资料来源：Wind、山东省亚太资本市场研究院。

市值管理已成为衡量上市公司经营能力高低的标准之一。随着我国资本市场制度不断完善和对外开放力度的加大，资本市场进入平稳健康发展阶段，价值投资理念深入人心，这就要求上市公司管理者在重视经营管理的同时还要提高市值绩效管理水平，通过建立长效组织机制，在公司能力范围内使股票价格服务于公司整体战略目标，实现价值和经营价值并为股东创造价值。提高市值绩效管理水平还能够提高公司在行业中的地位，增强融资能力，通过并购重组增强公司的市场竞争力。

（3）交易规模增长显著。总体来看，2019 年沪深两市成交规模显著增长。全年两市（包含 B 股）成交 125826.76 亿股，同比增长 54.69%；成交 1269322.37 亿元，同比增长 41.49%。两市日均成交额 5202.14 亿元，比 2018 年增加 1510.24 亿元。从 A 股市场看，不同市值规模的股票成交金额变化不同，10 亿～30 亿元上市公司成交金额占比提升最明显，从上年的 5.08% 提升至 2019 年的 14.36%，其次是 30 亿～50 亿元市值规模的上市公司，占比从 10.90% 上升到 16.23%，而 100 亿元市值以上的上市公司的成交金额占比均有不同程度的下降。市场向好，个股成交情况较 2018 年也有明显改善，资金从此前的大市值个股开始向部分小市值个股转移。2019 年，两市有 17 只日均成交金额在 1000 万元以下的个股（见表 12）。2019 年营业收入和净利润表现一般的上市公司的成交规模明显好转，上市公司如何获得市场投资者的青睐成为公司高管不得不考虑的问题。

表 12　A 股市场日均成交额不足 1000 万元的个股（2019 年）

单位：万元

排名	股票代码	股票简称	日均成交额	行业
1	600608. SH	ST 沪科	997. 18	商业贸易
2	600247. SH	ST 成城	928. 49	商业贸易
3	600774. SH	汉商集团	910. 84	商业贸易
4	600385. SH	ST 金泰	909. 62	有色金属
5	600421. SH	ST 仰帆	878. 62	机械设备

续表

排名	股票代码	股票简称	日均成交额	行业
6	600785. SH	新华百货	762. 44	商业贸易
7	600817. SH	ST 宏盛	712. 84	综合
8	600091. SH	ST 明科	666. 79	化工
9	600301. SH	ST 南化	597. 54	商业贸易
10	600539. SH	ST 狮头	548. 87	轻工制造
11	600234. SH	ST 山水	467. 93	综合
12	600265. SH	ST 景谷	443. 05	农林牧渔
13	300807. SZ	天迈科技	292. 12	计算机
14	002972. SZ	科安达	157. 17	机械设备
15	300811. SZ	铂科新材	132. 99	有色金属
16	000029. SZ	深深房 A	—	房地产
17	600145. SH	* ST 新亿	—	商业贸易

资料来源：Wind、山东省亚太资本市场研究院。

根据上海证券交易所发布的 2019 年统计数据，科创板成交金额为 13314 亿元，占沪市成交金额的 2. 45%，流动性整体优于 A 股市场。剔除上市时间因素，中国通号（688009. SH）全年成交额达 1015. 36 亿元，居 70 家科创板上市公司首位，也是唯一成交额超 1000 亿元的公司，成交额遥遥领先于其他个股。紧随其后的是澜起科技（688008. SH）、中微公司（688012. SH）和南微医学（688029. SH），成交额均突破 500 亿元，分别为 577. 42 亿元、508. 32 亿元和 500. 26 亿元（见表 13）。以上公司均为 2019 年 7 月 22 日首批登陆科创板的公司。从日均成交额来看，中国通号（688009. SH）日均成交 91473. 95 万元，居于首位，聚辰股份（688123. SH）日均成交 71308. 06 万元，位居第二，金山办公（688111. SH）以 66252. 39 亿元位居第三。2019 年科技成为引领市场持续活跃的因素之一，科创板作为科技创新类企业的“铸星台”及资本市场改革的“试验田”，在资本市场中发挥着越来越重要的作用。

表 13 科创板上市公司成交额 TOP20（2019 年）

单位：亿元

排名	股票代码	股票简称	行业	成交额
1	688009. SH	中国通号	机械设备	1015. 36
2	688008. SH	澜起科技	电子	577. 42
3	688012. SH	中微公司	机械设备	508. 32
4	688029. SH	南微医学	医药生物	500. 26
5	688018. SH	乐鑫科技	电子	490. 78
6	688028. SH	沃尔德	机械设备	472. 49
7	688010. SH	福光股份	电子	450. 85
8	688388. SH	嘉元科技	有色金属	391. 35
9	688088. SH	虹软科技	计算机	376. 37
10	688002. SH	睿创微纳	电子	363. 44
11	688066. SH	航天宏图	计算机	354. 27
12	688321. SH	微芯生物	医药生物	352. 63
13	688007. SH	光峰科技	电子	343. 83
14	688099. SH	晶晨股份	电子	328. 57
15	688001. SH	华兴源创	机械设备	326. 01
16	688188. SH	柏楚电子	计算机	318. 20
17	688333. SH	铂力特	机械设备	292. 32
18	688016. SH	心脉医疗	医药生物	276. 50
19	688006. SH	杭可科技	机械设备	275. 59
20	688022. SH	瀚川智能	机械设备	273. 08

资料来源：Wind、山东省亚太资本市场研究院。

分行业来看，2019 年沪深两市成交额最大的行业是电子行业，全年成交 156505. 68 亿元，居行业首位，计算机行业成交 108260. 27 亿元，位居第二，两大行业的成交额均超过 10 万亿元。综合和休闲服务两大行业的成交额较小，均不超过 1 万亿元。从增长情况看，农林牧渔行业成为唯一实现成交额翻倍的行业，紧随其后的电子、非银金融行业成交额增长均超过 90%，而建筑材料和钢铁行业的成交额均为负增长（见表 14）。2019 年受非洲猪瘟和国内生猪产能下降的影响，畜牧养殖行业利润出现大幅增长，农林牧渔行业受到投资者追捧，一度维持较高的景气度。另外，受中美贸易摩擦影响，我国加大对半导体、芯片、人工智能等技术的开发，2019 年成为 5G 商用元年，新的科技变革正在改变世界，第四次工业革命即将到来，以 5G 为代表的新动能将在经济领域催化出一片巨大的蓝海。电子行业受到市场追捧，2019 年电子行业指数涨幅达 73.77%，成交规模明显放大，成为全年股票市场热点。

表 14　证券市场行业成交统计（2019 年）

行业	成交额(亿元)	增长(%)	成交量(亿股)	增长(%)
电子	156505.68	92.33	13539.46	107.15
计算机	108260.27	54.62	7525.58	64.48
医药生物	92216.59	28.05	6506.57	65.32
非银金融	91257.56	92.12	7352.51	110.53
化工	79881.30	27.95	8361.51	49.68
机械设备	64228.84	56.92	6814.88	57.79
传媒	59366.28	61.46	7251.01	76.56
通信	59325.15	56.40	4434.06	53.84
有色金属	57073.34	13.85	6487.06	40.28
食品饮料	51663.29	40.99	2089.98	52.34
电气设备	48246.14	50.33	5689.57	69.41
农林牧渔	41900.86	140.36	3469.64	72.86
房地产	38691.97	11.50	5088.18	32.62
银行	36361.99	8.42	4545.43	5.21
汽车	35909.06	24.70	4119.43	59.71
公用事业	30437.99	16.40	4905.76	52.53
国防军工	28883.87	81.95	2256.79	85.36
交通运输	27790.09	17.44	4099.23	49.67
建筑装饰	26796.25	14.14	3707.61	35.69
轻工制造	25177.64	47.31	3008.84	63.44
家用电器	22169.50	2.40	1796.28	20.02
采掘	19755.92	12.89	3423.69	41.81
建筑材料	18023.18	-5.59	1792.58	9.96
商业贸易	15427.76	0.03	2084.53	32.09
钢铁	10110.33	-31.16	2433.43	-6.22
纺织服装	10033.90	13.92	1404.81	36.95
综合	7517.23	35.83	1183.02	27.96
休闲服务	6007.89	7.44	454.48	14.90

资料来源：Wind、山东省亚太资本市场研究院。

分地域来看，沿海经济发达地区的成交量明显高于中西部地区，在全国31个省区市中，2019年有11个省区市的证券市场成交额超过10万亿元，合计成交6148232.19亿元，占总成交额的86.02%。其中，上海、广东两地分别成交1760560.69亿元和1157961.58亿元，位居全国第一、第二。西部地区西藏的成交额为66070.99亿元，居全国第17位，表现抢眼。青海的成交额为3139.64亿元，也是全国唯一成交额没有突破1万亿元的省份。从地域成交额增长情况来看，2019年27个省区市的成交额实现增长，部分西部省区的成交额显著增长，明显优于东部沿海省市。西藏和宁夏两个自治区全年成交额增长均突破70%，海南、福建两省紧随其后，增长突破30%，四省区增长率位居全国前列。江西、广东、内蒙古和青海四省区出现负增长，其中，广东成为东部沿海省市中唯一出现负增长的省份（见表15）。

表15　全国31个省区市证券市场成交统计（2019年）

排名	省区市	成交额(亿元)	增长(%)
1	上海	1760560.69	8.82
2	广东	1157961.58	-4.19
3	北京	946425.58	3.84
4	江苏	624957.44	29.56
5	浙江	464013.06	23.57
6	福建	306674.34	30.74
7	四川	235017.22	4.03
8	山东	219283.20	28.40
9	湖北	216019.29	23.46
10	湖南	114053.91	17.33
11	江西	103265.88	-2.29
12	辽宁	92620.76	3.94
13	陕西	88297.46	29.36
14	黑龙江	88129.93	10.49
15	安徽	84301.64	19.08
16	河南	79895.75	26.90
17	西藏	66070.99	75.54
18	重庆	64443.42	25.35

续表

排名	省区市	成交额(亿元)	增长(%)
19	天津	62329.20	20.85
20	河北	61423.04	12.08
21	山西	59752.94	29.45
22	广西	52901.74	20.39
23	云南	43806.89	22.36
24	吉林	37784.53	10.55
25	内蒙古	32207.23	-9.57
26	贵州	22392.70	17.55
27	新疆	18276.45	24.51
28	海南	17672.83	32.26
29	甘肃	12866.24	25.48
30	宁夏	10646.25	70.23
31	青海	3139.64	-21.17

注：表中成交额包括股票、基金、债券。
资料来源：Wind、山东省亚太资本市场研究院。

（4）股票回购规模继续扩大。自2018年10月全国人大常委会表决通过修改《中华人民共和国公司法》后，上市公司回购股份条件得到放宽，当年股票回购业务迅速攀升。对于股票市场，大规模股票回购业务通常发生在连续下跌或市场低位阶段，反映了上市公司对股价低于内在价值的判断。历史上A股市场回购业务主要集中于三个时期，分别为2012年10月至2013年6月、2015年8月至2016年6月、2018年9月至今。从2017年6月开始，股票回购进入快速增长期。以2018年为例，全年有862家沪深上市公司完成了股票回购，回购金额达279.58亿元，创下历史新高，回购对股票市场的推动力量逐渐积蓄。

2019年股票回购规模继续扩大。全年A股市场共有1077家上市公司实施、完成了股票回购，占沪深上市公司数量的28.51%。其中，890家上市公司已完成股票回购计划，回购金额为1022.86亿元，比2018年增长265.86%；回购股票138.43亿股，比2018年增长218.82%。从回购方式来看，在2019年1077家上市公司实施的1679次回购股票交易中，通过定向回购的方式共计 1035 次，占 61. 64%，成为上市公司主要的回购股票方式，通过集中竞价交易回购的方式共计 642 次，余下 2 次采用其他回购方式。从上市公司回购股票的目的来看，以股权激励注销为目的的回购共计 943 次，占实施股票回购次数的 56. 16%，基于其他目的的回购共计 498 次，基于盈利补偿目的的回购共计 90 次，基于市值管理目的的有 87 次，基于股权激励目的的有 61 次。从行业回购情况来看，资本货物行业中回购公司家数为 230 家，占 21. 36%，其次是材料Ⅱ行业，而排名最后的保险Ⅱ行业仅中国平安（601318. SH）一家上市公司实施了股票回购（见图 12）。

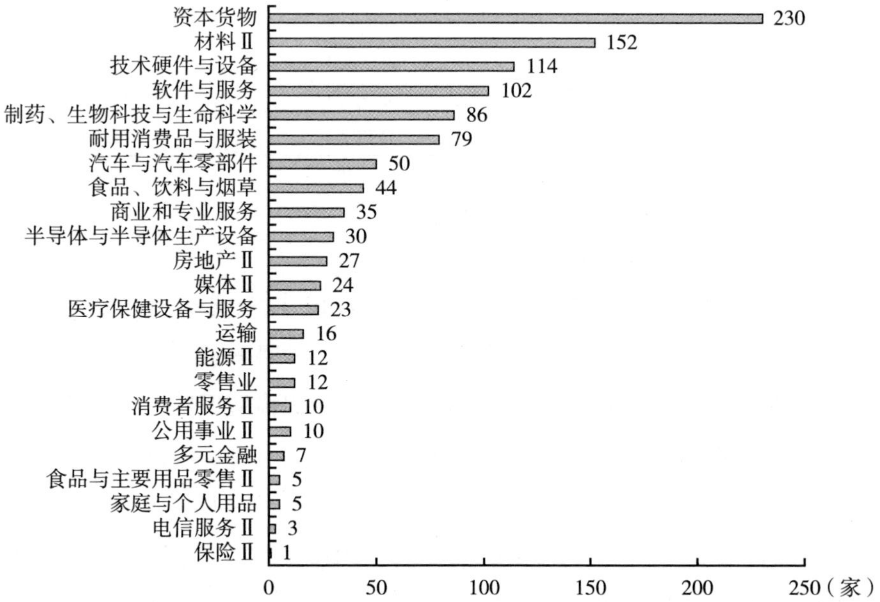

图 12　上市公司股票回购家数行业分布（2019 年）

资料来源：Wind、山东省亚太资本市场研究院。

2019 年上市公司通过纯自有资金回购股票的次数达 1446 次，占全年实施回购次数的 86. 12%。这种以现金回购股票的方式，反映了上市公司现金流充沛、具有较强的变现能力和盈利能力。从用途看，上市公司回购股份后可以优化公司资本机构，调节股票供应量以实现价格回归，实施股权激励计划，组织被收购及保护中小投资者利益等。其中，实施股权激励计划可以凝聚团队，提升团队战斗力，增强公司市场竞争力。对于股票市场而言，在股市低迷时实施股份回购有利于对市场形成正面影响，促进公司股票价格合理回归，从而达到稳定股价的目的，给投资者带来信心。公司经营者最了解公司状况，实施股票回购计划说明公司股价已低于公司价值，也说明其对公司的未来发展充满信心，最终能够起到增强市场信心和稳定市场的效果。

（5）退市呈现常态化。近年来，A股市场上市公司退市数量不断增多，这离不开监管部门对退市制度的不断改革和完善。通过优胜劣汰的方式厘清市场，有利于我国证券市场健康发展。经过2012年、2014年和2018年的三次改革，目前我国退市制度逐步完善，基本上形成了包括规范类、交易类、财务类和重大违法等多元化退市指标体系和较为稳定的退市实施机制，逐步实现了退市的“常态化、法治化、市场化”。2018年以来，退市制度改革被列为深化存量改革的重要手段。2018年7月，中国证监会发布了《关于修改〈关于改革完善并严格实施上市公司退市制度的若干意见〉的决定》，完善了因重大违法强制退市的主要情形，明确了证券交易所、退市公司控股股东、实际控制人等主体的相关责任。2019年9月，中国证监会提出全面深化资本市场改革12个方面的重点任务，其中就包括畅通多元化退市渠道，促进上市公司优胜劣汰。一系列政策的出台，对促进证券市场健康稳定发展，提高上市公司质量，保护广大投资者的合法权益大有裨益。

2019年沪深两市共有21只股票撤销ST，85只股票（包含4只B股）被实施ST，ST股票数量创历史新高。从原因看，因“最近两个会计年度的审计结果显示的净利润均为负值”被实施ST的共38只，因“出现其他异常状况”而被ST的股票共有33只，因“被注册会计师出具无法表示意见或否定意见的审计报告”而被实施ST的股票共有11只，因“恢复上市”而被实施ST的仅长油（601975. SH）一家，因“最近两年连续亏损，且被注册会计师出具无法表示意见或否定意见的审计报告”的股票是*ST信威（600485. SH），因“最近一个会计年度股东权益低于注册资本，即每股净资产低于股票面值”的股票是*ST厦工（600815. SH）。由于缺乏业绩支撑，不少ST个股因存在退市风险，直接升级为*ST，这一现象在2019年尤其明显。2019 年 5 月，中国证监会主席易会满在中国上市公司协会 2019 年年会上表示，将加强上市公司监管，研究优化公开谴责、代位诉讼、有奖举报等制度机制，加大惩戒力度，增强监管威慑力，与此同时，要探索创新退市制度，实现多种形式退市渠道。对严重扰乱市场秩序、触及退市标准的企业坚决予以退市，促进“僵尸企业”“空壳公司”及时出清。

自 1999 年第一只股票琼民源 A（000508. SZ）退市以来，截至 2019 年末共有 127 只个股（包含 17 只 B 股）退市。在严监管背景下，近年来股票退市数量不断增加。2019 年有 8 只个股暂停上市，12 只个股退市，退市数量比 2018 年增长一倍，仅次于 2006 年的 13 只。如表 16 所示，在退市的 12 家公司中，因财务问题（连续 3 年亏损）退市的有 5 家，面值退市（连续 20 个交易日股价低于 1. 00 元）的 4 家，吸收合并的 2 家，因重大违法而退市的是长生生物（002680. SZ），该股也成为首家因重大违法而退市的标的股。2019 年 11 月 8 日，深圳证券交易所官方网站发布《长生生物科技股份有限公司关于公司全资子公司破产清算的公告》，宣告长春长生生物科技有限责任公司破产。11 月 26 日，长生生物发布《关于公司股票终止上市并摘牌的公告》，公司股票已被深圳证券交易所决定终止上市，11 月 27 日，长生生物被摘牌。此外，创业板上市公司千山药机（300216. SZ）或成为第二只因重大违法而被强制退市的公司。2019 年 12 月 2 日，千山药机（300216. SZ）做出特别风险提示：根据事先告知书认定的事实，公司 2015 ~2018 年连续 4 年净利润实际为负，股票可能因重大违法被强制退市。

表 16　退市公司统计（2019 年）

股票代码	股票简称	退市日期	退市原因	三板代码	三板简称
600680. SH	*ST 上普	05 - 24	连续 3 年亏损	400073. OC	上普 A5
900930. SH	*ST 沪普 B	05 - 24	连续 3 年亏损	420073. OC	上普 B5
200418. SZ	小天鹅 B	05 - 27	吸收合并(美的集团)	—	—
000418. SZ	小天鹅 A	06 - 21	吸收合并(美的集团)	—	—

续表

股票代码	股票简称	退市日期	退市原因	三板代码	三板简称
002070. SZ	众和退	07－09	连续3年亏损	400072. OC	众和1
000693. SZ	华泽退	07－09	连续3年亏损	400075. OC	华泽钴镍
600401. SH	退市海润	07－12	连续3年亏损	400074. OC	海润1
002477. SZ	雏鹰退	10－16	面值退市	—	—
002018. SZ	华信退	11－01	面值退市	400076. OC	华信国际
002680. SZ	长生退	11－27	重大违法	400077. OC	长生1
002143. SZ	印纪退	11－29	面值退市	—	—
600747. SH	退市大控	12－12	面值退市	400078. OC	大连控股

资料来源：Wind、山东省亚太资本市场研究院。

3. 债券二级市场

（1）债券收益率曲线小幅下行。2019年中国人民银行保持稳健中性的货币政策，社会融资成本小幅降低，为经济高质量发展营造了适宜的货币金融环境。在此背景下，我国债券市场整体呈现震荡走势，波动过程相对平稳。以10年期国债收益率为例，全年震荡小幅走低。截至2019年末，10年期国债收益率为3.1365%，较上年末下行9个基点。全年10年期国债收益率整体呈现震荡走势，受第二季度经济指标回落影响，1月至8月中旬10年期国债收益率走低，并触及年度3%的最低点；此后，9月经济数据向好，通胀预期升温，国债收益率出现反弹，同时创下了年内最高点3.4%；年末又回落至年初水平。全年10年期国债收益率波动幅度稳定在40个基点以内。从1年、3年、5年和7年期国债收益率来看，2019年末收益率分别为2.36%、2.73%、2.89%和3.04%，分别较上年同期下行24个、14个、8个和13个基点。尽管整体国债收益率曲线先升后降，但从第三季度开始，长期和短期国债收益率走势不再一致，长期国债收益率上行，而短期国债收益率出现较大幅度的下跌并在年末企稳，说明市场对经济短期和长期的发展存在分歧。

（2）交易结算量增幅扩大。中央结算公司发布的《2019年债券市场统计分析报告》显示，2019年债券市场现券、债券借贷和回购交易结算量为

1307.31 万亿元（见表 17），同比增长 14.67%。其中，现券结算量为 213.42 万亿元，同比增加 40.87%；回购交易结算量为 1089.70 万亿元，同比增长 10.50%。中央结算公司的债券结算量为 813.79 万亿元，同比增长 22.19%。中央结算公司结算量占银行间债券市场的 76.20%。从中央结算公司支持完成的现券交易看，记账式国债和地方债券占全年总交易量的 31.33%，结算量同比增长 89.24%，记账式国债的年换手率[①]从 2018 年的 137.61%上升至 222.29%，交易活跃度显著提升；政策性银行债券现券结算量占比为 63.59%，结算量同比增长 76.72%，仍然是现券交易量最大的券种；企业债券现券结算量占比为 1.18%，比重较上年下降 1.2 个百分点，结算量同比下降 11.42%。

表 17　债券市场交易结算情况（2019 年）

单位：亿元

交易市场	结算金额
中央结算公司	8137938.51
现券交易	1393954.14
回购交易	6702133.23
债券借贷	41851.14
上海清算所	2542427.81
现券交易	711726.82
回购交易	1830700.99
交易所	2392775.59
现券交易	28568.33
回购交易	2364207.26
合计	13073141.91

资料来源：中国债券信息网、上海清算所、Wind、山东省亚太资本市场研究院。

从中国人民银行统计的银行间债券成交量来看，2019 年银行间债券市场现券交易量为 209.0 万亿元，日均成交 8360.1 亿元，同比增长 39.6%；交易所债券市场现券交易量为 8.4 万亿元，日均成交 342.3 亿元，同比增长

① 年换手率 = 年交易量/年末托管量 ×100%。

40.3%。全年银行间市场信用拆借、回购交易总成交量为971.3万亿元，同比增长12.7%。其中，同业拆借累计成交151.6万亿元，同比增长8.9%；质押式回购累计成交810.1万亿元，同比增长14.3%；买断式回购累计成交9.5万亿元，同比下降31.9%。

（3）债券产品创新提速。首先，金融债券品类创新。一是发行商业银行无固定期限资本债券。为提高银行永续债流动性，中国人民银行决定创设央行票据互换工具（CBS），并将主体评级不低于AA级的银行永续债纳入中期借贷便利（MLF）、定向中期借贷便利（TMLF）、常备借贷便利（SLF）和再贷款的合格担保品范围。二是开展国开债随买随卖。为进一步缩短操作流程，中央结算公司配合在操作中引入券款对付（DVP）结算方式，有效提高业务处理效率，减少做市商资金占用情况。

其次，资产证券化产品范围扩展。一是全国首单专利许可知识产权ABS发行，创造了全新的知识产权证券化业务模式，扩大了知识产权金融服务。二是首单以LPR为基准定价的浮动利率信贷资产证券化产品发行，证券端和资产端利率均为以LPR为基准定价的浮动利率。

最后，债券市场产品种类细化丰富。中央结算公司发布中债基准回购利率（BR），创新丰富了反映流动性状况的利率公允基准，为机构及政策操作提供更加准确、及时的参照目标。同时还发布一系列多维度地方债券指数，为投资者提供多元化的业绩比较基准和投资标的。此外，与银行、证券机构等大型金融机构合作推出多个高等级信用债指数，例如中债-银登信贷资产价格指数、中债-离岸人民币中国主权及政策性金融债指数，为投资者提供离岸人民币债的公允价格基准。

（4）债券违约规模维持高位。2019年新增违约债券规模为1216.99亿元，同比增长5.13%，较2018年超300%的同比增速显著回落，违约量急速上升的趋势得到控制。从债券只数看，2019年新增违约债券158只，同比增长28.46%；从违约主体看，违约企业共56家，同比增加9家，其中新增违约企业38家，同比减少5家。违约企业行业集中度上升。与2018年相比，2019年违约企业所属行业由14个下降为7个，行业分布更为集中。

其中制造业企业新增违约债券规模达 476.13 亿元，同比增长 190.01%，占全市场新增违约的 39.12%；新增违约企业 23 家，同比增长 9 家，占全市场的 60.53%。

从区域分布看，2019 年债券违约事件的分布呈现离散状态，新增违约发行人共涉及 18 个省区市，数量与 2018 年持平。具体到各个省区市，2019 年广东省违约数量最多，共有 5 家，江苏省、辽宁省和山东省各有 3 家，在上述省份中，除辽宁省外皆为发行人数量多、存续债券余额高的发债大省。2019 年以山东省东营市为代表的部分地区暴露出较为严重的民营企业互保风险，同时如国购投资、颐和地产等区域性房地产企业发生违约，但总体来看并未形成区域性违约趋势。

从违约主体属性来看，2019 年债券市场违约发行人以民营企业为主，延续了近年来的趋势。新增违约发行人中民营企业共 29 家，占总数的 76.32%。2019 年多项民营企业纾困政策陆续出台，对民营企业融资状况改善起到了一定的积极作用，但从违约情况来看，2019 年信用资质较弱的民营企业发行人仍持续发生风险暴露。此外，2019 年共有 5 家地方国有企业发生违约，数量较 2018 年增加 2 家，分别涉及辽宁省（沈机集团及其子公司沈阳机床）、天津市（天物集团的子公司天津浩通与天物资源）与青海省（盐湖股份）3 个省级行政区域。

（三）基金市场

1. 市场规模扩大

2019 年，中国证监会出台多项政策，打通各类机构投资者的入市瓶颈，积极引导中长期资金入市，大力发展权益类基金。在资产管理新规要求资产管理产品“打破刚兑”“净值化管理”之后，权益类基金规模上升。无论是从增量角度还是存量角度看，基金规模、收益均有亮眼表现。根据中国证券投资基金业协会的数据，在公募基金方面，2019 年末我国基金产品数量达 6544 只，比 2018 年末增加 918 只，增幅为 16.32%（见图 13）；2019 年末基金份额为 136937.42 亿份，比 2018 年同期增加 7967.91 亿份，增幅为

6.18%；2019 年末基金资产净值为 147672.51 亿元，增幅为 13.29%。在私募基金方面，2019 年末协会存续登记私募基金管理人 24471 家，同比增加 23 家；年末备案通过 18959 只，同比减少 15.77%；年末备案规模 8724.31 亿元，同比减少 41.30%①。

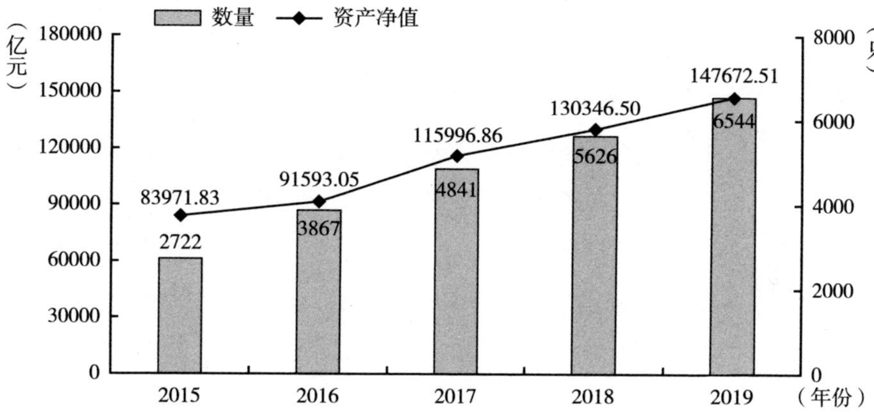

图 13　基金规模统计（2015～2019 年）

资料来源：中国证券投资基金业协会、山东省亚太资本市场研究院。

按照基金类型细分来看，2019 年基金市场结构调整较大，权益类和债券型基金规模占比扩大，货币型基金数量与规模占比持续下行。一方面，2019 年股市整体表现良好，权益类基金（股票型、混合型基金）资产净值规模占比由 2018 年的 17.23% 上升至 2019 年的 21.99%。另一方面，受货币型基金及理财产品监管趋严的影响，货币型基金市场规模占比下降较明显，2019 年货币型基金数量为 374 只，比上年减少 9 只，资产净值 7.41 万亿元，同比下跌 9.19%。此外，摊余成本法下可以平滑基金净值曲线，相关债券型基金产品也受到追捧，2019 年债券型基金数量与规模均显著提升。

公募基金头部效应明显。2019 年末公募基金资产净值规模排名前三的

① 由于统计口径不同，中国证券投资基金业协会披露的数据与 Wind 存在差异。

公司在 140 家基金公司管理总规模中占比为 17.72%，规模前五公司占比为 25.56%，规模前十公司占比为 42.90%。截至 2019 年末，公募基金总规模排名前五的基金公司分别为天弘基金、易方达基金、博时基金、南方基金和工银瑞信基金。从基金公司基金数量看，广发基金共有 206 只，位居第一；南方基金共有 203 只，排名第二；余下基金公司产品数量均小于 200 只。从单只基金平均管理规模看，排名前三的基金公司分别为天弘基金、建信基金、易方达基金（见表 18）。据中国银河（601881.SH）基金研究中心统计，截至 2019 年末，股票基金与混合基金全年平均回报率分别为 39.80% 和 35.04%，天弘文化新兴产业以 87.84% 的投资回报率，获得全行业排名第三的成绩。自 2018 年 11 月开始，天弘基金加强了投资与研究，并进行"赛道"分组，明确各小组的独立投资研究范围，使基金经理更专注，并使产品投资策略更清晰。2019 年天弘基金的业绩全线攀升，全领域精品店的新形象正在逐渐显现。

表 18　头部公募基金公司管理规模 TOP10（2019 年）

基金公司	基金数量（只）	资产净值（亿元）	平均资产（亿元/只）	基金份额（亿份）	平均份额（亿份/只）
天弘基金管理有限公司	62	12718.06	205.13	12791.01	206.31
易方达基金管理有限公司	173	7114.21	41.12	6206.00	35.87
博时基金管理有限公司	199	6216.91	31.24	5920.44	29.75
南方基金管理股份有限公司	203	6050.74	29.81	5574.92	27.46
工银瑞信基金管理有限公司	143	5378.35	37.61	5203.61	36.39
建信基金管理有限责任公司	119	5282.38	44.39	5153.02	43.30
汇添富基金管理股份有限公司	143	5149.66	36.01	4668.05	32.64
华夏基金管理有限公司	172	5137.01	29.87	4355.23	25.32
嘉实基金管理有限公司	176	5124.39	29.12	4752.63	27.00
广发基金管理有限公司	206	4891.67	23.75	4651.64	22.58

资料来源：Wind、山东省亚太资本市场研究院。

2. 新发基金破历史新高

如图 14 所示，2019 年，市场新发基金数量及基金份额均创历史纪录。

以基金认购起始日为标准统计，2019 年新发基金数量为 1060 只，比 2018 年增加 272 只，新发基金数量创历史新高。从基金发行份额来看，2019 年基金发行份额达 14946. 43 亿份，比 2018 年增加 6215. 35 亿份，突破 2015 年高点（13287. 92 亿份）。从新发基金类型来看，首先，债券型基金发行数量多、规模大。2019 年发行数量与规模最大的为债券型基金，新发债券型基金 520 只，新发基金份额 9431. 64 亿份。摊余成本法定开债券型基金由于存在收益率曲线平滑、资金杠杆上限高的特点，2019 年市场发行以摊余成本法进行估值的中长期债券型基金共 59 只，累计发行份额达 3410. 30 亿份，共 11 只基金单只基金发行份额破百亿份，其中嘉实安元 39 个月定开纯债 A（008338. OF）发行规模达 202. 01 亿元，发行份额超 200 亿份。

其次，货币型基金在严监管下仅发行 6 只。根据资产管理新规要求，传统以摊余成本法估值的货币市场型基金存在流动性风险，因此受到严监管，2018 年新发货币型基金 0 只，2019 年新发货币型基金 6 只，在严监管背景下货币型基金的市场规模缩小在短期内将成为趋势。

最后，科创板市场主题基金发行火热。2019 年新成立科创板概念基金共 21 只，平均发行份额为 9. 21 亿份。

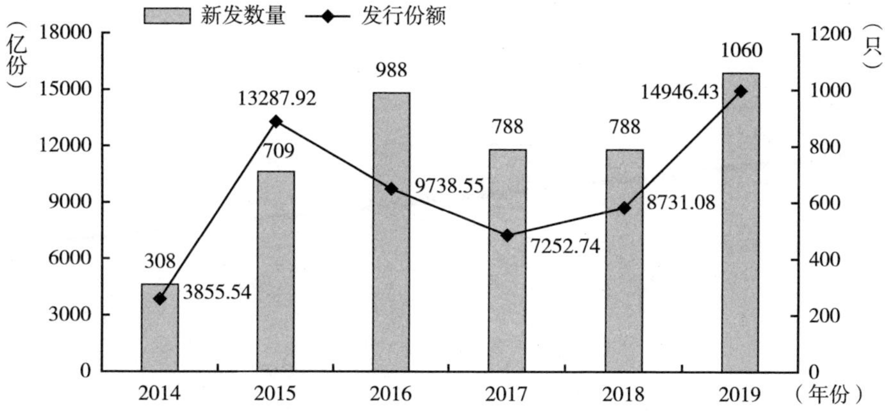

图 14　新发基金数量及份额（2014～2019 年）

资料来源：Wind、山东省亚太资本市场研究院。

3. 主题基金收益向好

2019 年 A 股整体表现较好，上证综指累计收益率为 22.30%，沪深 300 指数累计收益率为 36.07%，权益类基金回报率较 2018 年显著提升。普通股票型基金回报率中位数为 46.91%，较 2018 年回报率中位数 -24.83% 提高 71.74 个百分点；偏股混合型基金回报率中位数为 43.17%，较 2018 年回报率中位数 -23.79% 提高 66.96 个百分点。2019 年债券型基金收益率集中于 0 ~5% 区间，收益率大于 10% 的债券型基金占比为 10.61%，且集中于可转债基金。

2019 年，半导体、电子元器件、5G、消费等主题基金表现活跃，且收益较好。根据 Wind 数据，2019 年所跟踪的半导体主题的 132 只基金业绩中位数为 59.55%；所跟踪医疗主题的 138 只基金的业绩中位数为 46.91%；所跟踪消费主题的 131 只基金的业绩中位数为 45.16%（见表 19）。从单只基金收益率来看，收益率排名前三的普通股票型基金为广发多元新兴、信达澳银新能源产业、天弘文化新兴产业，排名前三的混合型基金为广发双擎升级、广发创新升级、华安媒体互联网，排名前三的债券型基金为南方希元可转债、华宝可转债 A、汇添富可转债 A，排名前三的货币型基金为工银瑞信 60 天理财 B、民生加银家盈月度 B、长城收益宝 B。

表 19　主题概念类基金收益率统计（2019 年）

主题名称	基金数量(只)	年化收益率(%)		
		最大	最小	中位数
半导体	132	121.69	-0.46	59.55
电子元器件	331	235.52	4.45	53.23
5G	335	235.52	4.45	49.67
医疗	138	141.50	4.50	46.91
消费	131	216.98	4.70	45.16
券商保险	282	115.32	-2.93	43.66
房地产	109	93.44	4.50	37.90
一带一路	30	66.32	4.45	37.34

资料来源：Wind、粤开证券研究院、山东省亚太资本市场研究院。

4. 主板仓位配置提高

2019 年，在板块配置上，主板仓位提高，科创板被纳入投资范围。从偏股型基金（普通股票型、偏股混合型和灵活配置型基金）在板块上的仓位配置来看，2019 年主板仓位继续维持高位，同时科创板开板市场开始配置科创板股票。截至 2019 年末，偏股型基金配置主板占股票投资的比例为 65.7%，占比较 2018 年提高 1.7 个百分点；创业板配置比例为 14.5%，较 2018 年下降 1 个百分点；中小板配置比例为 19.3%，较 2018 年下降 1.2 个百分点。科创板在 2019 年 6 月 16 日开板，基金市场开始配置科创板个股，截至 2019 年末配置比例为 0.5%。

从偏股型基金在主板市场上配置的行业看，按照申万一级行业标准，2019 年排名仓位前三的行业为食品饮料、电子和医药生物行业。其中，第四季度食品饮料占行业投资比例为 14.38%（2018 年为 9.53%），电子占行业投资比例为 13.34%（2018 年为 8.18%），医药生物占行业投资比例为 12.80%（2018 年为 13.24%）。仓位较低的行业包括钢铁、纺织服装、建筑装饰等。同时，相较于 2018 年，2019 年仓位占比增加的行业包括食品饮料、电子、银行、家用电器、传媒、有色金属、建筑材料和休闲服务行业，主要为大消费及 TMT 行业。

5. 投资集中度有所提升

2019 年偏股基金行业仓位集中度有所提升，抱团成为基金投资新热点。投资排名前三行业占 A 股投资比例之和为 40.52%，较 2018 年的 30.91% 提高了 9.61 个百分点，占比排名前三行业为食品饮料、电子、医药生物，与 2017 年、2018 年排名前三行业一致但比例有所增加。将基金行业仓位与 A 股行业市值占比进行比较，2019 年偏股型基金行业占比高于市场的行业包括食品饮料、电子、医药生物、家用电器、休闲服务等；同时，银行、非银金融、采掘、公用事业、建筑装饰等属于低配的行业，持仓低于 A 股行业市值占比。

（四）新三板市场

1. 挂牌企业数量持续下降

新三板作为多层次资本市场体系的重要组成部分，备受社会各界关注。

受流动性缺失、信息披露危机和融资困难、监管处罚力度不足、投资者保护有待加强等诸多因素影响，挂牌公司数量自2017年创下历史高点后开始回落，2019年末挂牌企业数量为8953家，降至万家之下，挂牌企业数量已连续两年出现负增长（见图15）。

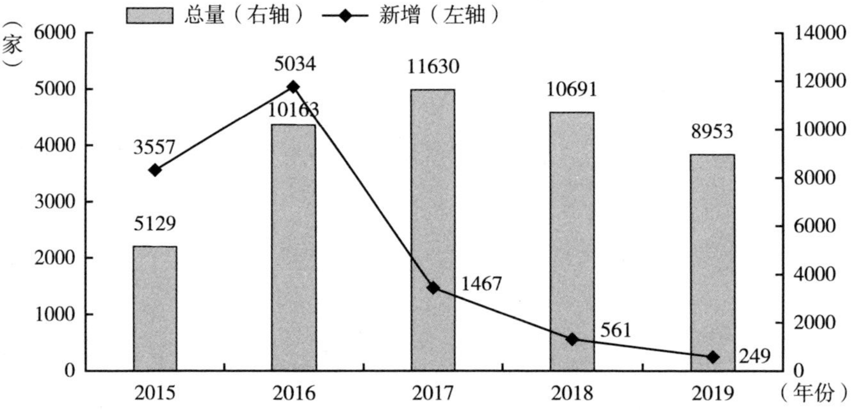

图15　新三板市场企业挂牌数量（2015～2019年）

资料来源：全国中小企业股份转让系统、山东省亚太资本市场研究院。

2019年新三板市场新增挂牌企业数量继续减少，降至249家，比2018年减少312家。全年平均每月挂牌数量21家，其中3月、7月分别挂牌47家、32家，其余月份挂牌数量相对偏少，但整体来看基本保持平稳（见图16）。尽管挂牌企业数量出现负增长，但股转系统仍然容纳了大量的成长型中小微企业。从挂牌公司的行业分布来看，股转系统与A股市场有较大不同，体现了其服务于创新型、创业型企业的定位。

截至2019年末，全国新三板挂牌企业累计摘牌数量为4306家，其中2019年摘牌企业1987家，比2018年增加470家，成为摘牌企业数量最多的一年（见图17）。摘牌数量的增加，反映了新三板挂牌企业价值被低估、流动性过低、企业融资困难等诸多问题，但同时也说明市场出清生态正逐步有序形成。具体来看，一是违规企业出清。由于挂牌企业数量庞大，企业质量参差不齐，难免出现不良企业，2019年未按期披露定期报告而被强制摘牌的公司有397家，是上年的3.48倍。二是微利亏损企业摘牌加速。2019年

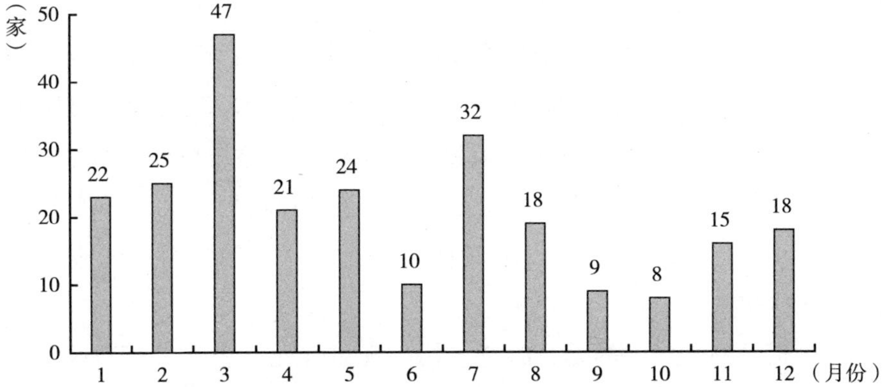

图 16　新三板市场月度新增挂牌数量（2019 年）

资料来源：全国中小企业股份转让系统、山东省亚太资本市场研究院。

在 1590 家主动摘牌公司中，912 家企业是由于挂牌及维护成本较高吞噬公司收益而主动摘牌。其中，净利润 1000 万元以下的企业和亏损企业占比达到 70.61%，同比增加 5.21 个百分点，未来这一比例会进一步提高。三是优质企业维持挂牌意愿增强。全年主动申请终止挂牌公司 246 家，同比下降 5.38%，随着新三板改革的深化，新三板流动性和融资功能有望提高，优质企业尤其精选层企业会选择继续留守市场。

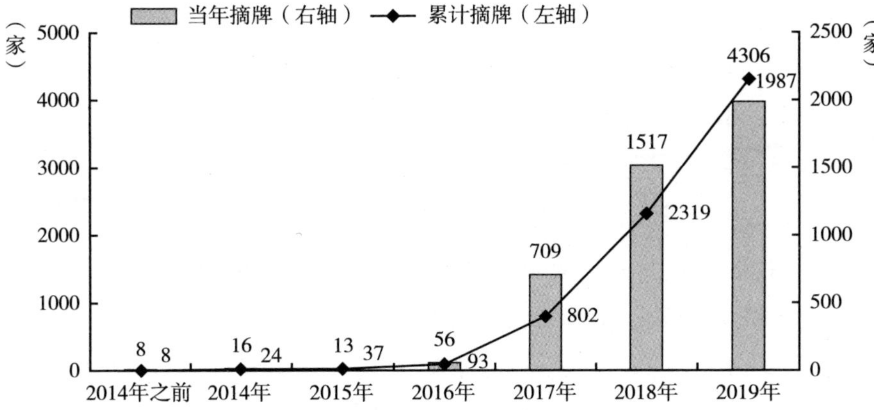

图 17　新三板市场企业摘牌数量（2014 年之前至 2019 年）

资料来源：Wind、山东省亚太资本市场研究院。

2. 普通股融资额下降

2019 年，股转系统普通股融资 264.63 亿元，同比下跌 56.22%；共计发行股票 637 次，同比下跌 54.56%；发行股票 73.73 亿股，同比下跌 40.46%。无论是发行股票次数、数量还是融资额，都是在统计的 5 年中最低的一年。与普通股不同的是，优先股融资额尽管较少，但 2019 年出现了上涨。全年发行优先股 11 次，比 2018 年增加 2 次；融资额 3.60 亿元，同比增长 39.00%。

与融资额减少对应的是，融资结构出现了优化，企业发行新股融资意愿增强。首先，以产业链整合为目标的经营性融资增加。随着 2019 年政策松绑，我国上市公司并购重组迎来机遇，并购重组市场加速回暖。新三板挂牌公司以产业链整合为目标的外部融资额达到 161.65 亿元，其中产业链内或行业内企业认购额达 66.58 亿元，占比为 41.19%，比 2018 年增加 17.43 个百分点。其次，新三板市场并购重组以主营业务为主。全年挂牌企业重大资产重组 17 次，涉及金额 23.84 亿元。其中，14 次为购买同行业资产或剥离非核心主营业务。可见，上市公司购买资产更聚焦主业，收购挂牌公司 11 次，其中 10 次为同行业或产业链收购。最后，改革后挂牌公司的发行意愿较强。一是拟发行公司增多。2019 年 10 月全面深化改革启动后，挂牌公司新增披露股票发行方案 127 单，占比超过全年的 50%。其中，基础层公司占比为 90.55%，较前三季度提高 9.39 个百分点。二是经营性融资需求高。挂牌公司的融资目的主要集中于扩大再生产和补充主营流动资金等经营性需求。

3. 改革促进交易活跃度回升

2019 年新三板市场成交规模继续减少。全年股票成交额为 825.69 亿元，同比下跌 7.02%；全市场成交量为 220.20 亿股，同比下跌 6.81%（见表 20）；日均成交 3.38 亿元，同比下降 7.40%；全年换手率为 6.00%，比上年提高 0.69 个百分点。需要指出的是，股转市场价格体系得到修复，在股转系统公布的 10 只新三板指数中有 7 只上涨，其中，三板做市、创新成指分别上涨 27.24%、24.54%，主要缘于新三板改革驱动。此外，股转市场估值下行趋势得到缓解，全年市场平均市盈率为19.74倍，较上年末下降1.12倍，降幅为2018年的12.02%，以活跃股票为样本计算的60日市盈率为18.21倍，较上年末上升0.96倍。新三板改革对提升交易活跃度作用明显，首批改革规则实施后，全市场日均成交额回升至5.65亿元，高于2018年的3.65亿元，但低于2015~2017年的8.33亿元；日成交额超1000万元的股票11只，环比增加6只。创新层集合竞价股票日均撮合次数由规则实施前两周的1.9次提升至4.0次，基础层由1次提升至1.6次。

表20　新三板市场成交情况统计（2015~2019年）

年份	成交数量(亿股)	成交金额(亿元)	换手率(%)
2015	278.91	1910.62	53.88
2016	363.63	1912.29	20.74
2017	433.22	2271.80	13.47
2018	236.29	888.01	5.31
2019	220.20	825.69	6.00

资料来源：全国中小企业股份转让系统、山东省亚太资本市场研究院。

4.行业及地理分布情况

根据中国证监会行业分类标准，2019年末新三板市场制造业企业数量为4409家，占总量的49.25%；其次是信息传输、软件和信息技术服务业，数量为1725家，占19.27%；余下16个行业企业数量合计为2819家，占31.49%。与2018年末比，18个行业企业数量出现减少，其中，电力、热力、燃气及水生产和供应业企业数量同比减少9.02%，成为降幅最低的行业，居民服务、修理和其他服务业同比减少29.41%，成为降幅最高的行业。从地理分布来看，挂牌企业主要集中在东部沿海发达地区，其中，广东、北京和江苏挂牌企业数量均超过千家，大幅领先于其他地区。和2018年相比，2019年全国31个省区市中仅青海的挂牌企业数量实现增加，由2018年的6家增至2019年的7家，而上海挂牌企业数量降幅最大，由2018年的903家减至2019年的715家，同比下降20.82%。

5. 深化改革服务实体经济

目前，新三板市场存在规模偏小、上市公司质量参差不齐、企业上市后融资困难、市场流动性差等问题，对中小企业发展的支持有限。作为我国多层次资本市场的重要组成部分，2019 年 10 月，中国证监会启动全面深化新三板改革，新三板改革已成为全面深化资本市场改革的重要一环。改革思路：坚持服务中小企业发展的初心，实现与交易所的错位发展；坚持多层次资本市场有机联系，打通转板通道，完善基础制度安排；坚持建立健全适合中小企业特点的制度安排，为挂牌企业提供差异化精准服务，严厉查处违法违规行为，防范市场风险。改革措施：一是优化发行融资制度；二是完善市场分层；三是建立挂牌公司转板上市机制；四是加强监督管理；五是健全市场退出机制。通过改革，新三板的市场定位更加清晰，与其他板块互为补充共同发展；市场结构更加完备，为中小企业提供资本服务；完善基础制度，市场功能得到有效发挥。深化改革，促进多层次资本市场体系逐步完善，进一步服务实体经济高质量发展。

（五）科创板市场

1. 科创板上市公司产业分布

2019 年 1 月，中国证监会发布《关于在上海证券交易所设立科创板并试点注册制的实施意见》（证监会公告〔2019〕2 号，下称《实施意见》）。根据《实施意见》要求，在上海证券交易所新设科创板，坚持面向世界科技前沿、面向经济主战场、面向国家重大需求，主要服务于符合国家战略、突破关键核心技术、市场认可度高的科技创新企业。《实施意见》明确了科创板聚焦的行业，将重点支持新一代信息技术、高端装备、新材料、新能源、节能环保以及生物医药等高新技术产业和战略性新兴产业，推动互联网、大数据、云计算、人工智能和制造业深度融合，引领中高端消费，推动质量变革、效率变革、动力变革。自 2019 年 7 月科创板开板以来，截至年末已有 70 家企业登陆科创板。根据科创板对行业的要求，我们梳理出 70 家科创板上市公司产业情况，见总报告附表 1。

2. 整体业绩稳中有升

2019 年年报显示，科创板公司保持良好发展态势，整体呈现轻资产、毛利率和净利率高、净资产收益率高的特点。2019 年 70 家科创板公司总资产为 2629.12 亿元，同比增长 59.89%；净资产为 1733.16 亿元，同比增长 107.39%；固定资产合计 181.17 亿元，占总资产的 6.89%。可见，科创板公司呈现明显的新经济和轻资产特征，公司核心竞争力更多体现于未反映在财务报表中的智力资本、客户关系、数据资源等新经济要素。

2019 年实现营业收入 1207.52 亿元，同比增长 12.98%；实现净利润 160.21 亿元，同比增长 25.69%；毛利率为 34.89%，净利率为 13.27%。2019 年科创板公司盈利水平稳步提升，经营活动现金流净额同比增长 3/4。其中，七成公司营业收入和净利润均实现两位数增长，九成公司扣非后实现盈利。科创板显著区别于其他板块，显示出较强的市场竞争力。

分布于科创板主要行业的上市公司均实现不同程度的增长。其中，新一代信息技术公司表现出较强增长势头，2019 年分别实现营业收入、净利润 931.99 亿元、104.58 亿元，分别同比增长 10.85%、25.43%；受益于医疗需求持续增加，生物公司两项指标分别增长 24.55%、23.17%；节能环保、新材料、高端装备制造公司也保持了较快增长（见表 21）。

表 21　科创板分行业营业收入统计（2019 年）

行业	企业数量(家)	营业收入（亿元）	同比增长（%）	净利润（亿元）	同比增长（%）
新一代信息技术	31	931.99	10.85	104.58	25.43
生物	17	110.03	24.55	26.90	23.17
新材料	12	86.99	21.54	17.66	41.73
高端装备制造	8	48.29	21.85	8.00	10.96
相关服务	1	27.52	5.95	2.56	21.90
节能环保	1	2.68	8.06	0.52	10.64

资料来源：Wind、山东省亚太资本市场研究院。

3. 重视科研投入

研发是科创公司核心竞争力的来源。根据 Wind 数据统计，截至 2019 年末，70 家科创板公司合计研发费用为 84.02 亿元，同比增长 27.65%；研发投入占营业收入的比例为 6.96%，比上年提高 7.98 个百分点；研发人员合计 21646 人，占员工总数的 24.09%，比上年提高 2.75 个百分点。其中，乐鑫科技（688018.SH）、澜起科技（688008.SH）、晶晨股份（688099.SH）等 8 家科创板公司在上市后披露了股权激励计划，为科研人员提供了分享科技成果的“稳定锚”。值得一提的是，在 2019 年已公告的科创板股权激励计划中，晶晨股份（688099.SH）向科研人员授予 800 万股限制性股票，约占公司股本总额 41112 万股的 1.95%，占比高于其他实施股权激励的科创板公司；激励对象占总人数比重最多的为澜起科技（688008.SH），共 306 人，占 96.84%。高研发投入带来更多科技创新成果。2019 年科创板公司合计新增专利 2500 余项，其中发明专利 1100 余项。

在保持研发力度、实现自身发展的同时，科创板公司也注重以“真金白银”回报投资者。根据上海证券交易所数据，截至 2020 年 4 月末，科创板满足分红条件的公司中已有 88 家提出现金分红预案，平均分红比例达到 36%；合计拟派现金额 70 亿元，12 家公司分红金额超过 1 亿元。其中，中国通号（688009.SH）的分红金额最高，达 21.18 亿元。根据其 2020 年 3 月发布的《2019 年度利润分配方案公告》，中国通号（688009.SH）2019 年度拟每 10 股派发人民币 2.0 元现金股利（含税），截至 2019 年末，公司总股本为 105.90 亿股，以此计算合计拟派发现金红利总额为 21.18 亿元，占公司 2019 年度合并报表归属上市公司股东净利润的 55.5%。

4. 市值近9000亿元

截至 2019 年末，70 家科创板上市公司总市值达 8731.25 亿元。其中，24 家公司市值超过 100 亿元，澜起科技（688008.SH）、金山办公（688111.SH）、中国通号（688009.SH）位居前三，市值分别为 809.06 亿元、755.58 亿元、673.29 亿元。从市场表现来看，2019 年，科创板公司上市首日涨幅排名前三的公司分别为安集科技（688019.SH）、微芯生物

（688321. SH）、申联生物（688098. SH），涨幅分别为400. 15%、366. 52%、318. 30%。新股上市后造富效应明显，但随着交易情绪逐渐恢复理性，大多数上市公司股价回调，走势出现分化。从“赚不赚钱”到“值不值钱”，科创板创造性地制定了“以市值为核心”的上市指标体系，拓展了投资者对新经济公司核心价值的认知。

三 证券公司发展状况

（一）外资券商迎来设立浪潮

随着我国资本领域对外开放程度的不断提高，外资纷纷加大参股证券公司的投资比例。2018 年 4 月，中国证监会发布《外商投资证券公司管理办法》（证监会令〔第 140 号〕），允许境外股东持有证券公司的股权比例放宽至 51%。2019 年 10 月，中国证监会公布了证券公司外商持股比例限制取消的时间，将于 2020 年 12 月起，在全国范围内取消证券公司外资持股比例限制，这意味着外资券商将迎来进入中国的第三波浪潮。

2018 年 12 月，瑞士瑞银正式控股瑞银证券，持股比例达到 51%，瑞银证券由此成为国内首家外资控股的证券公司。2019 年 3 月，中国证监会核准设立摩根大通证券（中国）和野村东方国际证券，两家证券公司分别于 2020 年 3 月和 2019 年 12 月开业。上海外高桥集团成为摩根大通证券（中国）的第二股东，持股比例为 20%；东方国际集团持有野村东方国际证券 24. 9% 的股权，成为其第二股东。2019 年 9 月，中国台湾元富证券、日本株式会社大和证券向中国证监会提交设立证券公司的申请。10 月，方正证券与瑞士信贷银行合资成立瑞信方正证券的申请获得证监会的受理。11 月，摩根士丹利华鑫证券和高盛高华证券两家证券公司变更 5% 以上股权及实际控制人的申请获得证监会受理。

截至 2019 年 12 月，来自世界各国、各地区的 74 家外资证券机构已在我国北京、上海、深圳等地设立了代表机构，其中，在中国设立了 4 家外资控股券商，分别为瑞银证券、汇丰前海证券、野村东方国际证券和摩根大通证券（中国）（见总报告附表2）。随着2020年外资券商持股比例限制的取消，对于有意向进军中国证券市场的外资金融机构来说，其正处于美好时代。

（二）证券公司数量增加

我国证券公司在经历了2017年、2018年的稳定期后，2019年迎来了外资控股券商的设立。截至2019年末，全国证券公司共计133家，较上年增加2家，新增的两家证券公司分别是摩根大通证券（中国）有限公司和野村东方国际证券有限公司，两家公司均为外资控股券商。可以预计，随着新政的实施和外资券商持股比例限制的取消，未来外商控股或独资券商数量还会继续增加。

上市证券公司数量继续增加。截至2019年末，沪深上市证券公司共计37家，比上年同期增加2家，新增证券公司为华林证券（002945. SZ）和红塔证券（601236. SH）；香港上市证券公司数量（剔除A + H股证券公司）保持不变，依然是中金公司（3908. HK）、国联证券（1456. HK）和恒投证券（1476. HK）3家证券公司；在股转系统挂牌的证券公司同往年一样，依然是国都证券（870488. OC）、东海证券（832970. OC）、粤开证券（830899. OC）。需要指出的是，2019年9月，原联讯证券发布公告：公司名称拟由“联讯证券股份有限公司”变更为“粤开证券股份有限公司”，公司证券简称拟由“联讯证券”变更为“粤开证券”。此外，2019年6月17日，华泰证券全球存托凭证（HTSC：LI）在伦敦证券交易所成功上市交易，成为首家按沪伦通业务机制登陆伦交所的中国公司，也成为一家在上海、香港和伦敦三地上市的中国金融机构。华信证券因违法为股东华信国际提供融资，于2018年8月被中国证监会立案调查；2019年11月，中国证监会对其撤销全部业务许可。因此，2019年133家证券公司中不再包含华信证券。

经过多年的发展，部分经营稳健、管理规范、业绩优良的证券公司寻求上市融资和提升知名度。证券公司的上市，不仅拓宽了自身的融资渠道，更为重要的是，作为证券市场运行到一定阶段的必然产物，这一举措在为证券市场注入新鲜血液的同时，也必将伴随证券市场稳定和发展的全历程，发挥不可替代的作用。

出于证券公司间并购重组或集团实施财富管理的原因，包含粤开证券在内，2019 年至 2020 年 6 月末有 6 家证券公司出现更名。为了和中国证券业协会的证券公司名称相统一，本报告均采用最新证券公司简称（见表 22）。

表 22　证券公司变更名称统计（2019.01～2020.06）

原公司名称	变更后名称	公司简称	变更时间
中国中投证券有限责任公司	中国中金财富证券有限公司	中金财富	2019.07.26
联讯证券股份有限公司	粤开证券股份有限公司	粤开证券	2019.09.25
中国民族证券有限责任公司	方正证券承销保荐有限责任公司	方正证券承销保荐	2019.11.20
广州证券股份有限公司	中信证券华南股份有限公司	中信华南	2020.01.13
财富证券有限责任公司	财信证券有限责任公司	财信证券	2020.03.09
东方花旗证券有限公司	东方证券承销保荐有限公司	东方证券承销保荐	2020.06.15

资料来源：证券公司官网、山东省亚太资本市场研究院。

（三）整体经营业绩明显改善

1. 行业收入结束四连跌局面

2019 年我国证券行业业绩明显改善，扭转了自 2015 年以来连续 4 年下跌的态势，行业亏损面大幅缩窄。中国证券业协会关于 2019 年证券公司未经审计财务报表显示，全年 133 家证券公司实现营业收入 3604.83 亿元，同比增长 35.37%；实现净利润 1230.95 亿元，同比增长 84.77%[①]。2019 年我国股票市场明显回暖，指数涨幅居世界前列。从市场政策环境来看，深化

① 中国证券业协会，https：//www.sac.net.cn/hysj/zqgsjysj/202002/t20200226_141839.html，2020 年 2 月 26 日。受披露财务数据时间影响，本报告采用了未经审计财务数据，因此，数据和评价篇中的 B.3、B.5 部分存在差异，但不影响报告结果。

资本市场改革为证券行业发展提供了历史性机遇。中央经济工作会议指出，资本市场在金融运行中具有牵一发而动全身的作用，要打造一个规范、透明、开放、有活力、有韧性的资本市场。2019 年 9 月，中国证监会在全面深化资本市场改革工作座谈会上提出深化资本市场改革的 12 条政策，旨在建立一个高质量与高效率的市场体系。资本市场发展需要具有风险定价能力的专业机构、丰富的金融产品、良好的市场流动性和多样化的融资方式，也需要证券公司发挥融资安排者、财富管理者、交易服务和流动性提供者、市场重要投资者和风险管理者的职能。

2. 经纪业务收入增长显著但比重下滑

证券经纪业务长期以来是证券公司的主要收入来源，近年来，随着创新业务的发展和行业佣金的下滑，经纪业务收入占营业收入的比重不断下滑。2019 年，我国证券市场整体活跃度较 2018 年出现明显提升，证券公司代理买卖证券业务净收入（含席位租赁）787.63 亿元，同比增长 26.34%。但占营业收入的比重为 21.85%，较上年下降 1.56 个百分点（见图 18），已连续 5 年下滑。从发展趋势看，随着证券公司的转型升级，证券公司资金配置正在从融资类业务向投资类业务转移，未来经纪类业务收入占比或许还将下滑。

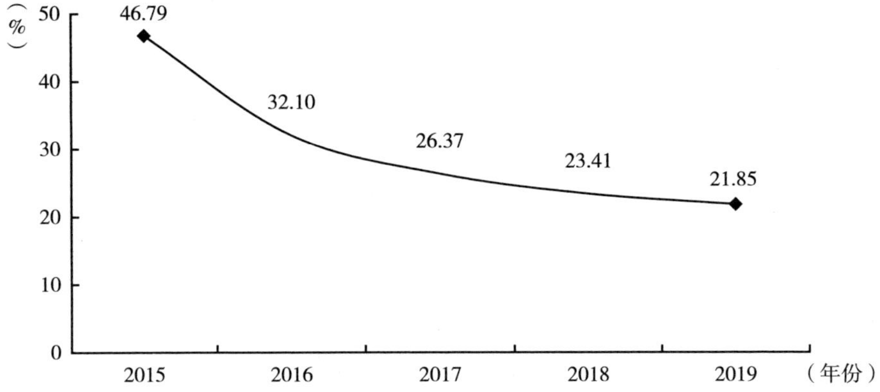

图 18　证券经纪业务收入占营业收入的比重（2015～2019 年）

资料来源：中国证券业协会、山东省亚太资本市场研究院。

3. 投资银行业务收入大幅增长

投资银行业务主要包括证券承销与保荐业务、财务顾问业务等业务种类。2019 年，因科创板并试点注册制推出，投资银行业务的市场环境得到改善，IPO 发行规模大幅提升，产业链横向合并、纵向延伸推动并购市场发展，这些因素有力推动了投资银行业务的发展。全年证券公司实现投资银行业务净收入 482. 65 亿元，同比增长 30. 46%，占营业收入的比重为 13. 39%，比上年下滑 0. 5 个百分点。在证券承销与保荐业务方面，2019 年证券公司承销与保荐业务净收入 377. 44 亿元，同比增长 46. 03%，增长速度仅次于利息收入和证券投资收益业务。证券承销与保荐业务占营业收入的比重为 10. 47%，比上年提高 0. 76 个百分点。在财务顾问业务方面，2019 年证券公司财务顾问业务净收入 105. 21 亿元，同比下跌 5. 64%，成为唯一出现下滑的业务，主要是由于 2019 年并购市场出现了一定的降温。

4. 证券投资业务成为主要收入来源

2019 年，股票市场一扫上年单边下挫的颓势，全年市场日均成交额较 2018 年上升近 40%，各行业龙头公司表现强势，消费、医疗、科技行业涨幅突出。同时，外资买入中国金融资产热情高涨。国际指数编制公司 MSCI 年内三次调高 A 股纳入因子至 20%，富时罗素指数将 A 股纳入，标普道琼斯则将中国 A 股上市公司纳入标普新兴市场全球基准指数。内外因素共同推动了股市的上涨，证券投资收益出现大幅提高。2019 年，证券公司投资业务收入（证券投资收益及公允价值变动损益）1221. 60 亿元，同比大幅增长 52. 65%，成为营业收入结构中增速仅次于利息收入的种类；证券公司投资业务收入占比为 33. 89%，比上年提高 3. 84 个百分点，收入占比创历史新高（见图 19）。自 2017 年证券公司投资业务收入超越经纪业务收入以来，证券投资业务已连续 3 年成为行业收入占比最大的业务，表明重资本业务能力逐渐成为证券公司的核心竞争力，这对证券公司的资产获取、风险定价和主动管理能力提出了更高的要求。

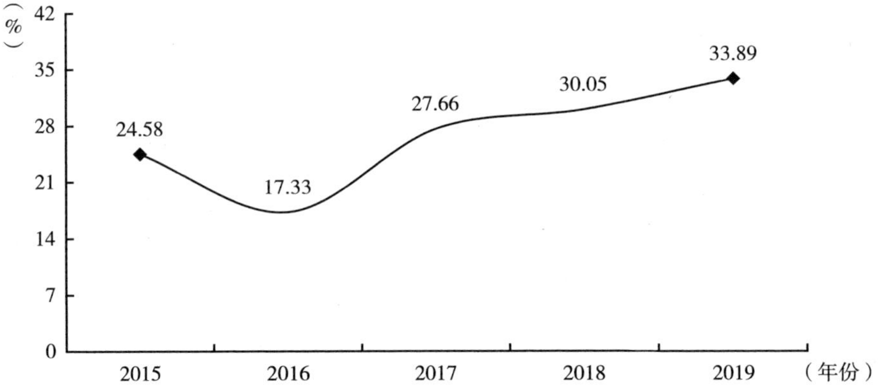

图 19　证券投资业务收入占营业收入的比重（2015～2019 年）

资料来源：中国证券业协会、山东省亚太资本市场研究院。

5. 资产管理业务收入相对稳定

新证券法明确了资产管理产品的证券属性。在新的运行框架下，未来资产管理业务将面临更加公平、规范的市场环境。资产管理机构需要坚持回归主动管理本源，培育资产配置、风险定价、产品服务创新能力，逐步完成净值化转型升级；充分认识自身的优势禀赋和专业特长，合理优化配置资源，构建差异化的核心竞争优势。2019 年，证券公司资产管理规模尤其是通道类资产管理规模持续收缩。截至年末，全行业受托资金为 12.29 万亿元，比上年末减少 12.91%，主要是定向资产管理受托资金规模大幅下降 21.23% 所致。从资产管理业务收入来看，2019 年证券公司该类业务净收入为 275.16 亿元，仅比上年多出 1600 万元，在营业收入中占 7.63%，资产管理业务收入保持相对稳定。其中，公募基金管理业务（含大集合）收入首次超越定向资产管理业务收入成为资产管理业务中最大部分，占比为 37.26%。

6. 利息收入成为增速最快的业务种类

利息收入主要包括“两融”、股权质押等重资本业务，在经纪业务等牌照业务日渐萎缩的背景下，重资本业务越来越受重视，并成为证券公司的核心竞争力。2019 年，证券公司实现 463.66 亿元的利息收入，同比增长 115.81%，成为各项业务结构中收入增速最高的一项。利息收入与 2019 年飘红的 A 股行情密切相关。2019 年，上证综指整体涨幅为 23.71%，深证成指和创业板指数的涨幅更是超过 40%。全年 A 股成交额较 2018 年增加四成。与此同时，在监管利好政策和行情的共同作用下，融资融券余额年末达 1.02 万亿元，继 2017 年后再次突破万亿元大关，年内约 2600 亿元杠杆资金涌入股市。由于良好的市场表现，证券公司息差收入快速增长。

（四）行业发展呈现的特点

1. 行业加速并购重组

随着我国证券公司数量的不断增长，证券行业竞争颇为激烈。头部证券公司依托综合实力不断提高盈利能力，而广大中小证券公司表现相对不佳，估值中枢持续下行。在市场竞争加剧的背景下，证券业外延扩张的性价比凸显，兼并收购成为证券公司提升市场竞争力和做大做强的重要途径。同时，与传统的股权融资相比，横向的并购能够迅速提升业务规模，且并购双方往往在布局上差异显著，因此，并购能够实现零售网络的扩张以及其他业务的协同效应，而纵向并购能够帮助证券公司迅速进入某一行业领域，实现新业务布局。

根据方正证券（601901.SH）非银研究团队统计，2010～2019 年，以首次披露日为标准，证券行业累计发生 42 件并购事件，交易规模突破 700 亿元，并且单笔交易规模屡创新高，如 2017 年 4 月中金公司（03908.HK）以 167.00 亿元收购中投证券。从证券公司并购类型来看，既包括头部证券公司整合中小证券公司拓展布局区域，如 2019 年中信证券（600030.SH）以 134.60 亿元收购广州证券，也包括中小证券公司间的联合以及“一参一控”要求下同一派系的整合，如申银万国在 2015 年完成与同为汇金旗下的宏源证券的合并，并成功登陆 A 股市场。同时，国内证券公司积极通过海外并购拓展海外业务，如中信证券（600030.SH）收购里昂证券。

对于头部证券公司而言，通过并购能够实现强强联合，整合区域资源，补足区域短板，形成规模优势；能够整合营业网点、服务团队，降低营业成本，提升运营效率，同时减少价格战，提升利润率；能够扩大投资资产，增强交易能力和衍生品业务创设能力，丰富对冲手段。对于中小证券公司和弱势证券公司而言，并购能够提高资源配置效率，快速扩大规模，向头部证券公司靠拢。

2. 打造境内头部大型投资银行

自 20 世纪 90 年代我国证券公司成立以来，尚未培养出能够承载资本市场核心功能的国际一流大型投资银行。投资银行既能为资本市场创造流动性，又能使各类标的的长期估值趋于合理化，成为资本市场的“压舱石”。另外，投资银行可为中小企业、创新型企业提供权益融资，从而提升全社会创新资本的形成效率。因此，中国资本市场要助力经济高质量发展并打造创新资本形成的新引擎，需要建设成一批强大的投资银行，需要有“中国的高盛、摩根士丹利”去承载中国资本市场的核心功能。

当前，国内头部证券公司与海外顶级投资银行在资产规模和盈利水平上存在巨大差距，中信证券（600030. SH）作为国内规模最大的证券公司，2019 年末的总资产规模为 7917. 22 亿元，而 2018 年末高盛的总资产达 9317. 96 亿美元。通过定增、配股等再融资方式提升资本实力较慢，同时国内证券公司在债权融资上受到额度限制，唯并购能够加速打造航母级证券公司的进程。同样以中信证券（600030. SH）为例，并购整合成为其提升实力的重要手段。2004 ~2012 年，中信证券（600030. SH）顺利并购了万通证券、金通证券、华夏基金、金牛期货，重组了华夏证券。在一系列并购后，中信证券（600030. SH）在主营业务收入、净利润、总资产以及净资产方面，都出现明显的增加，2006 年中信证券（600030. SH）的净利润上升至行业首位，并维持至今。2012 年中信证券还收购了里昂证券，开始布局海外业务。2019 年中信证券（600030. SH）又把广州证券收入囊中，充分利用广州证券在华南地区的业务优势，有望实现中信证券在广东省乃至整个华南地区业务的跨越式发展。自 2010 年开始，中信证券（600030. SH）的总资产稳定在行业第一位，综合实力也多年居行业首位。

2019 年 11 月，中国证监会答复政协委员会提案时提出要打造航母级头部证券公司，鼓励和引导证券公司充实资本、丰富服务功能、优化激励约束机制、加大技术和创新投入、完善国际化布局、加强合规风险管控，积极支持各类国有资本通过认购优先股、普通股、可转债、次级债等方式注资证券公司，推动证券行业做大做强。在金融对外开放不断提速的情况下，培育若干家具有国际竞争力的证券公司作为行业发展目标被提上日程。中信证券（600030. SH）有实力雄厚的中信集团做背书，能够最大限度地配置自身资源。同时，中信证券（600030. SH）对优质资金、客户资源、优秀人才的吸引力大大提升，并且在创新业务领域能得到政策支持，其在成为我国航母级头部证券公司方面具有很大潜力。

3. 寻求差异化经营策略

为了加快资本市场对外开放，近年来我国出台多项政策支持资本市场发展，在政策导向和相关制度的加持下，证券公司投行业务更加有序、蓬勃发展，私募托管业务兴起，资产管理业务变革转型，信用中介业务不断增长，证券公司研究能力、服务实体能力不断加强。在日益激烈的市场竞争下，证券公司如何抓住资本市场改革的历史机遇，寻求新的行业定位，拓展服务的内涵和价值，打造差异化、特色化的服务成为亟须解决的问题。

面对机遇和挑战，证券公司纷纷提出“以客户为中心”，打造差异化竞争优势。一方面，抓住“资产配置”，向财富管理转型，在打造差异化金融产品上下功夫，不断提升金融产品设计、筛选能力和资产配置能力，构建跨市场、跨品种的多元化金融产品体系，满足客户多样化资产配置需求，降低投资风险，实现财富保值增值，从而真正建立以客户为中心的服务体系；另一方面，从服务实体经济生态圈做起，提供精准服务，夯实“以客户为中心”的基础，搭建投资者与企业之间的牢固纽带。

部分证券公司市场定位准确，转型颇为成功，错位竞争优势显现。整体来看，头部证券公司注重打造全能综合性投资银行，中小证券公司则聚焦利基市场，打造专业化精品投资银行。从目前实施差异化经营策略较为成功的几个代表案例看来：第一，头部证券公司中信证券（600030. SH）朝综合金融服务商方向发展，特别是提供具有明显门槛效应的 PB 业务和衍生品服务；第二，大型证券公司国泰君安（601211. SH）向财富管理服务商转型，通过采取“1 + N”的服务模式，提升服务质量；第三，华泰证券（601688. SH）朝互联网综合金融服务商方向发展；第四，华鑫证券积极探索金融科技引领业务发展道路；第五，德邦证券深耕资产管理及投融一体化等领域。

4. 积极拥抱金融科技

当前，我国金融科技发展步入快速成长阶段，新技术的快速发展不断深化金融科技应用。随着金融科技不断在证券行业渗透，证券公司向数字化转型迫在眉睫。例如，早在 2017 年，美国华尔街的投资银行、基金公司等逐步进入数字资产管理领域，摩根大通甚至强制要求其新进资产管理分析师学习编程语言。可见，科技在证券行业的应用已成为主流发展趋势。

证券行业与其他金融行业相比，业务复杂度更高，客户适当性要求更严，业务实时性要求更高。对于证券公司来讲，金融科技担负着 4 项任务：促进经营管理模式变革、提升投融资业务智能化、推动财富管理转型升级、防范化解金融风险。当前，多家证券公司已开发出自己的智能投顾、专业策略交易等科技工具。金融科技可以降低证券公司成本、提高数据处理效率和服务效率、增强客户黏性、减少人力成本等。区块链技术是金融系统中最先应用的创新科技，被认为可以改变未来世界。从目前区块链技术在证券公司的应用场景来看，在清算和交收环节已得到应用，并大幅提升了交易效率，同时，区块链技术还被应用到了身份识别方面，有效解决“信息孤岛”问题。为了顺应行业发展潮流，证券公司应该加大金融科技研发和投入，全面提升自主开发能力和服务能力，更好地服务于实体经济。

附表 1　科创板上市公司产业统计（2019 年）

战略性新兴产业	产业细分	省市	股票代码	股票名称	上市日期
高端装备制造产业	轨道交通装备产业	北京	688033. SH	天宜上佳	7 月 22 日
			688015. SH	交控科技	7 月 22 日
	卫星及应用产业	北京	688066. SH	航天宏图	7 月 22 日
		浙江	688288. SH	鸿泉物联	11 月 6 日
	智能制造装备产业	江苏	688022. SH	瀚川智能	7 月 22 日
			688003. SH	天准科技	7 月 22 日
			688218. SH	江苏北人	12 月 11 日
		浙江	688310. SH	迈得医疗	12 月 3 日
生物产业	生物医学工程产业	北京	688198. SH	佰仁医疗	12 月 9 日
		江苏	688029. SH	南微医学	7 月 22 日
			688358. SH	祥生医疗	12 月 3 日
		山东	688139. SH	海尔生物	10 月 25 日
		上海	688016. SH	心脉医疗	7 月 22 日
		天津	688108. SH	赛诺医疗	10 月 30 日
	生物医药产业	北京	688068. SH	热景生物	9 月 30 日
		广东	688321. SH	微芯生物	8 月 12 日
			688389. SH	普门科技	11 月 5 日
		江苏	688166. SH	博瑞医药	11 月 8 日
			688399. SH	硕世生物	12 月 5 日
		上海	688366. SH	昊海生科	10 月 30 日
			688202. SH	美迪西	11 月 5 日
	其他生物业	湖北	688089. SH	嘉必优	12 月 19 日
		山东	688363. SH	华熙生物	11 月 6 日
	生物农业及相关产业	上海	688098. SH	申联生物	10 月 28 日
	生物质能产业	福建	688196. SH	卓越新能	11 月 21 日
新材料产业	前沿新材料	北京	688028. SH	沃尔德	7 月 22 日
		广东	688268. SH	华特气体	12 月 26 日
		江苏	688116. SH	天奈科技	9 月 25 日
		陕西	688333. SH	铂力特	7 月 22 日
	先进石化化工新材料	广东	688020. SH	方邦股份	7 月 22 日
		陕西	688101. SH	三达膜	11 月 15 日
		天津	688199. SH	久日新材	11 月 5 日
		浙江	688299. SH	长阳科技	11 月 6 日
	先进无机非金属材料	河南	688357. SH	建龙微纳	12 月 4 日
		江苏	688300. SH	联瑞新材	11 月 15 日
	先进有色金属材料	广东	688388. SH	嘉元科技	7 月 22 日
		陕西	688122. SH	西部超导	7 月 22 日

续表

战略性新兴产业	产业细分	省市	股票代码	股票名称	上市日期
新一代信息技术产业	电子核心产业	上海	688019. SH	安集科技	7 月 22 日
			688012. SH	中微公司	7 月 22 日
			688008. SH	澜起科技	7 月 22 日
			688099. SH	晶晨股份	8 月 8 日
			688368. SH	晶丰明源	10 月 14 日
			688123. SH	聚辰股份	12 月 23 日
		广东	688007. SH	光峰科技	7 月 22 日
			688025. SH	杰普特	10 月 31 日
			688138. SH	清溢光电	11 月 20 日
		浙江	688006. SH	杭可科技	7 月 22 日
			688005. SH	容百科技	7 月 22 日
		福建	688010. SH	福光股份	7 月 22 日
		黑龙江	688011. SH	新光光电	7 月 22 日
		江苏	688001. SH	华兴源创	7 月 22 日
		辽宁	688037. SH	芯源微	12 月 16 日
		山东	688002. SH	睿创微纳	7 月 22 日
	新兴软件和新型信息技术服务	北京	688168. SH	安博通	9 月 6 日
			688369. SH	致远互联	10 月 31 日
			688058. SH	宝兰德	11 月 1 日
			688111. SH	金山办公	11 月 18 日
			688078. SH	龙软科技	12 月 30 日
		上海	688018. SH	乐鑫科技	7 月 22 日
			688188. SH	柏楚电子	8 月 8 日
			688118. SH	普元信息	12 月 4 日
		浙江	688023. SH	安恒信息	11 月 5 日
			688039. SH	当虹科技	12 月 11 日
		江苏	688030. SH	山石网科	9 月 30 日
	下一代信息网络产业	北京	688009. SH	中国通号	7 月 22 日
		广东	688036. SH	传音控股	9 月 30 日
	互联网与云计算、大数据服务	江苏	688258. SH	卓易信息	12 月 9 日
	人工智能	浙江	688088. SH	虹软科技	7 月 22 日
节能环保产业	先进环保产业	山东	688021. SH	奥福环保	11 月 6 日
相关服务业	新技术与创新创业服务	广东	688128. SH	中国电研	11 月 5 日

资料来源：Wind、山东省亚太资本市场研究院。

附表2　外资参股证券公司一览表（截至2019年12月）

单位：亿元，%

序号	公司名称	境外股东名称	注册资本	境外股东出资比例	批准时间
1	中国国际金融股份有限公司	Tencent Mobility Limited Alibaba Group Holding Limited TPG Asia V Delaware, L. P. 名力集团控股有限公司 JPMorgan Chase & Co. Oppen Heimer Funds, Inc. 其他公众股东	41.93	41.21	1995年5月
2	中银国际证券股份有限公司	中银国际控股有限公司	25.00	37.14	2002年1月
3	光大证券股份有限公司	中国光大控股有限公司	46.11	21.30	1996年5月
4	高盛高华证券有限责任公司	高盛(亚洲)有限公司	8.00	33.00	2004年11月
5	瑞银证券有限责任公司	瑞士银行有限公司(UBS AG)	14.9.	51.00	2006年12月
6	瑞信方正证券有限责任公司	瑞士信贷银行股份有限公司	8.00	33.30	2008年6月
7	中德证券有限责任公司	德意志银行股份有限公司	10.00	33.30	2008年12月
8	摩根士丹利华鑫证券有限责任公司	摩根士丹利(亚洲)有限公司	10.20	49.00	2010年12月
9	东方花旗证券有限公司	花旗环球金融亚洲有限公司	8.00	33.30	2011年12月
10	申港证券股份有限公司	茂宸集团控股有限公司 民众证券有限公司 嘉泰新兴资本管理有限公司	43.15	34.85	2016年3月
11	华菁证券有限公司	万诚证券有限公司	14.05	48.83	2016年5月
12	汇丰前海证券有限责任公司	香港上海汇丰银行有限公司	18.00	51.00	2017年6月

续表

序号	公司名称	境外股东名称	注册资本	境外股东出资比例	批准时间
13	东亚前海证券有限责任公司	东亚银行有限公司	15.00	49.00	2017年6月
14	野村东方国际证券有限公司	野村控股株式会社	20.00	51.00	2019年3月
15	摩根大通证券(中国)有限公司	J. P. Morgan International Finance Limited	8.00	51.00	2019年3月

资料来源：中国证监会官网（http://www.csrc.gov.cn/pub/newsite/gjb/sczr/wzcgzqgsylb/202003/t20200330_372874.html）、山东省亚太资本市场研究院。

参考文献

[1] 孙国茂主编《中国证券公司竞争力研究报告（2019）》，社会科学文献出版社，2019。

[2] 孙国茂主编《中国证券公司竞争力研究报告（2018）》，社会科学文献出版社，2018。

[3]《2019年国民经济和社会发展统计公报》，国家统计局，2020年2月28日。

[4]《全球经济金融展望报告（2020年）》，中国银行研究院，2019年11月28日。

[5]《2019年中国货币政策执行报告》，中国人民银行，2020年2月19日。

[6]《2019年金融市场运行情况》，中国人民银行，2020年1月19日。

[7]《中国金融稳定报告（2019）》，中国人民银行，2019年11月25日。

[8]《2019年债券市场统计分析报告》，中央结算公司，2020年1月17日。

[9]《科技股引领牛市——2019年A股市值年度报告》，中国上市公司市值管理中心，2020年1月6日。

[10]《2019年市场统计快报》，全国中小企业股份转让系统，2020年1月17日。

[11]《2019年基金市场年度回顾与展望》，粤开证券研究院，2019年3月26日。

[12] 夏昌盛、罗钻辉：《证券行业并购重组深度报告：勇立潮头，方显担当》，天风证券，2019年5月30日。

[13]《追寻券商并购之路：历史的机遇与自我的机会》，方正证券非银团队，2020年6月3日。

[14] 侯巍：《探索新时代证券公司差异化高质量发展路径》，《中国证券报》2019

年 8 月 2 日。
[15] 傅智能：《中国证券公司核心竞争力研究》，硕士学位论文，武汉理工大学，2004。
[16] 何晓斌：《中国证券公司核心竞争力评价与提升研究》，博士学位论文，上海社会科学院，2006。
[17] 马宇、安晓庆：《汇率变动、收入差距与经济增长——基于不同经济发展阶段的实证研究》，《经济学家》2018 年第 9 期。

评 价 篇

Evaluation Reports

B.2 证券公司竞争力研究方法（2020）

孙同岩　张 辉*

摘　要： 随着我国资本市场的进一步开放，行业竞争更加剧烈，证券公司只有提升自身的核心竞争力，才能立于不败之地。金融危机后主要经济体加强了对资本市场的管理，无论是从金融发展实践还是监管要求来看，证券公司都应从宏观审慎监管和经济周期角度规划自身发展战略，建立具有长期可续性的市场竞争力。本报告在借鉴历史经验的基础上，从影响证券公司竞争力的经营能力、盈利能力、基于微观和宏观审慎的风险控制能力等方面进行综合评判，分析了证券公司竞争力发展的阶段性特点和研究动态，建立了基于宏观审慎监管的证券公司竞争力评价体系。报告还对2019年证券公司按照全

* 孙同岩，济南大学商学院金融学硕士，山东省亚太资本市场研究院高级研究员，研究领域为资本市场、公司金融。张辉，济南大学商学院金融学硕士，研究领域为公司金融。

牌照、经纪业务、承销业务、资产管理业务4个分类进行了梳理。

关键词： 证券公司竞争力　宏观审慎监管　评价体系

进入21世纪以来，我国经济的高速发展使全社会财富积累迅速增加，社会财富资本化客观上为资本市场提供了巨大的发展空间，促进了资本市场的快速发展。作为资本市场的重要组成部分，证券公司先天具有高度的关联性、复杂性和不可替代性，它的经营状况与发展质量不仅在金融行业发展中起到了至关重要的作用，也对整个金融系统及宏观经济运行产生很大影响。在30多年的发展历程中，我国证券行业经历了从无到有、从弱到强、从混业到分业、从杂乱到有序的过程。目前，证券行业发展又到了一个新的转型升级关键时期。中央经济工作会议提出“资本市场在金融运行中具有牵一发而动全身的作用，要通过深化改革，打造一个规范、透明、开放、有活力、有韧性的资本市场”，明确了资本市场的重要地位与未来改革目标。如今国家对资本市场的定位上升到了前所未有的高度，多层次资本市场的建设离不开证券行业发展。证券公司作为证券市场的重要组成部分，要始终把不断提高自身竞争力作为发展目标。近年来，我国经济的持续稳定发展与资本市场规模的不断扩大，为国内证券公司发展提供了良好的机遇。随着证券市场筹资规模和上市公司的增加，中国证券市场的股市市值和流通市值均有了大幅提高，证券业在引导资金流动、促进资源优化配置、推动经济增长、提升经济效率方面所起的作用也日益加大，迫切需要提高证券公司竞争力。

经过30多年的发展，中国已成为世界第二大资本市场，多层次资本市场体系架构基本完成搭建。与此同时，我国证券行业也取得了令人瞩目的成就，但与发达国家相比，我国证券公司整体和个体规模依然较小，并存在不少问题。随着我国资本市场进一步开放，多家国际投资银行巨头申请在我国落地，我国证券行业向着国际化、规范化和市场化发展，行业竞争更加剧烈。金融科技催生了证券公司的创新产品及服务，证券公司只有培育并提升自身的核心竞争力，构建起适合自身发展的核心竞争力体系，加强行业资源内外配置与整合，才能在资本的持久战中立于不败之地。在激烈的市场竞争中，如何构建证券公司竞争力评价指标体系及确定研究方法，准确衡量和评价证券公司竞争力，已成为证券监管部门、证券公司和投资者关注的问题。由于我国证券公司在创立时间、营业收入、资产规模等方面存在很大的差别，因而我们主要是从盈利水平、成长能力和运营能力等方面对证券公司竞争力进行综合评判。通过评价比较，一方面，挖掘影响证券公司竞争力发展的优势因素和瓶颈因素，找出短板，指导证券公司精准快速地做出战略调整；另一方面，为金融监管部门制定或完善证券业监管政策提供决策参考。

一　证券公司竞争力评价研究方法

证券公司竞争力是指证券公司在资本市场上与国内外其他证券公司争夺市场份额以及生存空间的能力。一般来说，完整的竞争力评价体系由评价原则、评价对象、评价指标、评价方法和评价结果组成。目前国内外已有不少学者就证券公司竞争力问题展开研究，但并没有形成一套系统的、科学的评价体系。现有的研究大致可分为两类：一类侧重于竞争力评价方法的研究；另一类则是挖掘用什么指标来测度上市证券公司的竞争力水平。

综观国内外证券公司的发展情况可知，证券公司运行情况与本国的经济发展之间存在紧密的联系。在国外，证券公司最早起源可以追溯到19世纪，其发展已经历了上百年，在经营模式、管理制度和品牌体系等方面相对比较成熟，已有不少学者在证券公司竞争力评估方面取得较好的研究成果。Katrina Ellis 等①构建了衡量投资银行竞争力的综合评价体系，如整

① Katrina Ellis, Roni Michaely, Maureen O'Hara, "Competition in Investment Banking," *Review of Development Finance*, 2011, 1 (1): 28 -46.

体信誉、偿债能力、专业服务等，得出了信誉高和提供优质服务的投资银行更加具有竞争力的结论。Nemanja Radić等[①]运用随机前沿分析法对瑞士和七国集团（八国集团前身）成员国投资银行的成本和利润效率进行了研究分析，研究表明投资银行的规模对成本和利润效率有重大影响，有利于投资银行竞争力的提高。Michael D. Ryall 等[②]运用博弈论的决策方法，研究证券公司所处市场地位对利润获取的影响。Paul Brockman[③] 运用事件研究法对证券公司的声誉价值进行分析，得出证券公司声誉会对其市场价值产生影响。

国内学者评价证券公司竞争力的方法主要有主观赋权法、客观赋权法、动态综合评价法三种。王建华[④]等在对企业竞争力形成机制理解的基础上，采用主观赋权法，建立企业竞争力评价指标体系和评测模型，系统地对企业的竞争力进行评估。对指标赋权存在较强的主观性，为避免这种现象，傅智能[⑤]采用层次分析法对各项竞争力指标进行分析，何晓斌[⑥]在进行证券公司综合竞争力评价时，首次采用因子分析法，根据各项指标客观数据之间的相关关系确定不同权重。在动态综合评价方面，董军等[⑦]在根据专家经验确定评价时间度的基础上，确定了评价对象的时间权向量，依据“逐层纵横向”拉开档次思路，提出了一种多层次综合评价方法。石宝峰等[⑧]基于时序动态组合赋权评价模型，将宏观经济因素纳入评价体系，

① Nemanja Radić, Franco Fiordelisi, Claudia Girardone, “Efficiency and Risk - Taking in Pre - Crisis Investment Banks,” *Journal of Financial Services Research*, 2012, 41 (1 - 2): 81 - 101.

② Michael D. Ryall, Olav Sorenson, “Brokers and Competitive Advantage,” *Management Science*, 2007, 53 (4): 566 - 583.

③ Paul Brockman, “The Role of Reputation Capital in the Investment Bangking Industry,” *Applied Economics Letters*, 1996, 37.

④ 王建华、王芳华：《企业竞争力评价的指标体系研究》，《管理科学学报》2002 年第 3 期。

⑤ 傅智能：《中国证券公司核心竞争力研究》，硕士学位论文，武汉理工大学，2004。

⑥ 何晓斌：《中国证券公司核心竞争力评价与提升研究》，博士学位论文，上海社会科学院，2006。

⑦ 董军、国方媛：《多层次系统的动态评价研究》，《运筹与管理》2011 年第 5 期。

⑧ 石宝峰、何继欣、胡振、王静：《中国上市券商竞争力评价——基于时序动态组合赋权评价模型》，《金融论坛》2018 年第 23 期。

对中国 22 家上市证券公司竞争力水平进行评价，结果显示偿债能力对上市证券公司竞争力至关重要。

就评价指标来看，现有研究又可以细分为好几类。从经营和盈利能力方面来看，刘强[①]选取包括每股净收益、净资产收益率等在内的 6 个相关财务指标，构建了我国证券竞争力的评价体系，并在此基础上利用主成分分析法对我国证券公司的竞争力进行综合排名，考察证券公司具体竞争情况与公司财务状况之间的关系。贺强[②]等基于财务报表，选取包括资产总计、负债总计和所有者权益等在内的 6 个指标构建指标体系，分析证券公司的经营绩效，结果显示证券公司的经营绩效与二级市场的表现密切相关。宣承耀[③]基于因子分析法评价内地上市证券公司综合竞争力，用总资产、净资产、营业收入和净利润来量化经营能力，结果表明证券公司要想提高综合竞争力应当优先提高经营能力，扩大资产规模，提高市场占有率。张雯睿[④]选取 29 家中国上市证券公司，根据流动比率、产权比率、货币资金和短期债务比等 14 项财务指标，运用因子分析法研究上市证券公司的竞争力，研究结果显示盈利能力是影响中国上市证券公司核心竞争力的关键因子。

从风险控制能力来看，自 2010 年起，证监会依据证券公司风险管控能力、市场竞争能力和合规管理水平三个维度，定期测评和发布证券公司分类结果，这说明了证券公司风险控制能力的重要性。刘增学等[⑤]的研究表明，证券公司的核心竞争力是风险管理能力，建立健全风险控制体系是提高证券公司竞争力的关键。邓泽源[⑥]选取净资产负债比率和资产负债率来衡量证券公司的风险管理能力，同时结合盈利能力、成长能力和经营规模共同进行综

① 刘强：《基于主成分分析的上市证券公司竞争力研究》，《经济研究导刊》2011 年第 28 期。
② 贺强、赵照：《基于因子分析法的证券公司运营绩效研究》，《投资研究》2014 年第 33 期。
③ 宣承耀：《基于因子分析法的内地上市券商竞争力综合评价研究》，硕士学位论文，安徽大学，2015。
④ 张雯睿：《基于因子分析法对中国上市券商竞争力的实证研究——以 29 家上市券商面板数据为例》，《无锡商业职业技术学院学报》2018 年第 18 期。
⑤ 刘增学、王雅鹏、张欣：《中国证券公司风险约束机制的建立》，《金融研究》2004 年第 12 期。
⑥ 邓泽源：《我国上市证券公司竞争力研究》，硕士学位论文，广西大学，2015。

合竞争力评价，结果显示排名靠后的证券公司呈现风险抵御能力较差的特点，对于资产规模偏小的证券公司而言，加强风险管理能力是提高竞争力的重要途径。王国海[①]等和王聪[②]等通过分析证券公司的公司治理问题，发现证券公司股权集中度较高，对于公司经理人员的行为缺乏一套完整的激励和约束机制，一系列的公司治理问题将会严重制约证券公司综合竞争力的提升。对证券公司风险控制能力的现有研究大多是从微观审慎监管视角展开的，仅为金融机构内部竞争提供了理论依据，没有考虑到内部竞争过程中存在的市场外部性问题导致的系统性金融风险，缺少从宏观审慎监管角度开展的竞争力研究，在引导证券公司提升竞争力上存在严重不足。2018 年中国人民银行、中国银保监会、中国证监会联合发布《关于完善系统重要性金融机构监管的指导意见》，对我国系统重要性金融机构制定特别监管要求，以增强其持续经营能力，降低发生重大风险的可能性。此外，文件在要求确立我国系统重要性金融机构时明确提出证券机构也应包含在内。随着金融混业经营趋势的不断增强，我国证券公司竞争力评价体系不仅要从微观审慎视角出发，更要从宏观审慎监管的角度提高证券公司逆周期调节能力，从而提高证券公司的长期综合竞争能力。

从业务创新能力来看，为了促进证券公司改善盈利结构、提高资金效率、提升竞争能力，中国证监会先后发布文件，通过证券行业的制度创新，推动证券公司提升创新意识和创新能力。张宗新、梁化军、焦志常[③]通过比较不同地区证券公司竞争力水平的差异，发现金融创新、金融人才缺乏是制约上海市证券公司竞争力提高的重要原因。涂艳艳[④]认为实质上的资产对企业所产生的竞争能力是巨大的，但是除此之外企业应当拥有为其带来源源不

① 王国海、曹海毅：《证券公司的治理结构：理论分析与现实考察》，《财经理论与实践》2004 年第 5 期。

② 王聪、宋慧英：《中国证券公司股权结构、市场结构与成本效率的实证研究》，《金融研究》2012 年第 5 期。

③ 张宗新、梁化军、焦志常：《基于价值时序动态的证券公司价值评价方法》，《财经研究》2003 年第 5 期。

④ 涂艳艳：《我国证券公司核心竞争力实证研究》，《考试周刊》2011 年第 62 期。

断的新的竞争力的源泉，这种源泉就是企业的创新力。娄伟[①]通过分析上市证券公司竞争力发现，证券公司要想提高综合竞争力，就必须在经纪业务、中小企业投行业务等具有现实或潜在核心竞争力的业务上坚持创新，通过业务创新发现新的盈利模式和利润增长点。

现有研究大部分局限于分析证券公司的某一项或某两项能力，只有少数学者对证券公司竞争力进行了全面的客观评价。随着证券行业宏观审慎监管的不断增强，单一指标或仅考虑证券公司经营情况和盈利情况的指标体系已经无法适应新背景下对证券公司综合竞争力评价的要求。行业属性、宏观经济环境、要素资源禀赋等因素都会对竞争力产生重要影响，尤其是在宏观审慎监管背景下，《关于完善系统重要性金融机构监管的指导意见》提出确定系统重要性金融机构名单时，也应将证券业机构包含在内，且参评机构数量不能少于 10 家。因此，必须尽快完善证券公司综合竞争力评价体系，要将宏观审慎监管纳入证券公司综合竞争力的评价体系中。

二　基于宏观审慎监管的证券公司竞争力评价体系

（一）证券公司竞争力评价计算方法

本研究报告的逻辑是考察定量因素 E_i 与证券公司竞争力之间存在的函数关系，即：

$$C = f(E_1, E_2, E_3, E_4, E_5, E_6) \tag{1}$$

式（1）中，C 为证券公司竞争力；E_i 为经营能力、盈利能力、基于微观审慎的风险控制能力、基于宏观审慎的风险控制能力、创新能力和成长能力（$i = 1, 2, 3, 4, 5, 6$）。

经营能力指标由营业收入、资产规模和净资产构成；盈利能力指标包括

---

① 娄伟：《我国上市券商竞争力分析》，硕士学位论文，山东大学，2012。

ROA、ROE 和销售利润率三项指标；基于微观审慎的风险控制能力包括净资本、净资本与净资产比例、风险覆盖率和公司治理四项指标；基于宏观审慎的风险控制能力包括资本充足率、资本杠杆率、流动性覆盖率、净稳定资金率；创新能力指标包括业务创新能力和技术创新能力两项指标；成长能力包括营业收入增长率、营业利润增长率和资产规模增长率三项指标。证券公司综合竞争力和单项能力的计算公式分别为：

$$C = \sum_{i=1}^{6} E_i Q_i \tag{2}$$

$$E_i = \sum_{j=1}^{n} e_{ij} q_{ij} \tag{3}$$

式（2）中，Q_i为各指标权重；式（3）中，$e_{i,j}$和 $q_{i,j}$为决定前述各项指标的因素与权重。

（二）证券公司竞争力评价指标体系

本报告构建的基于宏观审慎监管角度的证券公司竞争力评价指标体系（见表1），对往年的评价指标体系进行了以下具体改善。首先，将风险控制能力划分为基于微观审慎的风险控制能力和基于宏观审慎的风险控制能力两部分。其次，将创新能力划分为业务创新能力和技术创新能力。业务创新能力度量指标包括研究人员数量、深度研究报告数量，同时由于部分证券公司不再参与分析师评奖，业务创新能力不再包含获奖分析师人数这一指标；技术创新能力度量指标包括证券公司知识产权数量和研发投入费用。再次，随着经纪业务竞争加剧，证券公司不断创新业务模式，收入结构得到明显改善，因此本年度报告不再将业务结构优化能力作为竞争力指标组成。最后，互联网化运营大幅弱化了证券公司营业部在获客方面的作用，为了更好地刻画证券公司的盈利能力，本报告将单个营业部交易额排名指标替换为销售利润率。

表 1　证券公司竞争力评价指标体系

单位：%

评价指标		权重(Q_i)	分项评价指标		分项权重($q_{i,j}$)
经营能力	E_1	25	营业收入	$e_{1,1}$	40
			资产规模	$e_{1,2}$	30
			净资产①	$e_{1,3}$	30
盈利能力	E_2	25	ROA②	$e_{2,1}$	35
			ROE③	$e_{2,2}$	50
			销售利润率	$e_{2,3}$	15
基于微观审慎的风险控制能力	E_3	15	净资本④	$e_{3,1}$	30
			净资本与净资产比例	$e_{3,2}$	30
			风险覆盖率⑤	$e_{3,3}$	20
			公司治理	$e_{3,4}$	20
基于宏观审慎的风险控制能力	E_4	15	资本充足率⑥	$e_{4,1}$	25
			资本杠杆率⑦	$e_{4,2}$	25
			流动性覆盖率⑧	$e_{4,3}$	25
			净稳定资金率⑨	$e_{4,4}$	25
创新能力	E_5	10	业务创新能力	$e_{5,1}$	50
			技术创新能力	$e_{5,2}$	50
成长能力	E_6	10	营业收入增长率	$e_{6,1}$	30
			营业利润增长率	$e_{6,2}$	30
			资产规模增长率	$e_{6,3}$	40

①净资产 = 资产 - 负债。

②ROA（总资产收益率） = 净利润/资产规模。

③ROE（净资产收益率） = 净利润/净资产。

④净资本 = 净资产 - 金融资产的风险调整 - 其他资产的风险调整 - 或有负债的风险调整 -/+ 中国证监会认定或核准的其他调整项目。

⑤风险覆盖率 = 净资本/各项风险准备之和。

⑥资本充足率 = 净资本/风险准备。

⑦资本杠杆率 = 核心净资本/表内外资产总额。

⑧流动性覆盖率 = 优质流动性资产/未来 30 天现金净流出量。

⑨净稳定资金率 = 可用稳定资金/所需稳定资金。

（三）竞争力评价分项指标计算方法

根据表1列示的证券公司竞争力指标体系，在本研究报告中各指标具体计算办法如下。

1. 经营能力计算

$$E_1 = e_{1,1} \times 40\% + e_{1,2} \times 30\% + e_{1,3} \times 30\% \tag{4}$$

式（4）中，E_1为经营能力分值，（$e_{1,i}$）（$i=1$，2，3）为经营能力第i个二级指标的得分。

2. 盈利能力计算

$$E_2 = e_{2,1} \times 35\% + e_{2,2} \times 50\% + e_{2,3} \times 15\% \tag{5}$$

式（5）中，E_2为盈利能力分值，（$e_{2,i}$）（$i=1$，2，3）为盈利能力第i个二级指标的得分。

3. 基于微观审慎的风险控制能力计算

$$E_3 = e_{3,1} \times 30\% + e_{3,2} \times 30\% + e_{3,3} \times 20\% + e_{3,4} \times 20\% \tag{6}$$

式（6）中，E_3为基于微观审慎的风险控制能力的分值，（$e_{3,i}$）（$i=1$，2，3，4）为基于微观审慎的风险控制能力第i个二级指标的得分，其中，$e_{3,4}$为公司治理指标，公司治理指标的计算方法如下：公司治理＝内部治理×50%＋外部治理×50%。其中，内部治理＝(1/股权集中度）×β。

股权集中度通过第一大股东及其一致行动人的持股比例来衡量；β取值为2或1，公司上市赋值为2，未上市赋值为1。外部治理采用公司经营是否合规来衡量，当公司受到监管部门、行政部门或司法部门处罚则扣减1分，当公司面临未决诉讼以及公司董事、监事和高级管理人员出现违规现象也扣减1分。

4. 基于宏观审慎的风险控制能力计算

$$E_4 = e_{4,1} \times 25\% + e_{4,2} \times 25\% + e_{4,3} \times 25\% + e_{4,4} \times 25\% \tag{7}$$

式（7）中，E_4为基于宏观审慎的风险控制能力的分值，（$e_{4,i}$）（$i=1$，2，3，4）为基于宏观审慎的风险控制能力第 i 个二级指标的得分。

5. 创新能力计算

本报告以业务创新能力和技术创新能力来评价证券公司创新能力。其中，业务创新能力由研究人员数量、深度研究报告数量得分构成，权重均为50%；技术创新能力由知识产权得分和研发投入费用得分构成，权重均为50%。

A. 业务创新能力计算：

$$S_{Research} = S_{Researcher} \times 50\% + S_{Reprot} \times 50\% \tag{8}$$

式（8）中，$S_{Researcher}$为研究人员数量得分，S_{Report}为深度研究报告数量得分。

B. 技术创新能力计算：

$$S_{Tech} = S_{Property} \times 50\% + S_{R\&D} \times 50\% \tag{9}$$

式（9）中，$S_{Property}$为知识产权得分，$S_{R\&D}$为研发投入费用得分。

6. 成长能力计算

$$E_6 = e_{6,1} \times 30\% + e_{6,2} \times 30\% + e_{6,3} \times 40\% \tag{10}$$

式（10）中，E_6为成长能力分值，（$e_{6,i}$）（$i=1$，2，3）为成长能力第 i 个二级指标的得分。

三　证券公司的业务分类

证券公司的业务主要分为经纪业务、承销与保荐业务和资产管理业务等。本年度研究报告将经纪业务、承销与保荐业务、资产管理业务和全牌照业务分类统计，在证券公司单项指标排名中，根据其业务分类情况进行排名（见表2）。

表 2　证券公司业务分类一览（2019 年）

证券公司简称	全牌照业务	经纪业务	承销与保荐业务	资产管理业务
爱建证券	Y	–	–	–
安信证券	Y	–	–	–
渤海证券	Y	–	–	–
财达证券	Y	–	–	–
财通证券	Y	–	–	–
财信证券	Y	–	–	–
川财证券	Y	–	–	–
大通证券	Y	–	–	–
大同证券	Y	–	–	–
德邦证券	Y	–	–	–
第一创业	Y	–	–	–
东北证券	Y	–	–	–
东方财富	Y	–	–	–
东方证券	Y	–	–	–
东莞证券	Y	–	–	–
东海证券	Y	–	–	–
东吴证券	Y	–	–	–
东兴证券	Y	–	–	–
东亚前海证券	Y	–	–	–
方正证券	Y	–	–	–
光大证券	Y	–	–	–
广发证券	Y	–	–	–
国都证券	Y	–	–	–
国海证券	Y	–	–	–
国金证券	Y	–	–	–
国开证券	Y	–	–	–
国联证券	Y	–	–	–
国融证券	Y	–	–	–
国盛证券	Y	–	–	–
国泰君安	Y	–	–	–
国信证券	Y	–	–	–
国元证券	Y	–	–	–
海通证券	Y	–	–	–
恒泰证券	Y	–	–	–
红塔证券	Y	–	–	–

续表

证券公司简称	全牌照业务	经纪业务	承销与保荐业务	资产管理业务
宏信证券	Y	–	–	–
华安证券	Y	–	–	–
华宝证券	Y	–	–	–
华创证券	Y	–	–	–
华福证券	Y	–	–	–
华金证券	Y	–	–	–
华菁证券	Y	–	–	–
华林证券	Y	–	–	–
华龙证券	Y	–	–	–
华融证券	Y	–	–	–
华泰证券	Y	–	–	–
华西证券	Y	–	–	–
华鑫证券	Y	–	–	–
汇丰前海证券	Y	–	–	–
江海证券	Y	–	–	–
金元证券	Y	–	–	–
九州证券	Y	–	–	–
开源证券	Y	–	–	–
联储证券	Y	–	–	–
民生证券	Y	–	–	–
南京证券	Y	–	–	–
平安证券	Y	–	–	–
瑞银证券	Y	–	–	–
山西证券	Y	–	–	–
上海证券	Y	–	–	–
申港证券	Y	–	–	–
申万宏源	Y	–	–	–
世纪证券	Y	–	–	–
首创证券	Y	–	–	–
太平洋证券	Y	–	–	–
天风证券	Y	–	–	–
万和证券	Y	–	–	–
万联证券	Y	–	–	–
网信证券	Y	–	–	–
五矿证券	Y	–	–	–

续表

证券公司简称	全牌照业务	经纪业务	承销与保荐业务	资产管理业务
西部证券	Y	–	–	–
西南证券	Y	–	–	–
湘财证券	Y	–	–	–
新时代证券	Y	–	–	–
信达证券	Y	–	–	–
兴业证券	Y	–	–	–
银泰证券	Y	–	–	–
英大证券	Y	–	–	–
粤开证券	Y	–	–	–
长城国瑞	Y	–	–	–
长城证券	Y	–	–	–
长江证券	Y	–	–	–
招商证券	Y	–	–	–
浙商证券	Y	–	–	–
中金公司	Y	–	–	–
银河证券	Y	–	–	–
中金财富	Y	–	–	–
中航证券	Y	–	–	–
中山证券	Y	–	–	–
中泰证券	Y	–	–	–
中天证券	Y	–	–	–
中信建投	Y	–	–	–
中信证券	Y	–	–	–
中信证券华南	Y	–	–	–
中银国际	Y	–	–	–
中邮证券	Y	–	–	–
中原证券	Y	–	–	–
金通证券	–	Y	–	–
摩根士丹利华鑫	–	–	Y	–
瑞信方正	–	Y	Y	–
东方资产管理	–	–	–	Y
光大资产管理	–	–	–	Y
国泰君安资产管理	–	–	–	Y
海通资产管理	–	–	–	Y
申万宏源西部	–	Y	–	–
申万宏源保荐	–	–	Y	–

续表

证券公司简称	全牌照业务	经纪业务	承销与保荐业务	资产管理业务
兴证证券资产管理	–	–	–	Y
野村东方国际证券	–	Y	–	Y
银河金汇资产管理	–	–	–	Y
长江资产管理	–	–	–	Y
长江承销保荐	–	–	Y	–
招商证券资产管理	–	–	–	Y
浙江证券资产管理	–	–	–	Y
中德证券	–	–	Y	–
中泰证券资产管理	–	–	–	Y
中天国富证券	–	Y	Y	–
中信证券山东	–	Y	–	–
摩根大通	–	Y	Y	–
北京高华	–	Y	–	Y
渤海汇金资产管理	–	–	–	Y
财通资产管理	–	–	–	Y
第一创业承销保荐	–	–	Y	–
东方证券承销保荐	–	–	Y	–
东证融汇资产管理	–	–	–	Y
方正证券承销保荐	–	–	Y	–
高盛高华	–	Y	Y	–
广发证券资产管理	–	–	–	Y
国盛证券资产管理	–	–	–	Y
恒泰长财	–	–	Y	–
华泰联合	–	–	Y	–
华泰证券资产管理	–	–	–	Y
华英证券	–	–	Y	–

注："Y"代表"是"，即拥有对应的业务牌照。

参考文献

[1] Katrina Ellis, Roni Michaely, Maureen O'Hara, "Competition in Investment Banking," *Review of Development Finance*, 2011, 1 (1): 28–46.

［2］Nemanja Radić，Franco Fiordelisi，Claudia Girardone，“Efficiency and Risk – Taking in Pre – Crisis Investment Banks，” *Journal of Financial Services Research*，2012，41（1 – 2）：81 – 101.

［3］Michael D. Ryall，Olav Sorenson，“Brokers and Competitive Advantage，” *Management Science*，2007，53（4）：566 – 583.

［4］Paul Brockman，“The Role of Reputation Capital in the Investment Bangking Industry” *Applied Economics Letters*，1996，37.

［5］王建华、王芳华：《企业竞争力评价的指标体系研究》，《管理科学学报》2002年第3期。

［6］傅智能：《中国证券公司核心竞争力研究》，硕士学位论文，武汉理工大学，2004。

［7］何晓斌：《中国证券公司核心竞争力评价与提升研究》，博士学位论文，上海社会科学院，2006。

［8］董军、国方媛：《多层次系统的动态评价研究》，《运筹与管理》2011年第5期。

［9］石宝峰、何继欣、胡振、王静：《中国上市券商竞争力评价——基于时序动态组合赋权评价模型》，《金融论坛》2018年第23期。

［10］贺强、赵照：《基于因子分析法的证券公司运营绩效研究》，《投资研究》2014年第33期。

［11］宣承耀：《基于因子分析法的内地上市券商竞争力综合评价研究》，硕士学位论文，安徽大学，2015。

［12］刘强：《基于主成分分析的上市证券公司竞争力研究》，《经济研究导刊》2011年第28期。

［13］张雯睿：《基于因子分析法对中国上市券商竞争力的实证研究——以29家上市券商面板数据为例》，《无锡商业职业技术学院学报》2018年第18期。

［14］刘增学、王雅鹏、张欣：《中国证券公司风险约束机制的建立》，《金融研究》2004年第12期。

［15］邓泽源：《我国上市证券公司竞争力研究》，硕士学位论文，广西大学，2015。

［16］王国海、曹海毅：《证券公司的治理结构：理论分析与现实考察》，《财经理论与实践》2004年第5期。

［17］王聪、宋慧英：《中国证券公司股权结构、市场结构与成本效率的实证研究》，《金融研究》2012年第5期。

［18］张宗新、梁化军、焦志常：《基于价值时序动态的证券公司价值评价方法》，《财经研究》2003年第5期。

［19］涂艳艳：《我国证券公司核心竞争力实证研究》，《考试周刊》2011年第62期。

［20］娄伟：《我国上市券商竞争力分析》，硕士学位论文，山东大学，2012。

B.3
中国证券公司单项指标排名（2020）

孙国茂　郭文娟*

摘　要： 2019年A股市场持续回暖，科创板设立、市场多空机制完善及标的扩容等一系列创新措施出台，更多长期资金进入资本市场。资产管理行业进入全面监管阶段，大资产管理行业的竞争格局面临重构，证券公司资产管理机构平稳内涵式发展。受益于养老金与职业年金入市、国有资本运营机构的培育、财富管理与资产管理业务的发展、私募基金的成长以及国际机构投资者的进入，中国资本市场规模扩大，带动证券行业的盈利能力显著提升，财务业绩整体表现良好。2019年证券行业营业收入较上年同期增长近四成。随着两市成交量活跃度明显提升，证券公司经纪业务收入大幅增加，经纪业务收入对营业收入的贡献率却明显下降；证券公司承销业务净收入大幅增长。总体来说，2019年度证券行业业绩明显改善，扭转连续3年同比下滑趋势，行业整体盈利能力有所提升，资本存量、融资融券余额增长，营业收入与净利润微幅增长。

关键词： 证券公司排名　A股市场　营业收入　净利润

* 孙国茂，青岛大学经济学院特聘教授、博士生导师，山东工商学院金融学院特聘教授、金融服务转型升级协同创新中心首席专家，研究领域为公司金融、资本市场、制度经济学。郭文娟，聊城大学经济学院经济学硕士，山东省亚太资本市场研究院研究员，研究领域为证券投资、普惠金融。

随着国民经济持续快速发展，中国资本市场不断深化改革，市场化、机构化和国际化进程加速，直接融资比重提升，证券行业服务实体经济和国家战略能力正在不断提升。在经济全球化的背景下，明晟指数继续提高 A 股权重，富时罗素、标普道琼斯指数公司也将 A 股纳入其全球股票指数体系，外资流入预期不断强化。资本市场作为经济体的直接融资方和投资服务支持方应全面加快对外开放，这对推动我国实体经济转型升级和提升境内证券公司的竞争能力具有积极意义。伴随着科技运用的爆发式增长，大数据、云计算、人工智能等技术重塑传统业务，证券业务模式被进一步重构，中国证券公司业务与科技的融合不断加深，证券业务更具有普惠性和可触达性。

受中美贸易摩擦影响，2019 年我国内外部风险挑战增多，物价结构性上涨，经济下行压力加大。但是，全年 A 股市场持续回暖，货币市场交易活跃，促成全年行业业绩快速复苏。股票市场指数回升，成交量和筹资额同比增加；各类债券发行利率回落，债券现券交易量与发行量上升，头部证券公司从中获取更多的承销业务红利，带来了证券行业经营业绩的改善。根据中国证券业协会对全行业 133 家证券公司采用合并报表方式的统计，合并后证券公司共计 98 家①。2019 年证券行业整体盈利能力有所增强，资本存量、融资融券余额增长，营业收入与净利润微幅增长。其中，投行业务净收入为 482. 65 亿元，同比增长 30. 46%，占营业收入的比重为 13. 39%。全年证券公司实现股票主承销佣金收入 124. 75 亿元，同比增长 67. 65%；债券主承销佣金收入 202. 34 亿元，同比增长 35. 57%。2019 年证券行业业绩明显改善，实现净利润 1230. 95 亿元，同比增长 84. 77%。2019 年证券行业净资产收益率为 6. 29%，较上年提高了 2. 73 个百分点②。

本报告对我国证券公司各项业务的单项指标进行比较分析，排名涉及经纪业务、承销与保荐业务、资产管理业务等主要业务指标及主要财务指标，

① 本报告采用中国证券业协会合并报表数据。

② 除特别说明外，证券公司业务收入数据采用中国证券业协会发布的 2019 年证券公司经营业绩指标排名统计结果，https：//www. sac. net. cn/hysj/zqgsyjpm/202007/t20200710_143232. html。

证券公司一些主要指标的排名可参考本报告的附表部分。经纪业务是多数证券公司涉及的业务范畴，主要通过证券公司交易量、经纪业务收入、营业部部均交易量以及营业部部均收入来反映；证券公司承销与保荐业务情况主要通过股票与债券主承销家数、主承销金额、主承销收入来描述；资产管理业务主要通过集合理财产品数量、资产数量反映。证券公司的财务指标包括营业收入、净利润、总资产、净资产和净资本等方面。

一　主要业务指标分析

近年来，随着资本市场的持续发展和深化改革的推进，证券行业全业务链监管体系逐步完善，证券公司的资本实力、市场声誉、风控能力和治理水平继续得到提升。从整体上看，证券公司重资产发展趋势显著。值得注意的是，在市场竞争压力下，经纪业务、承销与保荐业务、融资融券业务收入占比明显下降，资产管理业务收入占比基本保持稳定，其他业务对证券公司收入的贡献率逐步上升。

（一）经纪业务

1. 经纪业务市场概况

2019 年，股票市场指数回升，成交量和筹资额同比增加，提高了证券公司的经纪业务收入。其中，上证综指收于 3050 点，比上年末上涨 22.3%；深证成指收于 10431 点，比上年末上涨 44.1%。保险业保费收入增速回升，资产增速提高。2019 年，沪深股市累计成交 126.93 万亿元，日均成交 5202.14 亿元，同比增长 40.7%；IPO 融资额为 2532.48 亿元，同比增长 83.76%。2019 年末，股票市场成交量明显增加。随着 A 股国际化进程的加速，A 股纳入 MSCI 的权重进一步提升，资本市场进一步打开，沪深两市股票交易额增长。随着市场交易活跃度的回升，我国证券公司经纪业务也有所回暖。根据 Wind 数据，2019 年全年 A 股成交量为 11.35 万亿股，成交额为 136.25 万亿元，A 股市场成交量和成交额均较上年出现明显增加。

2019 年，A 股市场日均成交额达到 1872.48 亿元，A 股市场日均成交量达 727.67 亿元。从月度变化分析得出，2019 年日均成交额和日均成交量月度变化趋势基本保持一致。二者在前三个月持续增长，在 3 月份达到全年最高值，此后呈现下降趋势（见图 1）。

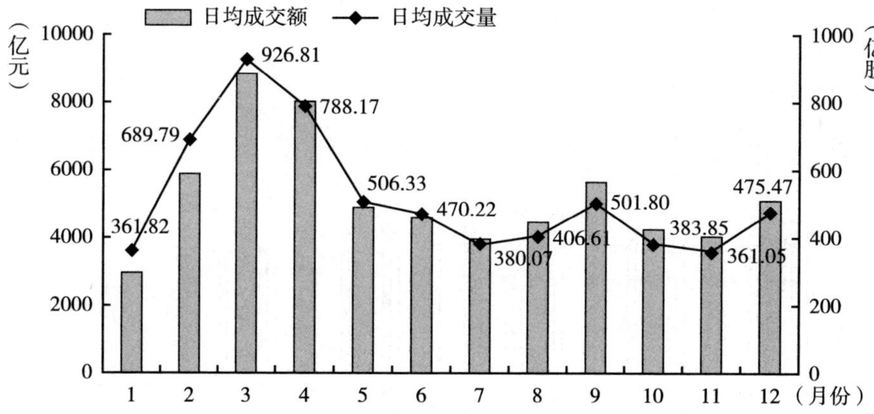

图 1　A 股市场日均成交量和日均成交额月度变化（2019 年）

资料来源：Wind、山东省亚太资本市场研究院。

证券公司成交额是衡量经纪业务的重要指标，鉴于公开渠道不能获得证券公司成交数据及融资融券数据，因此本报告通过经纪业务收入这一指标来衡量证券公司经纪业务。2019 年证券市场的整体环境优于 2018 年，市场成交量和成交额增长，证券公司经纪业务收入大幅增加，经纪业务收入对营业收入的贡献率却明显下降。根据中国证券业协会数据，2019 年 95 家证券公司实现收入 826.41 亿元，较 2018 年增长 25.01%。从证券公司经纪业务收入 TOP20 来看，2019 年国泰君安（601211.SH）的经纪业务收入为 50.88 亿元，较 2018 年增长 31.40%，位列第一；中信证券（600030.SH）由于机构客户占比较高，机构业务整体表现不佳，经纪业务相对较弱，经纪业务收入为 49.44 亿元，较 2018 年增长 12.71%，比 2018 年下降一个名次；中国银河（601881.SH）的经纪业务收入为 38.96 亿元，较 2018 年增长 25.16%，排名不变，位列第三。在经纪业务交易额 TOP 20 的证券公司中，东方财富

（300059. SZ）和平安证券增幅最大，分别实现16.42亿元和22.69亿元，增速分别为58.92%、52.81%。2018～2019年证券市场经纪业务收入TOP 20见图2。本报告附表1展示了证券公司经纪业务收入及旗下营业部平均经纪业务收入情况。

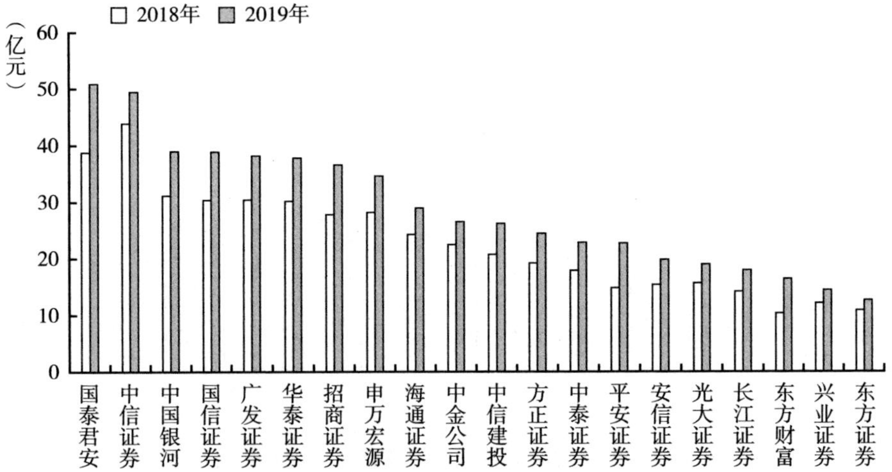

图2　证券市场经纪业务收入TOP20（2018～2019年）

资料来源：中国证券业协会、山东省亚太资本市场研究院。

2. 融资融券业务

2019年，A股市场整体企稳回升，科创板推出、市场多空机制完善及标的扩容等一系列创新措施出台，形成规范合理和有监管的资金融通渠道，不仅有利于理顺证券市场的融资活动，保护投资者利益，而且有利于从制度上改善市场的资金供应，促进证券市场活跃和健康发展。从中国证券业协会数据来看，2019年89家证券公司的融资融券业务收入呈现下降的趋势，融资融券业务利息收入达649.39亿元，比2018年下降3.49%。从融资融券业务利息收入TOP20来看，中信证券（600030. SH）的融资融券业务规模保持同业领先，全年实现融资融券业务利息收入43.27亿元，比2018年下降5.39%；国泰君安（601211. SH）融资融券业务规模上升，融资融券余额632.3亿元，融资融券业务利息收入达到40.83亿元，位列第二；海通证券

（600837. SH）融资融券业务收入小幅上升至 72. 16 亿元，位列第三。此外，中信建投（601066. SH）2019 年融资融券业务规模达 292. 82 亿元，融资融券业务期末余额市场占比为 2. 87%，而融资融券业务利息收入跌幅达 26. 93%。2018 ~2019 年证券公司融资融券业务利息收入 TOP 20 见图 3。附表 2 展示了证券公司融资融券利息收入及旗下营业部平均利息收入情况。

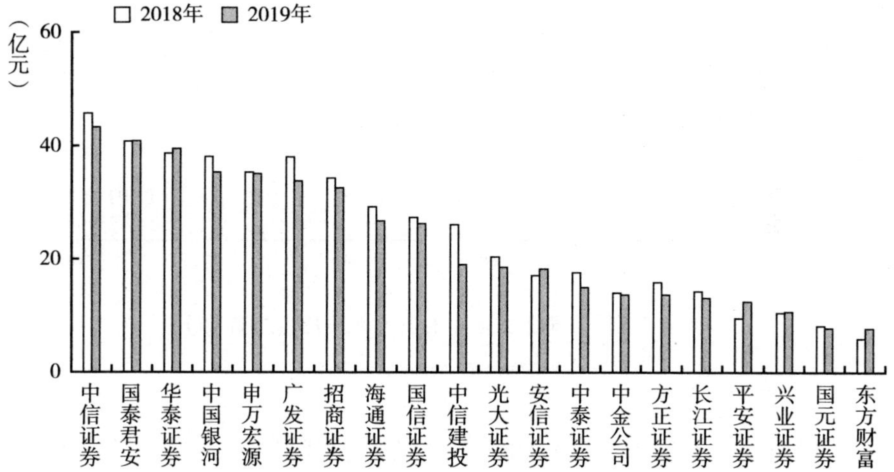

图 3　证券公司融资融券业务利息收入 TOP20（2018 ~2019 年）

资料来源：中国证券业协会、山东省亚太资本市场研究院。

（二）证券承销业务

2019 年 5 月，央行与中国证监会联合发布《关于做好开放式债券指数证券投资基金创新试点工作的通知》，推动债券指数公募基金在银行间市场和交易所市场发展。8 月，央行发布《关于支持商业银行发行创新创业金融债券的意见》，鼓励商业银行发行创新创业金融债券，增加创新创业领域信贷投放。受益于养老金和职业年金的入市、国有资本运营机构的培育、财富管理与资产管理业务的发展、私募基金的成长以及国际机构投资者的进入，中国资本市场正形成一批规模较大、专业度较高的长期机构投资者。从承销业务净收入来分析，2019 年证券公司承销业务净收入大幅增长，达到

130.19 亿元。主承销首发收入合计 113.29 亿元，占比为 87.02%；定向增发 15.46 亿元，占比为 11.87%；配股 1.04 亿元，占比为 0.80%；可转债发行 0.41 亿元，占比为 0.31%（见图 4）。

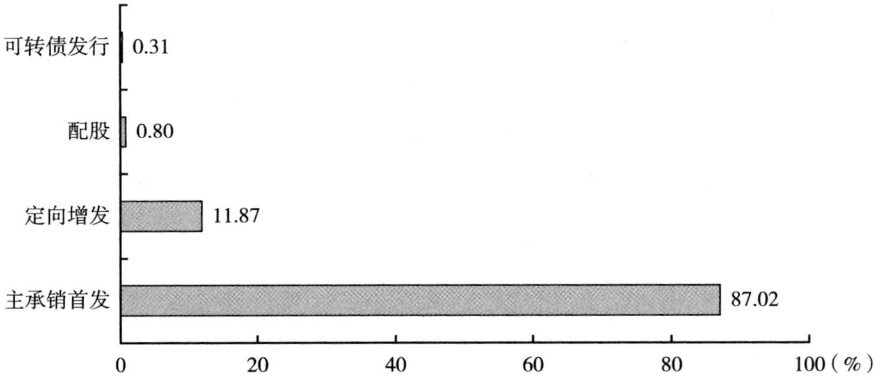

图 4　证券公司各类承销业务收入占比（2019 年）

资料来源：Wind、山东省亚太资本市场研究院。

2019 年，106 家证券公司的证券承销业务共募集金额 82200.10 亿元，比 2018 年同期增长 20.35%。其中，首发业务募集金额为 2532.48 亿元，占比为 3.08%；再融资业务募集金额为 8017.75 亿元，占比为 9.75%；债券承销业务募集金额为 70090.26 亿元，占比为 85.27%。债券承销业务募集金额在证券承销业务中占首要位置，但其收入不如首发业务。从中国证券业协会公布的数据看，2019 年有 42 家证券公司作为绿色公司债券主承销商或绿色资产证券化产品管理人（沪深交易所市场）共承销发行 59 只产品，合计金额 985.05 亿元，其中资产证券化产品 20 只，合计 189.28 亿元。9 家证券公司承销发行 13 只创新创业公司债券，合计金额 31.1 亿元。67 家证券公司参与地方政府债券，合计中标金额 3301.08 亿元，合计中标地区 35 个。

1. IPO 业务概况

2019 年，IPO 证券公司承销证券数量和承销金额大幅上升。共有 52 家证券公司 IPO 承销 239 家，IPO 募集资金 2532.48 亿元。从 2019 年证券公司 IPO 承销家数和所占市场份额的排名来看，中信证券（600030. SH）位列第一，IPO 承销家数为 28 家，占 11. 72% 的市场份额；位列第二和第三的分别是中信建投（601066. SH）和中金公司（03908. HK），IPO 承销家数分别为 22 家、18 家，分别占 9. 21%、7. 53% 的市场份额。从证券公司 IPO 承销金额和所占市场份额排名来看，中金公司（03908. HK）以 601. 46 亿元的 IPO 承销金额和 23. 74% 的市场份额位列第一；中信证券（600030. SH）位列第二，IPO 承销金额为 453. 08 亿元，占 17. 88% 的市场份额；中信建投（601066. SH）位列第三，IPO 承销金额为 175. 73 亿元，占 6. 94% 的市场份额。图 5 展示了 2019 年证券公司 IPO 承销家数及承销金额 TOP20。附表 3 展示了证券公司 IPO 家数、承销金额及收入情况。

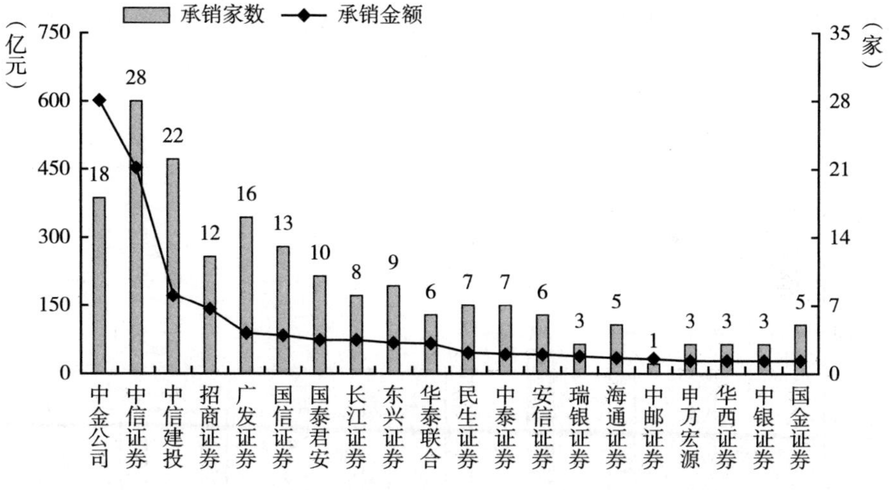

图 5　证券公司 IPO 承销家数和承销金额 TOP20（2019 年）

资料来源：Wind、山东省亚太资本市场研究院。

2. 股票再融资与债券承销业务概况①

再融资是指上市公司通过定向增发、配股、发售优先股等方式继续

① 此处股票再融资是指定向增发、配股、发售优先股等融资方式；债券承销业务包括可转债、可交换债、公司债、企业债、金融债、中期票据、定向工具、ABS 等多种融资方式。

融资的行为。2019 年有 60 家证券公司在股票市场上提供了 336 次再融资服务，比 2018 年增加 32 家。60 家证券公司再融资金额达到 8017.75 亿元，比 2018 年减少 903.83 亿元。其中，定向增发家数 290 家，配股融资 9 家，发行优先股融资 37 家。从证券公司参与股票市场再融资家数 TOP10 分析，股票市场再融资家数最多的两家证券公司是中信建投（601066.SH）和华泰联合，再融资家数均为 33 家；中信证券（600030.SH）与中金公司（03908.HK）的再融资家数分别达到 29 家和 18 家。从证券公司参与股票市场再融资金额 TOP10 分析，前三名分别为中信证券（600030.SH）、中金公司（03908.HK）和华泰联合，股票市场再融资金额分别达到 1138.37 亿元、1027.54 亿元和 874.57 亿元。前三名中除中金公司（03908.HK）快速增长外，剩余两家证券公司均比往年有所减少。2019 年证券公司股票市场再融资家数和金额 TOP10 分别见图 6 和图 7。

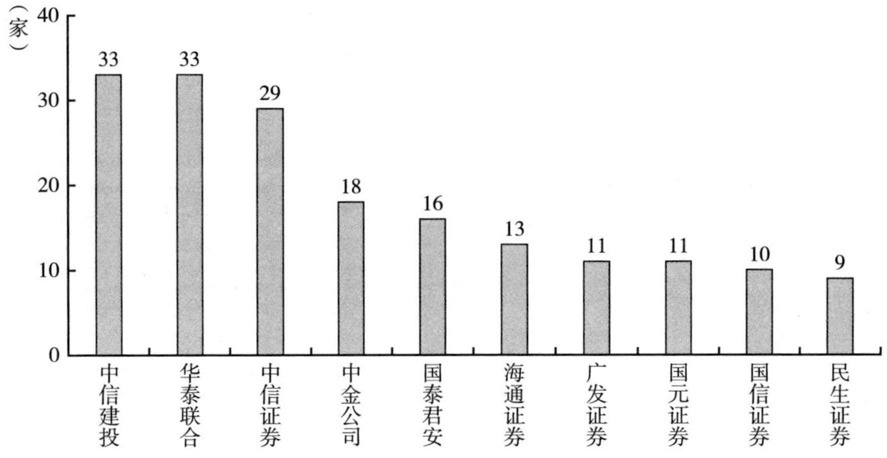

图 6　证券公司股票市场再融资家数 TOP10（2019 年）

资料来源：Wind、山东省亚太资本市场研究院。

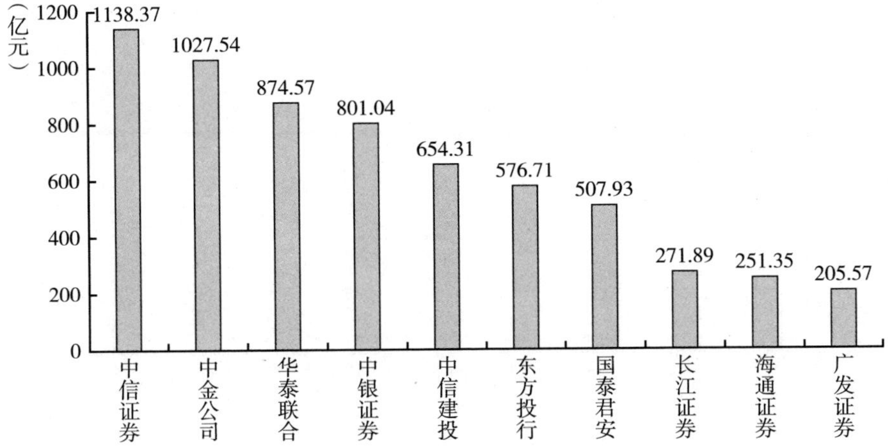

图 7　证券市场股票市场再融资金额 TOP10（2019 年）

资料来源：Wind、山东省亚太资本市场研究院。

债券承销以地方政府债、ABS 和公司债为主。2019 年有 104 家证券公司参与债券承销业务，债券承销合计 26031 家，承销金额 70090.26 亿元。有 15 家证券公司的债券发行金额超过 1000 亿元，合计发行 50813.56 亿元，占债券承销业务募集金额的 72.50%。其中，承销地方政府债 15624 只，承销金额 4557.25 亿元；承销公司债 4193 家，承销金额 25506.73 亿元；承销 ABS 3579 只，承销金额 11862.41 亿元。地方政府债与公司债家数和承销金额相比 2018 年有较大幅度提升，但是 ABS 债券承销金额下滑超过 30%。从债券承销家数 TOP10 分析，2019 年债券承销数量最多的是中信建投（601066.SH），承销 1847 家，比 2018 年提升一个名次；中信证券（600030.SH）排名第二，承销 1666 家；国泰君安（601211.SH）承销 1342 家，位列第三。从债券承销金额 TOP10 分析，中信证券（600030.SH）以 8801.04 亿元居第一位；中信建投（601066.SH）为 7981.39 亿元，位列第二；国泰君安（601211.SH）为 4983.21 亿元，位列第三。2019 年证券公司债券承销家数和金额 TOP10 分别见图 8 和图 9。附表 4 展示了证券公司债券承销金额及数量情况。

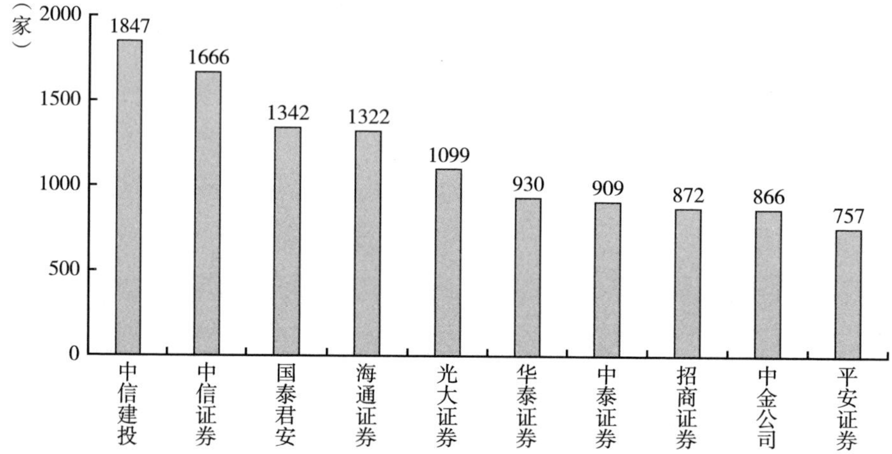

图 8　证券公司债券承销家数 TOP10（2019 年）

资料来源：Wind、山东省亚太资本市场研究院。

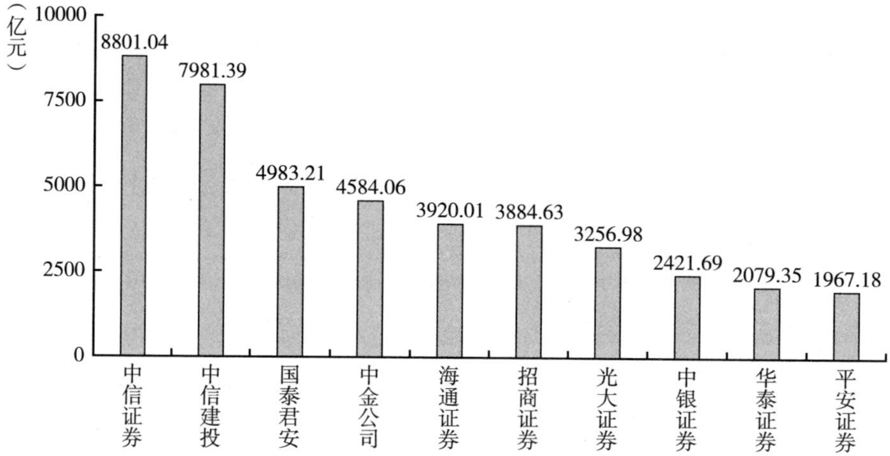

图 9　证券公司债券承销金额 TOP10（2019 年）

资料来源：Wind、山东省亚太资本市场研究院。

3. 新三板业务

2019 年，在经济下行压力加大、外部环境不确定性增强的情况下，挂牌公司业绩回升，经营质量改善，营业收入与利润双增长。各行业呈现结构性亮点，创新规范发展力度加大，显现了创新型民营中小企业的发展活力。

2019 年，已公布业绩的 6955 家挂牌公司共实现营业收入 14994. 06 亿元，同比增长 9. 98%；净利润 718. 81 亿元，同比增长 14. 29%；5072 家公司盈利，占比达 72. 93%。2019 年新三板公司摘牌潮仍在持续，新三板挂牌企业主动申请终止挂牌或向其他板流动，提高企业在市场的融资效率。值得注意的是，新三板市场管理制度不断完善，相关主办证券公司和挂牌公司信息披露加快，留存市场的企业质量不断提升。截至 2019 年 12 月 31 日，新三板挂牌公司数量达到 8953 家，有 14 家新三板公司成功登陆 A 股市场。

2019 年，对差价收入暂免征收个税和推动机构投资者入市等一系列措施出台，但是也无法改变新三板容量走低的趋势。截至 2019 年末，新三板挂牌企业累计达到 8953 家，比 2018 年减少 1738 家；年末总股本缩水至 5616. 29 亿股，比 2018 年同期减少 11. 20%，股本下降幅度加快；总市值为 29399. 60 亿元，比 2018 年同期减少 14. 75%，市值下降幅度由快变缓。从新三板市场挂牌家数月度趋势看，2019 年新三板市场挂牌家数从 1 月的 10551 家一路下降至 12 月的 8953 家（见图 10）。从新三板市场总市值月度趋势看，1 月末总市值达到年内最高值，在经历 2 月的下降后，在 3 月小幅回升，后呈下降趋势，12 月降至 29399. 60 亿元。

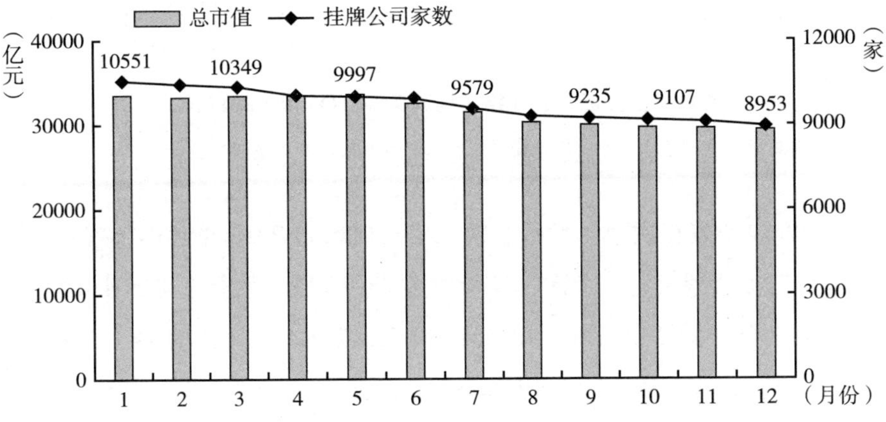

图 10　新三板市场挂牌公司家数和总市值月度趋势（2019 年）

资料来源：全国中小企业股份转让系统、山东省亚太资本市场研究院。

在主办证券公司推荐挂牌家数 TOP10 中，申万宏源（000166. SZ）推荐挂牌数量蝉联第一，累计推荐挂牌 583 家，比 2018 年同期减少 30 家；累计挂牌数量 2018 年还排在 10 名开外的开源证券（832396. OC），2019 年末挂牌数量升至 416 家，位居第二；安信证券推荐挂牌数量为 374 家，比 2018 年减少 130 家，下滑至第三名。2019 年主办证券公司推荐挂牌家数 TOP10 见图 11。2019 年新挂牌企业数量最多的是开源证券（832396. OC），达 58 家；其次为国融证券，新挂牌数量为 22 家，累计挂牌数量在同行业中排名第七。2019 年新挂牌企业家数 TOP10 见图 12。

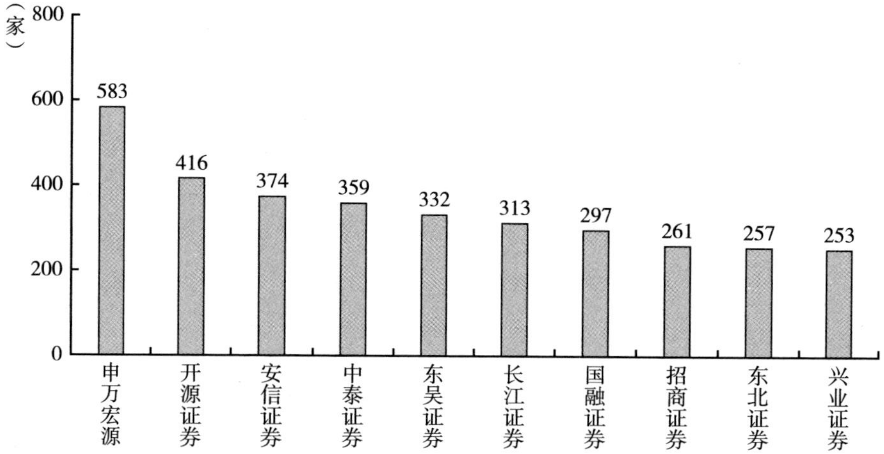

图 11　主办证券公司推荐挂牌家数 TOP10（2019 年）

资料来源：全国中小企业股份转让系统、山东省亚太资本市场研究院。

新三板股票发行次数、发行金额、发行股数自 2016 年起连续三年走低。2019 年新三板股票发行 637 次，发行股数 73. 73 股，发行金额 604. 43 亿元，分别比 2018 年下降 54. 56%、40. 45% 和 56. 22%。从主办证券公司的发行承销次数分析，申万宏源（000166. SZ）位居第一，参与发行 39 次；安信证券参与股票发行 30 次，位列第二；东吴证券（601555. SH）参与股票发行 29 次，上升至第三名。2019 年主办证券公司股票发行次数 TOP10 见图 13。2019 年股票发行金额最高的是中信建投（601066. SH），达 47. 01 亿元，

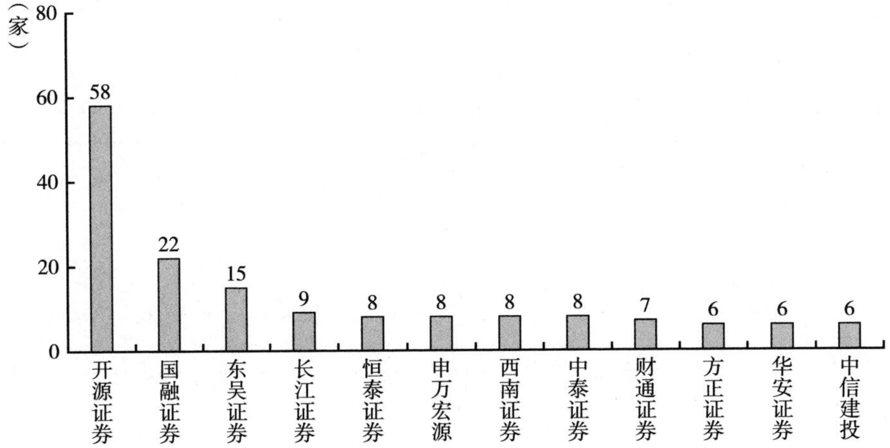

图 12　新挂牌企业家数 TOP10（2019 年）

资料来源：全国中小企业股份转让系统、山东省亚太资本市场研究院。

高出同行业第二名约 20 亿元；其次为招商证券（600999. SH），为 26. 23 亿元，与 2018 年保持相同名次；申万宏源（000166. SZ）下降至 16. 73 亿元，比 2018 年下降一个名次。2019 年主办证券公司股票发行金额 TOP10 见图 14。

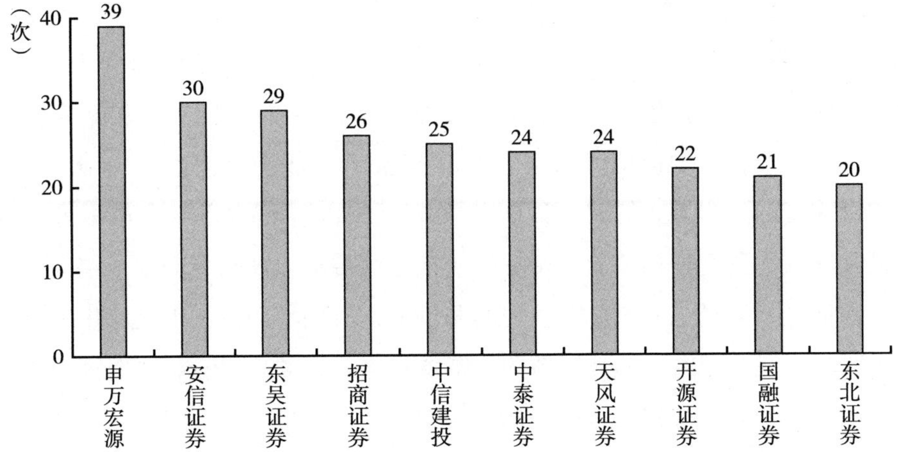

图 13　主办证券公司股票发行次数 TOP10（2019 年）

资料来源：全国中小企业股份转让系统、山东省亚太资本市场研究院。

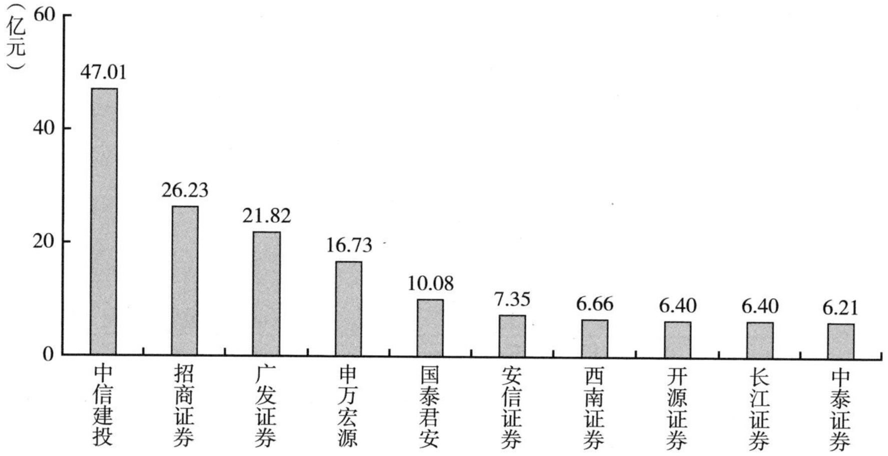

图 14　主办证券公司股票发行金额 TOP10（2019 年）

资料来源：全国中小企业股份转让系统、山东省亚太资本市场研究院。

4. 科创板

设立科创板并试点注册制，体现了资本市场对科技创新企业的包容性，落实了创新驱动和科技强国战略。2019 年 7 月，科创板正式开板，资本市场直接融资金额大幅提升。证券行业积极服务于新一代信息技术、生物医药、高端装备和新材料等高新技术和战略新兴产业领域内的优质科创企业，利用专业优势为科技创新型企业上市融资。截至 2019 年末，已有 70 家公司在科创板上市，科创板总市值达 8731. 7 亿元，总成交金额达 1. 33 万亿元，平均日成交额约为 120 亿元。科创板将成为 2019 年资本市场改革中可兑现的最大红利，科创板相关业务贡献的增量业绩带动 IPO 与债券主承销回暖。

在证券公司经纪业务急需转型的背景下，科创板的设立不仅深化了资本市场改革，还为证券行业带来新的业绩增长点。证券公司纷纷根据科创板的定位和要求开展持续精准营销，积极增加科创板项目储备，建立内部高效协同的业务流程和机制，保障科创板项目顺利申报和发行落地，推进投资银行业转型。根据 Wind 统计，科创板 IPO 发行数量为 72 家，募集资金金额为 840. 07 亿元，约占 A 股市场发行数量和募集资金的 1/3。从 2019 年证券公司公布的年报看，中信证券（600030. SH）在科创板业务中参与了 9 个 IPO 承销项目，占科创板 IPO 发行总数的 1/3；国泰君安（601211. SH）将股权承销业务的重点放在科创板项目，IPO 承销额同比增长 142. 5%；中信建投（601066. SH）全年保荐承销科创板上市企业 10 家，创同行业数量最高；招商证券（600999. SH）科创板 IPO 承销金额为 28. 65 亿元（按主承销商家数平均计算），排名行业第七。

（三）资产管理业务

1. 证券公司资产管理业务市场环境

银行理财子公司、证券公司资产管理、保险资产管理、信托等子行业的资产管理新规配套政策已经相继落地，资产管理行业迈入全面监管时代，大资产管理行业的竞争格局面临重构，证券公司资产管理机构平稳内涵式发展。根据中国证券投资基金业协会数据，截至 2019 年底，基金管理公司及其子公司、证券公司、期货公司、私募基金管理机构的资产管理业务总规模约为 52. 23 万亿元，增幅为 3. 71%。同时，证券公司资产管理业务和金融科技加速融合，区块链、云计算等技术逐渐应用到资产管理业务、投研体系以及机构服务中，对业务流程中产生的资金和业务变化进行有效数据传输和风险监控。

证券资产管理业务也实现数字化转型，在资产管理的投资决策中注重量化管理，资本市场创新发展迅速。证券期货经营机构管理人中管理人（MOM）是一种创新的业务模式，证券公司资产管理在私募 MOM 起步阶段的优势相对明显，成为多家证券公司资产管理的重点发展方向。伴随着资产证券化政策环境的逐步放宽，ABS 审批权放开，业务审核时间缩短，发行品种涵盖范围扩大，可供发行的基础资产涉及范围广阔，有效盘活了基础资产。2019 年交易型开放式指数基金（ETF）继续爆发式增长。2019 年 9 月，浙商汇金中证浙江凤凰行动 50 交易型开放式指数证券投资基金（简称“凤凰 50ETF”，交易代码 512190，基金简称“之江凤凰”）正式登陆上交所，这标志着国内首只由证券公司资产管理发行的权益 ETF 上市流通。

2. 证券公司资产管理业务发展概况

2019 年，在监管部门推动金融去杠杆的制度环境下，证券公司以去通道、转型主动管理的方式适应生存，证券公司资产管理行业面临规模萎缩的窘境，证券公司资产管理业务整体规模明显缩水。受规模缩水和产品发行降温的影响，多家证券公司资产管理净利润负增长，个别证券公司资产管理业务出现明显亏损，证券公司及其子公司私募资产管理业务规模缩减至 10.83 万亿元。私募股权投资业务持续承压，证券公司资产管理规模仍将持续收缩，行业分化明显。

在去通道、降杠杆的压力下，通道类业务退出历史舞台，主动管理规模扩大。由于资本市场对外开放程度加深，中国证监会加大了对金融机构资产管理业务的规范指引工作，明确和规范了大集合公募化转型和 MOM 产品。大集合公募化带动了证券公司资产管理新的业务增长，中信证券（600030. SH）、国泰君安（601211. SH）、中金公司（03908. HK）等证券公司的大集合产品转型先后获批，安信证券、天风证券（601162. SH）、五矿证券、华西证券（002926. SZ）等纷纷加入大集合公募化领域。一方面，证券公司资产管理大集合改造迈出实质性一步，证券公司可以资产管理子公司和直接申请设立公募基金公司的方式涉足公募基金业务，丰富公募产品体系；另一方面，推动资产管理业务向主动管理转型，促进投资业绩稳定和优化客户服务。

3. 证券公司资产管理业务分析

证券公司资产管理业务规模多年来持续负增长，2019 年证券公司资产管理产品数量和规模分别下降 8.2% 和 18.94%。截至 2019 年末，证券行业资产管理规模为 10.83 万亿元，同比下降 18.94%。证券公司系资产管理产品发行也遭遇寒冬，证券公司资产管理发行产品总数为 1.70 万只，同比下降 8.2%。主动管理能力强的机构会在这一轮角逐中全面胜出，头部效应会越来越明显。资产管理行业的竞争主体众多，呈现功能监管、行为监管的统一趋势。

中国证券投资基金业协会的统计数据中剔除了资产支持专项计划备案制实施之前经中国证监会审批的证券公司设立的专项资产管理计划，在本报告中，证券公司的资产管理业务分为单一资产管理计划、集合资产管理计划、私募子公司私募基金。在资产新规发布及降杠杆叠加去通道的影响下，证券公司资产管理业务整体收缩。具体来看，2019 年单一资产管理计划产品数量为 11688 只，比 2018 年同期下降 23.25%，占比为 68.84%；实现资产管理规模 83830 亿元，规模缩减 23.75%，占比为 77.40%。集合资产管理计划 4358 只，比 2018 年增长 18.20%，占比为 25.67%；资产管理规模合计 19596 亿元，比 2018 年减少 2.40%，占比为 18.09%。私募子公司私募基金为 932 只，比 2018 年增长 14.08%，占比为 5.49%；资产管理规模 4884 亿元，比 2018 年增长 9.43%，占比为 4.51%。2019 年证券公司及其子公司资产管理业务规模见图 15。

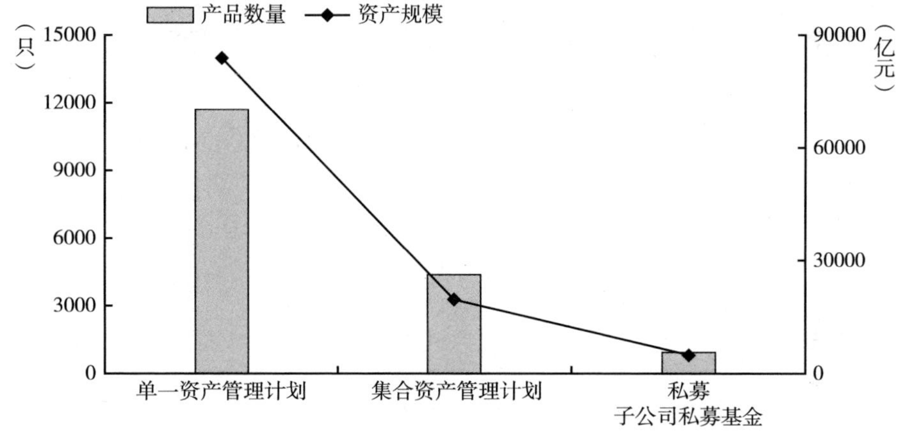

图 15　证券公司及其子公司资产管理业务规模（2019 年）

资料来源：中国证券投资基金业协会、山东省亚太资本市场研究院。

在资产管理去通道的大背景下，证券公司资产管理规模大幅缩水，但仍有头部机构业绩表现稳定。从资产管理业务收入来看，东方证券（600958.SH）巩固和提升主动权益类、固收类业务，2019 年实现资产管理业务收入 171012 万元，登上行业榜首。而国泰君安（601211.SH）和华泰证券（601688.SH）分别以 156443 万元、155177 万元的资产管理收入稳居行业前列（见表 1）。广发证券（000776.SZ）稳步推进主动管理等更有质量的内涵式增长转型工作，实现资产管理收入 122524 万元。中泰证券

（600918. SH）的FOF/MOM业务开展至今已经整三年，其间最大规模达到70亿元，2019年资产管理收入达41527万元。从资产管理业务收入占比来看，证券公司资产管理业务收入TOP20中有华融证券、财通证券（601108. SH）、天风证券（601162. SH）、东方证券（600958. SH）四家证券公司资产管理业务收入占总营业收入的比重超过20%。其中，华融证券资产管理业务收入占比高达29. 34%，财通证券（601108. SH）资产管理业务收入占比高达23. 18%。

表1　证券公司资产管理业务收入TOP20（2019年）

单位：万元

排名	公司简称	收入金额	占营业收入比重(%)
1	东方证券	171012	20. 70
2	国泰君安	156443	7. 40
3	华泰证券	155177	8. 75
4	广发证券	122524	8. 07
5	申万宏源	119604	8. 82
6	中信证券	117365	4. 37
7	光大证券	110568	11. 96
8	财通证券	100509	23. 18
9	海通证券	88062	5. 55
10	招商证券	85783	5. 83
11	中信建投	73804	5. 79
12	中金公司	69858	6. 41
13	天风证券	62869	22. 39
14	中国银河	55518	4. 58
15	中银证券	52768	19. 35
16	安信证券	48388	6. 37
17	方正证券	45773	7. 79
18	中泰证券	41527	5. 88
19	东兴证券	39808	11. 67
20	华融证券	38049	29. 34

资料来源：中国证券业协会、山东省亚太资本市场研究院。

对中国证券业协会数据进行梳理发现，由于证券公司资产管理业务在经营规模上存在巨大差异，业务收入、营业收入及占比参差不齐。东方证券

（600958. SH）在所开展的业务中资产管理业务收入最多，资产管理业务收入占营业收入的比重高达 20. 70%。中信证券（600030. SH）于 2019 年实施科创板券商集合资产管理计划，推动长期资金管理规模稳健增长，资产管理业务收入达 117365 万元，资产管理业务收入占营业收入的比重却低至 4. 37%。广发证券（000776. SZ）的资产管理业务占据优势地位，资产管理业务收入占营业收入的比重达 8. 07%；安信证券 2019 年资产管理业务收入整体不高，资产管理业务收入占比处于劣势。招商证券（600999. SH）参与科创精选系列集合资产管理计划，资产管理业务收入合计 85783 亿元，占营业收入的比重为 5. 83%。

二　主要财务指标分析

（一）主要财务指标分析

过去一年，我国证券行业紧紧围绕“四个突出”，继续加强全行业业务监管。随着并购重组松绑、公募基金参与转融通、证券公司股权管理推动分类监管等政策红利不断释放，资本市场深化改革持续推进，资本市场实力不断增强。受益于养老金与职业年金的入市、国有资本运营机构的培育，财富管理与资产管理业务的发展、私募基金的成长以及国际机构投资者的进入，中国资本市场规模扩大，带动证券行业的盈利能力得到显著提升，财务业绩整体表现良好。证券行业通过资本市场做优做强，差异化、特色化发展趋势显现，行业内部受益程度分化，龙头证券公司的风险定价能力与资本实力优势突出。同时，中国证券行业资产端持续扩张，业务结构基本保持平衡，服务居民财富管理能力进一步提升。本部分采用证券业协会公布的证券公司合并、专项口径数据，计算汇总证券公司各财务指标，从营业收入、总资产、净资产、净资本等指标方面对证券公司进行排名分析。从证券业公布的数据看，2019 年度证券行业业绩明显改善，扭转连续三年同比下滑趋势，行业整体盈利能力有所增强。

（二）主要财务指标排名

1. 营业收入和净利润排名

在政策、资金双重利好的驱动下，证券市场交易投资活跃且大市上涨，2019 年整个证券行业经营业绩小幅增长，证券公司营业收入和净利润均有上升趋势。根据中国证券业协会对证券公司合并口径（证券公司集团财务数据口径）和专项合并口径（证券公司及其证券类子公司数据口径）的财务数据来看，2019 年 98 家证券公司共实现营业收入 3520.44 亿元，较上年同期增长 38.65%。由于证券业务逐步与资本实力、评级等挂钩，监管资源逐步向龙头证券公司靠拢，行业集中度继续提升。从证券公司收入排名来看，2019 年中信证券（600030.SH）营业收入为 268.67 亿元，比 2018 年同期减少 27.82%；国泰君安（601211.SH）营业收入为 211.54 亿元，比 2018 年同期减少 6.89%；华泰证券（6016880.SH）实现营业收入 177.27 亿元，比 2018 年同期增长 10.05%（见图 16）。在证券公司营业收入 TOP20 中，有一半证券公司的营业收入实现正增长。长江证券（000783.SZ）的营

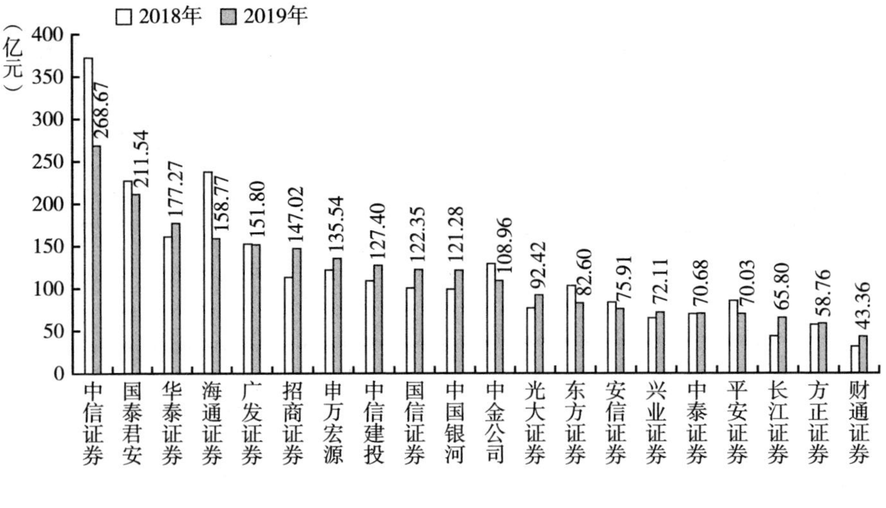

图 16　2019 年证券公司营业收入 TOP20 与 2018 年比较

资料来源：中国证券业协会、山东省亚太资本市场研究院。

业收入在TOP20中处于低位，增幅却高达50.6%；中信证券（6000030.SH）、海通证券（600837.SH）在2019年有较高的营业收入，降幅则分别达27.82%和33.19%。

2019年证券行业实现净利润1137.12亿元，较上年同期增长106.29%。从证券公司集团财务数据口径分析，98家证券公司中有8家公司的净利润为负。从证券公司净利润TOP20来看，中信证券（600030.SH）2019年净利润为122.29亿元，同比增长43.41%，列居首位；海通证券（600837.SH）净利润为95.23亿元，同比增长70.38%，位居第二；华泰证券（601688.SH）净利润为90.02亿元，同比增长89.54%，位列第三（见图17）。2019年净利润TOP20证券公司净利润全部实现正增长，增长幅度最大的三家分别是长江证券（000783.SZ）、兴业证券（601377.SH）和东方证券（600958.SH）。其中，长江证券（000783.SZ）的净利润为16.66亿元，同比增长471.38%；兴业证券（601377.SH）的净利润为17.63亿元，同比增长309.61%；东方证券（600958.SH）的净利润为24.35亿元，同期增长125.50%。

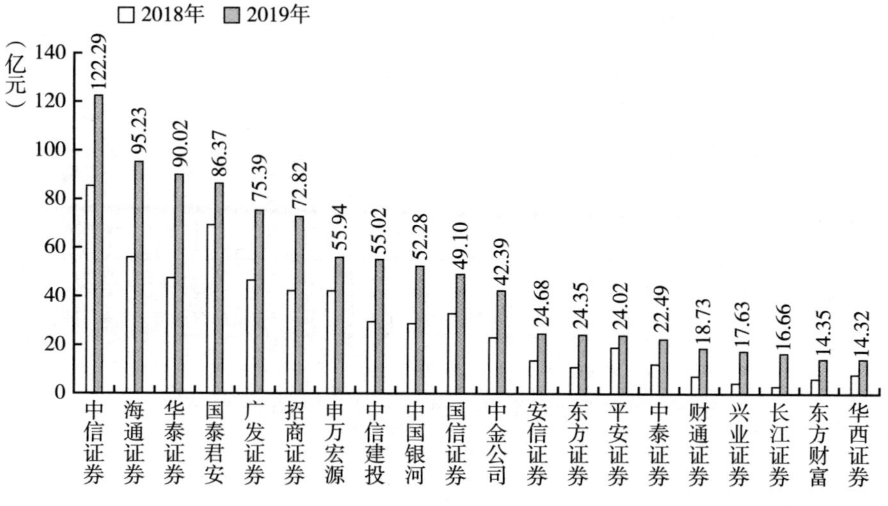

图17　2019年证券公司净利润TOP20与2018年比较

资料来源：中国证券业协会、山东省亚太资本市场研究院。

2. 总资产、净资产和净资本排名

证券公司多渠道的资本补给使证券行业的资本实力持续增强，行业资产规模与杠杆水平逐步提升。2019 年证券公司总资产规模扩张至 7. 18 万亿元，涨幅达 15. 69%。从证券公司总资产排名来看，中信证券（600030. SH）蝉联第一，总资产达 6215. 15 亿元，同比增长 22. 34%；国泰君安（601211. SH）连续两年位居第二，总资产为 4327. 51 亿元，同比增长 29. 22%；华泰证券（601688. SH）总资产快速扩张至 4325. 36 亿元，上升至第三名，涨幅高达 51. 72%；广发证券（000776. SZ）总资产为 3496. 90 亿元，同比增长 10. 61%，下降至第五位（见图 18）。2019 年总资产 TOP20 的证券公司中仅方正证券（601901. SH）一家总资产缩水，其余证券公司总资产均实现扩张，其中华泰证券（601688. SH）、中信建投（601066. SH）总资产扩张速度超过 50%。

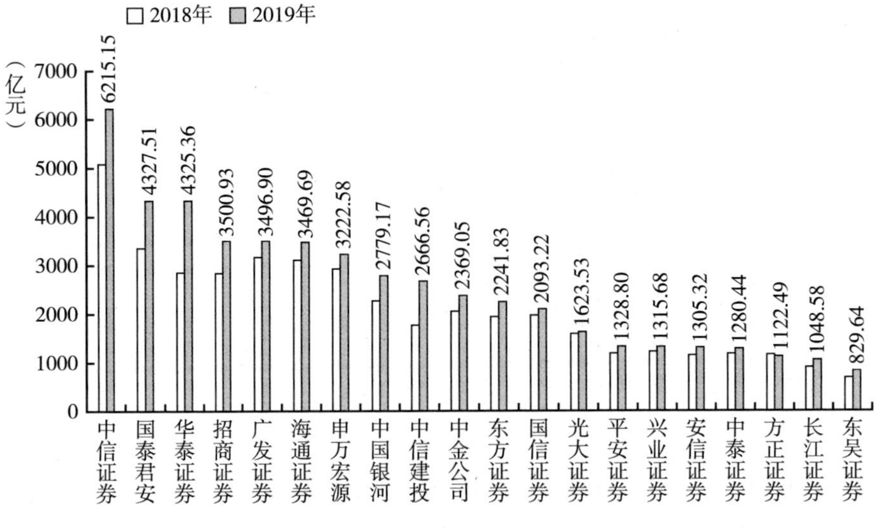

图 18　2019 年证券公司总资产 TOP20 与 2018 年比较

资料来源：中国证券业协会、山东省亚太资本市场研究院。

2019 年证券公司净资产总计为 1. 95 万亿元，比 2018 年同比增长 6. 63%，有 48 家证券公司的净资产超过 100 亿元。其中，中信证券

（600030. SH）、国泰君安（601211. SH）、华泰证券（601688. SH）、海通证券（600837. SH）2018 年与 2019 年的净资产均超过 1000 亿元。从证券公司净资产排名来看，中信证券（600030. SH）蝉联第一，净资产为 1389. 59 亿元，同比增长 6. 48%；国泰君安（601211. SH）继续保持第二名，净资产为 1350. 24 亿元，同比增长 9. 30%；华泰证券净资产为 1169. 20 亿元，位列第三，同比增长 16. 23%；海通证券（600837. SH）位列第四，净资产为 1153. 37 亿元，同比增长 5. 19%（见图 19）。在净资产 TOP20 的证券公司中，除国元证券（000728. SZ）外，其余 19 家证券公司的净资产均实现增长。其中，增速最快的是中信建投（601066. SH），2019 年净资产达到 549. 01 亿元，位居第九，同比增长 19. 21%；中金公司（03908. HK）的净资产为 418. 39 亿元，位居第十三，同比增长 10. 28%。在证券公司净资产 TOP20 中，国元证券（000728. SZ）垫底，不到中信证券（600030. SH）净资产的 1/5。

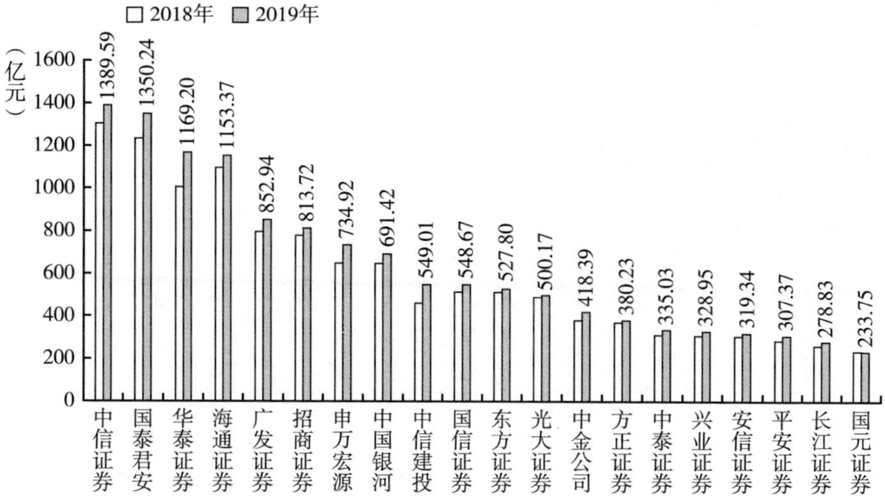

图 19　2019 年证券公司净资产 TOP20 与 2018 年比较

资料来源：中国证券业协会、山东省亚太资本市场研究院。

2019 年证券公司净资本总计为 1.61 万亿元，比 2018 年同期增长 2.35%。从证券公司净资本排名来分析，国泰君安（601211.SH）的净资本为 1019.37 亿元，比 2018 年同期减少 2.12%，蝉联第一；中信证券（600030.SH）的净资本为 1008.04 亿元，比 2018 年增长 3.39%，位列第二；海通证券（600837.SH）的净资本为 824.40 亿元，比 2018 年增长 0.92%，位列第三（见图 20）。中信建投（601066.SH）以 539.56 亿元的净资本排名居中，但净资本的增幅高达 31.50%，成为证券公司净资本 TOP20 中增速最快的证券公司。中泰证券（600918.SH）的净资本为 239.63 亿元，在证券公司净资本 TOP20 中排名靠后，但同比增长 16.92%。在证券公司净资本 TOP20 中，兴业证券的（601377.SH）净资本为 283.37 亿元，比 2018 年同期下降 12.30%。国泰君安（601211.SH）、申万宏源（000166.SH）、招商证券（600999.SH）等的净资本均比 2018 年有不同程度的下降。附表 5 展示了证券公司重要指标排名。

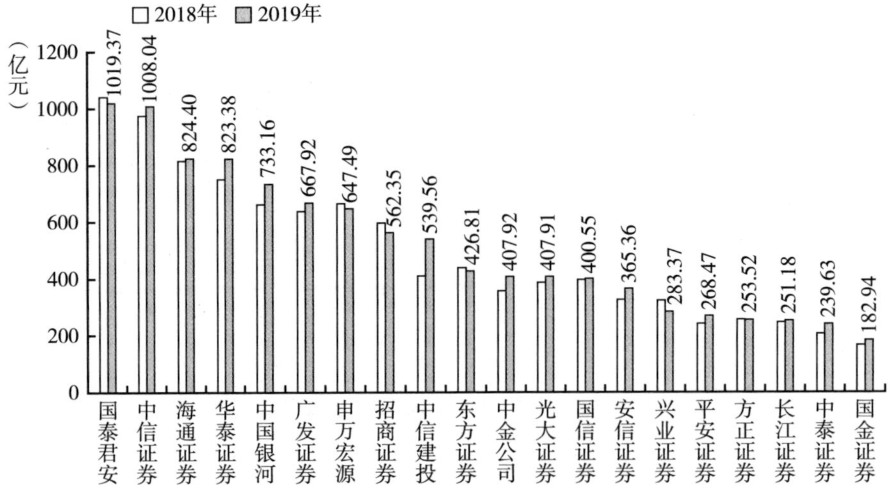

图 20　2019 年证券公司净资本 TOP20 与 2018 年比较

资料来源：中国证券业协会、山东省亚太资本市场研究院。

附表 1　证券公司经纪业务收入统计（2019 年）

证券公司	经纪收入（万元）	排名	营业部数量（家）	排名	部均经纪收入（万元/家）	排名
国泰君安	508824	1	420	2	1211. 49	12
中信证券	494398	2	277	10	1784. 83	6
银河证券	389572	3	493	1	790. 21	26
国信证券	388684	4	164	18	2370. 02	5
广发证券	381664	5	283	9	1348. 64	11
华泰证券	377751	6	241	15	1567. 43	8
招商证券	365538	7	258	12	1416. 81	10
申万宏源	345589	8	311	4	1111. 22	13
海通证券	289572	9	300	6	965. 24	16
中金公司	264811	10	23	83	11513. 52	1
中信建投	261359	11	295	7	885. 96	22
方正证券	244214	12	309	5	790. 34	25
中泰证券	228502	13	284	8	804. 58	24
平安证券	226880	14	44	74	5156. 36	3
安信证券	198354	15	331	3	599. 26	39
光大证券	189925	16	266	11	714. 00	33
长江证券	179699	17	250	13	718. 80	32
东方财富	164249	18	148	19	1109. 79	14
兴业证券	144196	19	136	23	1060. 26	15
东方证券	126468	20	168	16	752. 79	27
国金证券	108127	21	66	52	1638. 29	7
华西证券	97237	22	109	31	892. 08	20
东吴证券	96491	23	134	24	720. 08	31
浙商证券	89911	24	101	35	890. 21	21
东莞证券	81090	25	56	63	1448. 04	9
财通证券	79676	26	120	28	663. 97	34
西部证券	65946	27	107	32	616. 32	38
东兴证券	65437	28	70	50	934. 81	19
东北证券	65313	29	99	37	659. 73	35
恒泰证券	64867	30	144	20	450. 47	57
华安证券	62938	31	133	25	473. 22	55
国元证券	62474	32	140	22	446. 24	59
长城证券	60704	33	112	29	542. 00	46

续表

证券公司	经纪收入（万元）	排名	营业部数量（家）	排名	部均经纪收入（万元/家）	排名
中银证券	56956	34	107	33	532. 30	48
西南证券	55789	35	95	38	587. 25	41
华福证券	55535	36	166	17	334. 55	74
信达证券	55325	37	94	39	588. 56	40
天风证券	54362	38	103	34	527. 79	50
财达证券	53502	39	111	30	482. 00	54
国盛证券	52054	40	242	14	215. 10	85
中原证券	46880	41	88	40	532. 73	47
湘财证券	44866	42	61	58	735. 51	28
财信证券	44496	43	82	44	542. 63	45
国海证券	41461	44	128	26	323. 91	76
华创证券	40819	45	73	48	559. 16	43
南京证券	39034	46	100	36	390. 34	69
东海证券	38055	47	72	49	528. 54	49
民生证券	37195	48	46	70	808. 59	23
国联证券	35965	49	87	41	413. 39	64
华龙证券	35233	50	81	45	434. 98	61
山西证券	34105	51	128	27	266. 45	84
万联证券	33912	52	66	53	513. 82	51
华鑫证券	33666	53	67	51	502. 48	53
太平洋	32979	54	86	42	383. 48	70
渤海证券	32429	55	45	72	720. 64	30
瑞银证券	29069	56	4	90	7267. 25	2
新时代	28503	57	64	56	445. 36	60
第一创业	28382	58	44	75	645. 05	36
华林证券	25633	59	143	21	179. 25	90
国都证券	25180	60	56	64	449. 64	58
中航证券	23893	61	81	46	294. 98	81
江海证券	22843	62	57	61	400. 75	66
华融证券	22430	63	65	55	345. 08	73
宏信证券	21429	64	47	69	455. 94	56
粤开证券	18986	65	62	57	306. 23	79
开源证券	17114	66	48	67	356. 54	71

续表

证券公司	经纪收入（万元）	排名	营业部数量（家）	排名	部均经纪收入（万元/家）	排名
红塔证券	17000	67	57	62	298.25	80
华宝证券	16792	68	23	84	730.09	29
世纪证券	16509	69	38	78	434.45	62
大同证券	16351	70	40	76	408.78	65
中山证券	15489	71	84	43	184.39	88
英大证券	15314	72	30	81	510.47	52
首创证券	15181	73	53	65	286.43	82
大通证券	14837	74	48	68	309.10	78
金元证券	14481	75	53	66	273.23	83
中天证券	13280	76	66	54	201.21	86
北京高华	11648	77	3	92	3882.67	4
爱建证券	11273	78	36	80	313.14	77
银泰证券	10976	79	60	59	182.93	89
国融证券	9681	80	76	47	127.38	92
川财证券	9608	81	10	87	960.80	17
德邦证券	9410	82	27	82	348.52	72
万和证券	8771	83	46	71	190.67	87
中邮证券	7614	84	19	86	400.74	67
长城国瑞	7541	85	23	85	327.87	75
联储证券	7135	86	60	60	118.92	93
五矿证券	6356	87	38	79	167.26	91
国开证券	5439	88	10	88	543.90	44
华金证券	4397	89	45	73	97.71	94
九州证券	3711	90	6	89	618.50	37
网信证券	3173	91	40	77	79.33	95
申港证券	1709	92	4	91	427.25	63
汇丰前海	959	93	1	93	959.00	18
华菁证券	568	94	1	94	568.00	42
东亚前海	391	95	1	95	391.00	68

注：方正瑞银证券营业部（1家）归入方正证券；东亚前海证券未设立营业部，表中按照1家计算。

资料来源：中国证券业协会、证券公司年报、山东省亚太资本市场研究院。

附表 2　证券公司融资融券利息收入统计（2019 年）

证券公司	利息收入（万元）	排名	营业部家数量（家）	排名	部均利息收入（万元/家）	排名
中信证券	432697	1	277	10	1562.08	5
国泰君安	408298	2	420	2	972.14	10
华泰证券	395312	3	241	15	1640.30	3
银河证券	352821	4	493	1	715.66	16
申万宏源	350441	5	311	4	1126.82	8
广发证券	337303	6	283	9	1191.88	7
招商证券	325679	7	258	12	1262.32	6
海通证券	267132	8	300	6	890.44	13
国信证券	262466	9	164	18	1600.40	4
中信建投	190684	10	295	7	646.39	19
光大证券	186145	11	266	11	699.79	17
安信证券	182990	12	331	3	552.84	28
中泰证券	149977	13	284	8	528.09	30
中金公司	137430	14	23	82	5975.22	1
方正证券	137400	15	309	5	444.66	41
长江证券	131705	16	250	13	526.82	32
平安证券	125439	17	44	74	2850.89	2
兴业证券	106574	18	136	23	783.63	14
国元证券	77689	19	140	22	554.92	27
东方财富	77337	20	148	19	522.55	33
东方证券	77095	21	168	16	458.90	40
东兴证券	73613	22	70	50	1051.61	9
长城证券	68052	23	112	29	607.61	24
东吴证券	67687	24	134	24	505.13	35
华西证券	67035	25	109	31	615.00	23
西南证券	65823	26	95	38	692.87	18
东北证券	62280	27	99	37	629.09	22
华福证券	58199	28	166	17	350.60	51
财通证券	57924	29	120	28	482.70	38
浙商证券	57042	30	101	35	564.77	26
中银证券	54320	31	107	32	507.66	34
国金证券	51391	32	66	54	778.65	15
东莞证券	50262	33	56	64	897.54	12

续表

证券公司	利息收入（万元）	排名	营业部家数量（家）	排名	部均利息收入（万元/家）	排名
信达证券	45872	34	94	39	488.00	37
华安证券	40023	35	133	25	300.92	55
湘财证券	39333	36	61	58	644.80	20
国海证券	36774	37	128	27	287.30	59
中原证券	36648	38	88	40	416.45	43
山西证券	35594	39	128	26	278.08	61
南京证券	33410	40	100	36	334.10	53
财信证券	33163	41	82	44	404.43	44
西部证券	32963	42	107	33	308.07	54
江海证券	31123	43	57	61	546.02	29
恒泰证券	30597	44	144	20	212.48	71
天风证券	30420	45	103	34	295.34	57
民生证券	29622	46	46	71	643.96	21
财达证券	28186	47	111	30	253.93	62
东海证券	26454	48	72	49	367.42	47
国都证券	26202	49	56	63	467.89	39
国联证券	25851	50	87	41	297.14	56
新时代	25303	51	64	56	395.36	45
万联证券	24085	52	66	53	364.92	49
华鑫证券	23768	53	67	51	354.75	50
第一创业	23212	54	44	75	527.55	31
国盛证券	22281	55	242	14	92.07	88
渤海证券	22209	56	45	73	493.53	36
中航证券	20108	57	81	45	248.25	64
首创证券	18572	58	53	65	350.42	52
华融证券	18507	59	65	55	284.72	60
华创证券	18252	60	73	48	250.03	63
华龙证券	18229	61	81	46	225.05	68
太平洋	18013	62	86	42	209.45	72

续表

证券公司	利息收入（万元）	排名	营业部家数量（家）	排名	部均利息收入（万元/家）	排名
中山证券	15347	63	84	43	182.70	77
粤开证券	14202	64	62	57	229.06	67
五矿证券	13957	65	38	77	367.29	48
华林证券	13456	66	143	21	94.10	87
英大证券	13059	67	30	80	435.30	42
大通证券	11746	68	48	68	244.71	65
中天证券	11698	69	66	52	177.24	80
金元证券	11296	70	53	66	213.13	70
联储证券	11272	71	60	60	187.87	75
德邦证券	10521	72	27	81	389.67	46
银泰证券	10150	73	60	59	169.17	81
世纪证券	9124	74	38	78	240.11	66
宏信证券	9077	75	47	69	193.13	74
开源证券	8663	76	48	67	180.48	78
华金证券	8070	77	45	72	179.33	79
大同证券	8021	78	40	76	200.53	73
国融证券	7291	79	76	47	95.93	86
红塔证券	7220	80	57	62	126.67	84
爱建证券	6065	81	36	79	168.47	82
国开证券	5757	82	10	86	575.70	25
九州证券	5693	83	6	88	948.83	11
中邮证券	5535	84	19	85	291.32	58
华宝证券	5012	85	23	84	217.91	69
万和证券	4811	86	46	70	104.59	85
长城国瑞	4267	87	23	83	185.52	76
川财证券	1496	88	10	87	149.60	83
瑞银证券	55	89	4	89	13.75	89

资料来源：中国证券业协会、证券公司年报、山东省亚太资本市场研究。

附表 3　证券公司 IPO 业务排名（2019 年）

单位：亿元，家

证券公司	承销金额	排名	承销家数	排名	承销收入	排名
中金公司	601.45	1	18	3	12.78	2
中信证券	453.07	2	28	1	14.32	1
中信建投	175.72	3	22	2	8.70	3
招商证券	141.95	4	12	6	6.93	4
广发证券	89.59	5	16	4	6.75	5
国信证券	84.08	6	13	5	6.19	6
国泰君安	74.57	7	10	7	4.56	7
长江证券	73.86	8	8	9	4.29	9
东兴证券	67.43	9	9	8	4.41	8
华泰联合	67.19	10	6	11	4.07	10
民生证券	46.25	11	7	10	3.23	11
中泰证券	44.34	12	7	10	2.54	13
安信证券	42.72	13	6	11	3.13	12
瑞银证券	39.21	14	3	13	1.03	24
海通证券	34.77	15	5	12	2.43	14
中邮证券	32.70	16	1	15	0.46	36
申万宏源	31.33	17	3	13	1.35	20
华西证券	31.26	18	3	13	2.35	15
中银证券	30.71	19	3	13	0.46	36
国金证券	28.75	20	5	12	2.29	16
天风证券	24.71	21	2	14	0.55	33
光大证券	21.57	22	5	12	1.67	18
东莞证券	20.55	23	3	13	1.85	17
东吴证券	20.30	24	3	13	0.90	27
国开证券	18.85	25	1	15	0.23	44
英大证券	18.69	26	2	14	1.10	22
高盛高华	17.55	27	1	15	0.26	42
摩根士丹利华鑫证券	17.53	28	1	15	0.06	48
中德证券	17.48	29	3	13	1.66	19
兴业证券	15.29	30	2	14	0.89	28
西部证券	15.04	31	2	14	0.97	25
第一创业	13.90	32	2	14	1.05	23
东方投行	13.38	33	3	13	1.14	21

续表

证券公司	承销金额	排名	承销家数	排名	承销收入	排名
东北证券	10.47	34	2	14	0.78	29
国海证券	10.33	35	2	14	0.62	32
华安证券	9.60	36	1	15	0.92	26
国元证券	9.06	37	2	14	0.72	30
南京证券	8.71	38	1	15	0.70	31
长城证券	7.78	39	2	14	0.52	34
财通证券	6.56	40	2	14	0.21	45
中国银河	5.48	41	1	15	0.49	35
华龙证券	5.22	42	1	15	0.35	40
红塔证券	5.05	43	1	15	0.43	39
华菁证券	4.15	44	1	15	0.44	38
方正证券	3.77	45	1	15	0.45	37
华福证券	3.44	46	1	15	0.26	42
平安证券	3.25	47	1	15	0.30	41
中天国富	3.12	48	1	15	0.23	44
中原证券	3.11	49	1	15	0.23	44
华金证券	3.11	50	1	15	0.25	43
中航证券	2.64	51	1	15	0.20	46
太平洋	1.84	52	1	15	0.13	47

资料来源：Wind、山东省亚太资本市场研究院。

附表 4　证券公司债券承销业务排名（2019 年）

单位：亿元，只

证券公司	承销金额	排名	承销数量	排名
中信证券	8801.04	1	1666	2
中信建投	7981.39	2	1847	1
国泰君安	4983.21	3	1342	3
中金公司	4584.06	4	866	9
海通证券	3920.01	5	1322	4
招商证券	3884.63	6	872	8
光大证券	3256.98	7	1099	5
中银证券	2421.69	8	652	14
华泰证券	2079.35	9	930	6
平安证券	1967.18	10	757	10

续表

证券公司	承销金额	排名	承销数量	排名
广发证券	1955. 75	11	640	15
中泰证券	1542. 62	12	909	7
华泰联合	1281. 27	13	157	41
国开证券	1149. 84	14	452	19
国信证券	1004. 55	15	685	13
兴业证券	909. 55	16	715	12
开源证券	816. 21	17	215	32
申万宏源	792. 28	18	585	16
中山证券	778. 44	19	550	18
天风证券	736. 67	20	238	30
申万宏源	677. 88	21	71	57
中国银河	654. 12	22	571	17
东吴证券	618. 34	23	279	26
东方投行	593. 05	24	91	53
国金证券	567. 03	25	103	51
东方证券	545. 54	26	729	11
长江证券	511. 53	27	447	20
浙商证券	469. 68	28	93	52
财通证券	464. 08	29	86	55
方正证券	443. 09	30	284	25
东兴证券	438. 44	31	163	40
长城证券	433. 03	32	412	22
华西证券	370. 85	33	207	34
中德证券	345. 13	34	301	24
华融证券	314. 52	35	241	29
财信证券	312. 68	36	93	52
九州证券	280. 47	37	416	21
民生证券	278. 74	38	264	27
首创证券	275. 00	39	143	43
德邦证券	273. 52	40	86	55
国融证券	266. 76	41	112	50
五矿证券	248. 52	42	213	33
华福证券	247. 31	43	218	31
信达证券	235. 13	44	141	44

续表

证券公司	承销金额	排名	承销数量	排名
江海证券	196.98	45	113	49
财达证券	195.25	46	345	23
恒泰长财	193.54	47	30	70
渤海证券	175.08	48	115	48
西南证券	172.50	49	146	42
中信证券(华南)	170.99	50	57	61
西部证券	170.60	51	60	60
申港证券	167.61	52	51	62
华英证券	165.80	53	40	65
国海证券	164.18	54	203	35
安信证券	161.42	55	32	68
华创证券	158.91	56	188	37
国都证券	158.90	57	26	73
东北证券	151.44	58	196	36
中航证券	147.16	59	29	71
中天国富	143.44	60	76	56
华金证券	142.17	61	76	56
湘财证券	133.72	62	31	69
国盛证券	131.61	63	65	59
瑞银证券	130.13	64	28	72
长城国瑞	128.97	65	60	60
东海证券	122.42	66	26	73
长江证券	122.23	67	15	79
华龙证券	117.10	68	167	39
中原证券	110.74	69	117	47
南京证券	96.67	70	171	38
华安证券	95.50	71	44	64
第一创业	94.95	72	18	76
摩根士丹利华鑫证券	92.91	73	21	75
万联证券	92.20	74	137	45
联储证券	90.60	75	250	28
宏信证券	86.08	76	69	58
东方财富	81.20	77	10	81
高盛高华	79.28	78	8	83

续表

证券公司	承销金额	排名	承销数量	排名
瑞信方正	77.87	79	16	78
国元证券	77.42	80	17	77
东莞证券	77.30	81	123	46
太平洋	63.14	82	15	79
东亚前海	61.42	83	50	63
上海证券	56.30	84	6	84
中邮证券	56.13	85	37	66
粤开证券	50.00	86	5	85
爱建证券	40.02	87	10	81
第一创业	37.02	88	71	57
红塔证券	30.70	89	12	80
川财证券	28.90	90	90	54
新时代	19.92	91	32	68
中金财富	17.38	92	24	74
英大证券	15.28	93	9	82
万和证券	10.30	94	34	67
银泰证券	10.00	95	1	86

注：债券品种主要是指可转债、可交换债、地方政府债、金融债、企业债、公司债、短期融资债、中期票据、定向工具、国际机构债、政府支持机构债和ABS等多种融资工具。承销金额小于10亿元的证券公司未统计在内。

资料来源：Wind、山东省亚太资本市场研究院。

附表5　证券公司重要指标汇总（2019年）

单位：亿元

证券公司	总资产	排名	净资产	排名	营业收入	排名	净利润	排名	净资本	排名	核心净资本	排名
中信证券	6215.15	1	1389.59	1	268.67	1	122.29	1	1008.04	2	874.26	2
国泰君安	4327.51	2	1350.24	2	211.54	2	86.37	4	1019.37	1	929.37	1
华泰证券	4325.36	3	1169.20	3	177.27	3	90.02	3	823.38	4	809.38	3
招商证券	3500.93	4	813.72	6	147.02	6	72.82	6	562.35	8	457.35	8
广发证券	3496.90	5	852.94	5	151.80	5	75.39	5	667.92	6	616.92	6
海通证券	3469.69	6	1153.37	4	158.77	4	95.23	2	824.40	3	781.30	4
申万宏源	3222.58	7	734.92	7	135.54	7	55.94	7	647.49	7	624.49	5
中国银河	2779.17	8	691.42	8	121.28	10	52.28	9	733.16	5	593.06	7

续表

证券公司	总资产	排名	净资产	排名	营业收入	排名	净利润	排名	净资本	排名	核心净资本	排名
中信建投	2666. 56	9	549. 01	9	127. 40	8	55. 02	8	539. 56	9	363. 60	10
中金公司	2369. 05	10	418. 39	13	108. 96	11	42. 39	11	407. 92	11	271. 95	13
东方证券	2241. 83	11	527. 80	11	82. 60	13	24. 35	13	426. 81	10	315. 81	12
国信证券	2093. 22	12	548. 67	10	122. 35	9	49. 10	10	400. 55	13	350. 55	11
光大证券	1623. 53	13	500. 17	12	92. 42	12	5. 68	39	407. 91	12	392. 91	9
平安证券	1328. 80	14	307. 37	18	70. 03	17	24. 02	14	268. 47	16	268. 47	14
兴业证券	1315. 68	15	328. 95	16	72. 11	15	17. 63	17	283. 37	15	243. 37	17
安信证券	1305. 32	16	319. 34	17	75. 91	14	24. 68	12	365. 36	14	243. 57	16
中泰证券	1280. 44	17	335. 03	15	70. 68	16	22. 49	15	239. 63	19	183. 63	19
方正证券	1122. 49	18	380. 23	14	58. 76	19	10. 08	26	253. 52	17	245. 72	15
长江证券	1048. 58	19	278. 83	19	65. 80	18	16. 66	18	251. 18	18	230. 18	18
东吴证券	829. 64	20	205. 26	22	32. 68	24	10. 37	25	147. 82	29	113. 66	31
国元证券	665. 50	21	233. 75	20	24. 78	35	9. 14	31	159. 33	26	144. 63	26
东兴证券	660. 48	22	200. 06	25	34. 11	23	12. 21	22	166. 20	24	152. 20	24
华西证券	655. 86	23	193. 69	26	37. 09	22	14. 32	20	165. 68	25	160. 18	22
东北证券	652. 47	24	149. 13	31	30. 99	26	10. 07	27	144. 11	31	101. 11	38
财通证券	634. 27	25	206. 33	21	43. 36	20	18. 73	16	171. 77	23	121. 77	29
西南证券	621. 36	26	193. 24	27	31. 20	25	10. 42	24	145. 66	30	117. 68	30
国海证券	615. 03	27	134. 72	35	23. 29	37	4. 88	46	120. 36	36	111. 62	32
浙商证券	581. 10	28	134. 79	34	28. 32	29	9. 68	29	140. 02	33	110. 02	33
长城证券	553. 49	29	167. 56	29	30. 63	27	9. 92	28	127. 78	35	127. 78	27
渤海证券	512. 83	30	201. 65	24	26. 17	32	9. 40	30	178. 63	21	178. 63	20
山西证券	506. 63	31	130. 50	37	20. 65	40	5. 10	45	101. 36	40	84. 36	44
天风证券	490. 44	32	113. 50	41	28. 08	30	3. 08	60	87. 52	48	70. 77	51
国金证券	469. 18	33	204. 06	23	39. 88	21	12. 99	21	182. 94	20	175. 94	21
西部证券	446. 92	34	178. 22	28	29. 31	28	7. 16	35	151. 96	27	151. 96	25
红塔证券	438. 25	35	132. 06	36	16. 89	48	8. 38	32	150. 24	28	104. 24	36
民生证券	432. 68	36	111. 56	42	20. 09	41	5. 32	42	72. 26	54	57. 96	60
华福证券	431. 96	37	95. 87	50	21. 16	39	4. 38	49	81. 69	50	54. 99	64
东方财富	427. 52	38	138. 09	33	25. 94	33	14. 35	19	132. 23	34	123. 83	28
华融证券	422. 49	39	119. 64	40	12. 97	63	0. 47	84	144. 01	32	105. 39	35
华安证券	420. 10	40	127. 94	38	25. 84	34	11. 08	23	106. 78	38	89. 78	40
信达证券	403. 63	41	89. 83	54	16. 32	50	2. 10	62	80. 81	51	62. 61	54
中原证券	398. 18	42	99. 32	47	16. 86	49	0. 58	81	63. 17	61	48. 67	68

续表

证券公司	总资产	排名	净资产	排名	营业收入	排名	净利润	排名	净资本	排名	核心净资本	排名
中银证券	398.04	43	122.30	39	27.26	31	7.98	33	118.59	37	106.09	34
华创证券	377.43	44	108.84	45	21.29	38	5.41	40	99.39	41	86.34	42
国开证券	374.86	45	160.09	30	15.91	53	-4.61	97	178.07	22	153.07	23
东莞证券	358.32	46	63.92	66	19.71	43	6.24	37	67.32	56	53.32	65
南京证券	350.75	47	109.27	44	18.22	46	7.10	36	96.67	42	84.77	43
万联证券	349.77	48	109.44	43	13.08	61	4.11	52	95.66	43	95.66	39
江海证券	345.44	49	98.37	48	15.02	54	1.86	67	94.30	44	81.21	46
第一创业	331.23	50	88.67	55	19.48	44	5.13	44	66.29	58	50.59	66
财达证券	327.99	51	86.58	56	16.08	52	6.09	38	90.93	45	75.33	47
太平洋	306.24	52	103.48	46	17.02	47	4.63	47	90.09	46	82.59	45
国盛证券	289.77	53	97.53	49	18.40	45	3.09	59	89.24	47	89.24	41
国都证券	283.75	54	90.45	53	13.49	60	5.33	41	77.03	52	64.99	53
国联证券	272.59	55	80.24	59	16.32	51	5.21	43	84.00	49	70.90	50
华龙证券	269.45	56	144.11	32	14.31	56	3.56	56	103.46	39	103.46	37
东海证券	263.32	57	84.39	57	14.14	57	0.49	83	66.64	57	59.14	58
湘财证券	261.18	58	73.16	63	13.89	58	3.89	55	65.70	59	60.70	56
恒泰证券	258.55	59	94.29	52	23.77	36	7.41	34	55.06	67	55.06	63
财信证券	243.93	60	74.71	61	14.37	55	4.07	53	65.67	60	65.67	52
中航证券	221.00	61	70.27	64	12.51	64	4.30	50	62.10	63	62.10	55
新时代	218.32	62	95.65	51	10.58	68	3.48	57	72.23	55	72.23	49
五矿证券	217.96	63	80.61	58	13.76	59	3.21	58	74.02	53	74.02	48
首创证券	199.25	64	44.33	78	12.97	62	4.24	51	39.55	78	26.37	86
华鑫证券	198.58	65	57.53	68	9.01	72	0.55	82	46.24	71	44.24	72
华林证券	180.83	66	52.71	71	9.89	70	4.42	48	27.85	86	27.85	85
开源证券	178.28	67	73.96	62	19.90	42	4.03	54	60.18	64	60.18	57
金元证券	173.65	68	64.83	65	7.52	80	2.03	64	58.71	65	58.71	59
联储证券	172.26	69	56.87	69	8.73	73	1.04	77	37.27	80	37.27	76
中山证券	156.95	70	52.01	72	12.36	65	2.32	61	38.72	79	37.22	77
万和证券	151.19	71	53.07	70	5.60	84	1.26	73	52.32	69	49.82	67
粤开证券	150.66	72	48.60	75	8.26	74	1.14	76	52.84	68	44.44	71
华宝证券	148.12	73	45.93	77	7.10	81	1.19	74	42.07	75	42.07	74
德邦证券	134.00	74	77.89	60	12.24	66	0.64	79	63.05	62	56.80	62
英大证券	123.31	75	37.09	85	7.97	77	1.51	72	31.08	83	28.58	84
华金证券	115.61	76	41.06	79	9.56	71	2.02	65	40.89	76	33.89	78

续表

证券公司	总资产	排名	净资产	排名	营业收入	排名	净利润	排名	净资本	排名	核心净资本	排名
中邮证券	108.68	77	58.70	67	6.32	82	1.94	66	57.09	66	57.09	61
国融证券	108.45	78	37.68	83	10.68	67	0.30	85	36.04	81	32.54	79
长城国瑞	105.61	79	40.02	81	5.84	83	-3.10	96	42.56	73	32.06	80
世纪证券	104.92	80	50.01	74	3.20	90	-0.64	92	42.20	74	42.20	73
宏信证券	103.96	81	22.57	89	8.04	76	1.86	68	18.69	89	18.69	89
申港证券	94.75	82	40.76	80	7.85	78	0.75	78	40.20	77	40.20	75
中天证券	90.63	83	38.28	82	5.50	85	1.56	70	30.81	84	30.81	82
大通证券	86.38	84	50.29	73	4.55	86	1.55	71	48.16	70	48.16	69
九州证券	83.66	85	37.23	84	4.34	87	0.25	87	30.28	85	30.28	83
大同证券	71.43	86	14.69	92	3.18	92	0.29	86	13.82	93	12.62	93
银泰证券	57.39	87	28.65	87	4.15	88	1.15	75	25.94	87	25.94	87
中天国富	51.11	88	48.15	76	7.70	79	1.57	69	44.73	72	44.73	70
爱建证券	47.39	89	13.23	95	3.19	91	0.11	88	13.83	92	10.83	96
北京高华	43.28	90	35.71	86	10.37	69	2.08	63	31.13	82	31.13	81
川财证券	37.59	91	13.81	94	3.48	89	-1.00	94	12.32	95	12.32	94
瑞银证券	35.92	92	19.40	91	8.13	75	0.11	89	16.03	91	16.03	91
东亚前海	32.14	93	14.05	93	2.53	93	0.02	90	13.48	94	13.48	92
华菁证券	27.89	94	27.65	88	2.08	94	0.61	80	25.89	88	25.89	88
网信证券	26.11	95	—	—	1.55	96	-12.92	98	—	—	—	—
野村东方	20.52	96	19.46	90	0.57	97	-0.54	91	18.00	90	18.00	90
汇丰前海	15.30	97	13.22	96	1.94	95	-1.79	95	12.31	96	12.31	95
摩根大通	7.93	98	7.14	97	0.02	98	-0.86	93	5.93	97	5.93	97

资料来源：中国证券业协会、山东省亚太资本市场研究院。

B.4

证券公司竞争力评价（2020）

李 猛 孙同岩*

摘 要： 党中央在新形势下对资本市场做出高起点、高标准的定位，为证券行业发展带来了更为广阔的空间。2019 年是我国资本市场供给侧改革的元年，在这一年里随着科创板开市、注册制改革、并购重组新规等一系列政策落地，资本市场对实体经济的融资服务范围扩大、重要性提升，直接融资及证券公司的重要性也被提升到前所未有的高度。资本市场的基础制度不断完善，对证券公司的研究定价能力、价值发现能力、销售能力、风险控制能力等提出了更高要求。本报告对 2019 年证券公司竞争力进行了排名，并对证券公司的经营能力、风险控制能力、创新能力等核心竞争力及综合竞争力做出评价。计算结果表明，证券公司的经营能力不断提高，风险控制能力要求进一步提高，创新能力更加受到重视。总体来看，证券行业呈现强者恒强格局，马太效应更加明显；中小型证券公司的竞争更加激烈，部分中小型证券公司采取差异化竞争策略以寻求突围；证券行业市场化并购提速，并购整合成为提高综合竞争力的有效方式。

关键词： 证券公司竞争力 差异化竞争 市场化并购

---

* 李猛，济南大学应用经济学硕士，中国社会科学院工业经济研究所博士研究生，研究领域为产业经济；孙同岩，济南大学应用经济学硕士，山东省亚太资本市场研究院高级研究员，研究领域为资本市场、公司金融。

当前，我国资本市场改革和证券行业发展处于重要战略机遇期，国家产业政策和重要会议的规划与导向，是证券行业健康发展的重要保障。2019年国务院《政府工作报告》提出，要改革完善资本市场基础制度，促进多层次资本市场健康稳定发展，提高直接融资尤其是股权融资比重。2019年9月，中国证监会召开全面深化资本市场改革工作座谈会，提出“深化资本市场改革十二条”政策，旨在建立一个高质量与高效率的市场体系。资本市场发展需要具有风险定价能力的专业机构、丰富的金融产品、良好的市场流动性和多样化的融资方式，也需要证券公司发挥“融资安排者”、“财富管理者”、“交易服务和流动性提供者”、“市场重要投资者”和“风险管理者”的职能，这是证券行业全面发展的历史性机遇。2019年12月，中央经济工作会议提出要加快金融体制改革，完善资本市场基础制度，提高上市公司质量，健全退出机制，稳步推进创业板和新三板改革。国家产业政策的大力支持与积极引导为证券行业的发展提供了良好的政策环境。

2019年，中国资本市场进一步深化改革，新一轮的深化改革成为资本市场发展的最大推动力。2019年，围绕提高资本市场直接融资比重和完善资本市场基础制度两个主要方面，资本市场新政不断推出：年初科创板注册制推出，其后并购重组制度改革、分拆上市制度改革、再融资制度改革、新三板制度改革、H股全流通改革、股票期权与沪深300期权改革等不断推进，沪伦通落地以及外资金融机构持股比例放开至100%等，重大改革事项几乎贯穿全年。2019年1月30日，中国证监会发布《关于在上海证券交易所设立科创板并试点注册制的实施意见》，旨在从设立上交所科创板入手，稳步试点注册制，建立以上市规则为中心的持续监督规则体系，发挥资本市场对提升科技创新能力和实体经济竞争力的支持功能，更好地服务高质量发展。科创板的设立进一步推动了资本市场对实体经济尤其是创新型经济发展的支持，是支持上海国际金融中心和科技创新中心建设的重大改革举措。2019年6月13日，上海证券交易所科创板正式开板，华兴源创（688001. SH）等首批25家公司于7月22日上市。截至2019年底，已有70家公司在科创板上市，总市值达到8637. 64亿元。

在国内资本市场深化改革带动股票市场行情回暖的背景下，证券行业经营业绩明显改善。根据Wind数据库的统计，截至2019年末，我国证券业的总资产为9.28万亿元，同比增长14.99%；净资产为2.28万亿元，同比增长7.04%；净资本为1.62万亿元，同比增长3.18%。证券行业的资产规模继续保持稳定增长。2019年，我国证券业实现营业收入5488.70亿元，同比增长40.03%；净利润1423.80亿元，同比增长98.46%①。资本市场的深化改革给证券公司带来发展机遇，盈利能力和抗风险能力都有所提高。

在国家深化金融供给侧改革的背景下，资本市场也在加快推进供给侧改革，证券公司作为连接资本市场和实体经济的桥梁，重要性日益凸显，所面临的要求也日益提高。目前，我国证券行业的收入和利润高度依赖于证券市场的行情，归根到底还是因为证券公司仍然通过经纪业务、自营业务、承销保荐业务和资产管理业务等传统业务来盈利，依靠牌照获取红利的商业模式已进入瓶颈期。与此同时，随着资本市场的双向开放，我国证券公司将直面外资机构的竞争，在产品和服务方面更具优势的外资机构必然对本土机构形成业务挤压，这势必加剧行业竞争。这就要求国内证券公司摒弃通道盈利模式，努力提高自身资本实力、风险定价能力、业务协同能力和创新能力等实力，建立专业能力的壁垒。在金融供给侧改革的背景下，证券公司将加快资产管理去通道和财富管理转型，通过优胜劣汰，行业集中度将不断提升。下面我们将对128家证券公司②竞争力进行分项评价和综合评价，以展现各家证券公司的经营能力、风险控制能力和创新能力，并计算得到各证券公司的综合竞争力情况③，以进一步分析。

① 由于中国证券业协会公布指标有限，本报告引用Wind数据。鉴于中国证券业协会和Wind的统计口径存在差异，因此数据存在差异。

② 2019年11月，中国证监会发布通告称，依法对上海华信证券有限责任公司实施风险处置，做出撤销华信证券全部业务许可的行政处罚并实施相应监管措施，我们对其剔除评价，所以2019年参与排名的证券公司总数比2018年减少1家。

③ 如无特殊说明，本报告数据来自Wind数据库（合并报表统计口径）。

一　核心竞争力评价

（一）经营能力

经营能力是证券公司综合竞争力的重要组成部分，经营能力的强弱在较大程度上体现了证券公司的竞争地位。经营能力指标包含营业收入、资产规模和净资产，从证券公司的历年变化来看，资产规模和净资产变动较小甚至不会变化，而营业收入则会受到经济形势、市场状况和政策等多重因素影响，大型证券公司具有较强的防御能力，中小型证券公司的营业收入波动比较大。

得益于2019年证券市场回暖，证券公司的经营能力有较大提高。在参与排名的128家证券公司中，有105家营业收入同比增加，占比为82.03%。经营能力TOP20证券公司营业收入合计为3467.50亿元，同比增长38.63%，占全行业营业收入的63.18%，与2018年占比基本持平。TOP20证券公司资产规模合计为64436.48亿元，同比增长22.31%，占全行业资产规模的69.44%，同比提高了0.91个百分点。TOP20证券公司净资产合计为14297.52亿元，同比增加24.99%，占行业净资产的62.71%，同比减少1.47个百分点。

近三年经营能力TOP20的证券公司比较稳定，综合类证券公司的经营能力较强。在表1的2017～2019年经营能力排名中，经营能力TOP8的证券公司排名无变化，体现出综合类大型证券公司的地位十分稳固。中信证券（600030.SH）因规模优势，经营能力长期排在第一位。2019年，中信证券（600030.SH）营业收入为431.40亿元，同比增长15.90%；资产总额为7917.22亿元，同比增加1385.89亿元，增长21.22%；净资产为1654.50亿元，同比增加86.19亿元，增长5.50%。由此可见，中信证券（600030.SH）的经营能力实现稳定提升。在经营能力TOP20中，与2018年排名相比，排名变化较大的是兴业证券（601377.SH），提高了5个名次，排第13名，而安信证券降低了3个名次，排第17名。兴业证券（601377. SH）的前身是兴业银行证券营业部，后改制正式与兴业银行脱钩，成为独立的证券公司，其第一大股东和实际控制人为福建省财政厅，区域优势明显。2019年，兴业证券（601377. SH）的经营能力有较大提升，主要是因为营业收入实现142. 50亿元，同比增长119. 24%，其中机构服务业务实现营业收入58. 93亿元，同比增长233. 86%，自营投资业务实现营业收入39. 07亿元，同比增长540. 50%，公司自营投资取得良好的投资收益。2019年，安信证券经营能力排名有所下降，主要是因为安信证券的营业收入为91. 87亿元，同比仅增长9. 92%，远低于行业平均增长率，在128家证券公司中排第98名。

表1　证券公司经营能力排名TOP20（2017～2019年）

公司简称	2019年	2018年	2017年
中信证券	1	1	1
海通证券	2	2	2
国泰君安	3	3	3
华泰证券	4	4	4
广发证券	5	5	5
招商证券	6	6	6
申万宏源	7	7	7
中国银河	8	8	8
东方证券	9	10	9
中金公司	10	9	12
中信建投	11	12	11
国信证券	12	11	10
兴业证券	13	18	14
光大证券	14	13	13
平安证券	15	15	18
中泰证券	16	16	15
安信证券	17	14	17
方正证券	18	17	16
长江证券	19	19	19
东北证券	20	20	24

资料来源：Wind、山东省亚太资本市场研究院。

在参与排名的127家[①]证券公司中，共有45家证券公司的经营能力排名较2018年有所上升，有66家排名下降，有16家公司排名无变化。其中上升幅度最大的是中天国富证券，由第124名提高到第96名，上升了28名，主要原因是2019年主营业务收入为7.7亿元，同比大幅增长369.48%，排在行业第95名，比2018年提高了33名。上升幅度排名第二的是世纪证券，由第114名提高到第100名，上升了14名，主要原因是主营业务收入同比大幅增长150.43%。排名上升10个名次以上的还有东方财富证券、恒泰证券、中航证券均上升13名，国都证券上升12名，红塔证券(601236.SH)、财信证券均上升11名，上海海通证券资产管理上升10名。

在66家经营能力排名下降的证券公司中，方正证券承销保荐由71名下降到104名，下降了33名，主要是因为公司在2019年初与母公司方正证券进行了业务整合，与经纪业务有关的资产划转到了母公司，致使营业收入大幅下滑。另外，全行业证券公司经营能力排名下降10名以上的分别是新时代证券（下降13名）、九州证券（下降12名）、广发证券资产管理（下降11名）、国开证券（下降11名）、德邦证券（下降10名）。

（二）风险控制能力

识别和管理风险是证券行业健康发展的基本条件，也是决定证券公司长远发展的核心要素。我们在2019年的报告中对证券公司的风险控制能力指标进行了完善，将风险控制能力评价指标划分为微观风险控制能力指标和宏观风险控制能力指标，分别用来表现内部经营控制能力和基于宏观审慎监控要求的逆周期调节能力。随着资本市场的快速发展，金融混业经营扩张，金融风险也容易积聚。提高风险控制能力不但是证券公司稳定健康发展的内在要求，也是监管部门的必然要求。如果证券公司对资产管理产品杠杆缺乏管控，会导致产品出现流动性风险；如果证券公司对投资于非标资产的私募基金的尽职调查不充分，会导致代销或者托管业务诉讼增加，加大公司经营风险。因此，证

① 华信证券2019年被吊销营业热照，故参与排名的为127家证券公司。

券公司有必要通过强化资本约束，加强风险管理，合理制定业务发展规划。

在本报告中，证券公司的微观风险控制能力指标由净资本、净资本与净资产比例、风险覆盖率与公司治理构成，宏观风险控制能力指标由资本充足率、资本杠杆率、流动性覆盖率与净稳定资金率构成，这些数据由各证券公司根据中国证监会发布的《证券公司风险控制指标管理办法》规定计算所得，并在年报中披露。2019 年 8 月，中国证监会发布《证券公司风险控制指标计算标准》（以下简称《计算标准》），并向社会公开征求意见。本次调整中各项业务风险控制指标有细化，有新增，有降低，也有提升，主要修订内容变化情况见表 2。

表 2　证券公司风险控制指标计算表主要修订内容

2－1　风险资本准备计算表

风险资本准备	项　目	2016 年 6 月计算标准	2019 年 8 月修订稿计算标准	变化
市场风险资本准备	上海 180 指数、深圳 100 指数、沪深 300 指数成分股	15%	10%	降低
	权益类指数基金	10%	5%	降低
	分级基金中非优先级基金	30%	50%	提升
	政策性金融债、政府支持机构债券	2%	1%	降低
	次级债券	—	80%	新增
	同业存单	—	5%	新增
	大宗商品衍生品	20%	买入商品期权 100%；卖出商品期权 20%；其他大宗商品衍生品 20%	细化
	信用衍生品	—	买入信用衍生品 100%；卖出信用衍生品 20% 或 60%	新增
信用风险资本准备	场内股票质押回购	20%	受限股股票质押 40%；非受限股股票质押 20%；已违约合约加倍计算	细化
	债券逆回购交易	—	1%	新增

续表

风险资本准备	项　目	2016 年 6 月计算标准	2019 年 8 月修订稿计算标准	变化
特定风险资本准备	单一资产管理计划	结构化集合资产管理计划 1%；投资非标资产的定向资产管理规模的 0.9%	标准化资产 0.3%；股票质押 3%（已违约 6%）；其他非标资产 0.8%；高杠杆产品加倍计算	细化
	集合资产管理计划		标准化资产 0.5%；股票质押 5%（已违约 10%）；其他非标资产 3%；高杠杆产品加倍计算	细化
	非标私募投资基金业务	0.7%（各类私募投资基金）	托管业务 2%；代销业务 1%	细化
	资产证券化业务	—	场内 2%；场外 1%	新增
	债券质押式回购经纪业务	—	1%	新增
证监会认可的可调整事项	各类证券公司风险资本准备根据分类评价结果进行调整	系数为：连续 3 年 A 类 0.7；A 类 0.8；B 类 0.9；C 类 0.1；D 类 2。C 类为基准	新增：连续 3 年 A 类 AA 级（含）以上 0.5；其余相同	新增

表 2-2　表内外资产总额计算表

资产总额	项　目	2016 年 6 月转换系数	2019 年 8 月修订稿转换系数	变化
表内资产	客户资金客户保证金	—	100%	新增
表外项目	信用衍生品	—	100%	新增

表 2-3　流动性覆盖计算表

流动性	项　目	2016 年 6 月折算率	2019 年 8 月修订稿折算率	变化
优质流动性资产	政策性金融债、政府支持机构债券	98%	99%	提高
	货币基金	60%	90%	提高
未来 30 日现金流出	30 日内到期的负债现金流出——政策性金融债、政府支持机构债券	2%	1%	降低
	自营业务及长期投资资金流出——权益互换	—	0.20%	新增
未来 30 日现金流入	其他资金流入——集中清算交易在途结算资金	50%	95%	提高
	其他资金流入——银行间市场非集中清算交易在途结算资金	40%	95%	提高

续表

表2-4　净稳定资金率计算表

净稳定资金	项目	2016年6月折算率	2019年8月修订稿折算率	变化
剩余存续期不足1年的证券	次级债券	—	5%	新增
剩余存续期大于1年的证券	国债、央票、国开债	5%	2%	降低
	政策性金融债、政府支持机构债券	5%	2%	降低
	次级债券	—	50%	新增
融出资金	自有资金融出资金	50%	30%	降低
	股票质押式回购到期日在1年以上（含）的融出资金	75%	100%	提高
证券衍生品	权益互换	—	0.50%	新增
	大宗商品衍生品、外汇衍生品	—	12%	新增

资料来源：中国证监会、山东省亚太资本市场研究院。

从表2的变化我们可以看出，此次征求意见稿修订的主要内容包括：一是支持证券公司遵循价值投资理念，鼓励持有优质资产，深度参与市场交易，适当放宽投资成分股、权益类指数基金、政策性金融债、政府支持机构债券等产品的风控指标计算标准，减少证券公司的资本占用；二是提升高风险类投资的指标标准，按照宽严相济、防范风险的原则，针对股票质押、私募资产管理等业务特点和各类金融产品的风险特征，完善相应指标计算标准；三是明确新业务、新产品的风控指标计算标准，确保对各类业务风险全覆盖；四是强化差异化监管安排，增加一档风险资本调整系数“连续3年A类AA级（含）以上0.5”，推动大型证券公司做大做强。

从理论上来讲，《证券公司风险控制指标管理办法》是以净资本和流动性为核心的风险控制指标体系，因此净资本的大小与资产流动性的高低成为衡量证券公司风险控制能力强弱的关键。微观风险控制能力与净资本规模的关联度较高，而宏观风险控制能力则在一定程度上反映了资产流动性。

表3是证券公司风险控制能力TOP20，从微观风险控制能力来看，海通证券（600837.SH）、国泰君安（601211.SH）和中国银河（601881.SH）分别位

列前三，表现优异。海通证券（600837. SH）、国泰君安（601211. SH）在风险控制方面采取了较多的措施。海通证券（600837. SH）根据《证券公司全面风险管理规范》等监管要求及内部制度，强化风险控制并表管理，建立集团风险数据集市，深入推进集团全面风险管理体系建设。此外，公司通过风险文化宣导、完善风险控制制度体系、健全系统和数据、加强风险控制专业人才培养、加大风险管理投入等措施为全面风险管理提供支持和保障。国泰君安（601211. SH）根据自身业务特点及经营风险水平，建立并持续完善四级风险管理制度体系，按不同风险类型制定风险管理办法，按各类业务和产品制定风险管理制度，以及具体的业务操作规程。公司根据最新监管要求，修订了风险控制指标管理制度、机构客户授信管理制度、操作风险管理指引、投资银行类业务内核管理制度、柜台市场风险管理制度、洗钱风险管理制度。

表 3　证券公司风险控制能力 TOP20（2019 年）

微观风险控制能力排名	公司简称	宏观风险控制能力排名	公司简称	综合风险控制能力排名	公司简称
1	海通证券	1	金通证券	1	平安证券
2	国泰君安	2	长江证券承销保荐	2	银河金汇证券资产管理
3	中国银河	3	平安证券	3	金通证券
4	中信证券	4	华英证券	4	海通证券
5	国金证券	5	银河金汇资产管理	5	国泰君安
6	华泰证券	6	瑞信方正证券	6	国金证券
7	广发证券	7	恒泰长财证券	7	中国银河
8	东方证券	8	大通证券	8	华泰证券
9	光大证券	9	上海光大资产管理	9	光大证券
10	申万宏源	10	国盛证券	10	广发证券
11	招商证券	11	中泰证券(上海)资产管理	11	中信证券
12	安信证券	12	财通证券资产管理	12	东方证券
13	平安证券	13	爱建证券	13	华龙证券
14	华西证券	14	华龙证券	14	招商证券
15	中信建投	15	西部证券	15	申万宏源
16	华龙证券	16	金元证券	16	华西证券
17	渤海证券	17	粤开证券	17	西部证券

续表

微观风险控制能力排名	公司简称	宏观风险控制能力排名	公司简称	综合风险控制能力排名	公司简称
18	东海证券	18	国金证券	18	中信建投
19	上海证券	19	财达证券	19	国联证券
20	国联证券	20	金通证券	20	安信证券

资料来源：山东省亚太资本市场研究院。

从宏观风险控制能力来看，中小型证券公司由于规模相对较小，风险控制指标波动较大，造成宏观风险控制能力排名变化较大。2019 年，金通证券的宏观风险控制能力排名第一。具体来看，风险覆盖率为 311508. 72%，资本杠杆率为 99. 31%，流动性覆盖率为 473359. 54%，净稳定资金率为 35984. 37%，公司的流动资产绝大部分为现金及银行存款，流动性较好。长江证券承销保荐的宏观风险控制能力排名第二，风险覆盖率为 850. 99%，资本杠杆率为 59. 84%，流动性覆盖率为 244. 53%，净稳定资金率为 1599. 23%。2018 年排名第一的财通证券因为受流动性覆盖率由 843. 15% 降至 255. 24，2019 年跌到第 50 名。

从综合风险控制能力排名来看，平安证券的综合风险控制能力排名第一，主要得益于其比较均衡的宏微观风险控制能力。银河金汇证券资产管理的综合风险控制能力也比较出色，排名第二。整体来看，随着中国证监会大力推行《证券公司风险控制指标管理办法》，证券公司风险控制指标的计算标准更加严格，基本从制度层面确立了全流程覆盖、独立的风险控制架构和体系，有效提升了风险管理水平。

（三）创新能力

2019 年资本市场改革创新与对外开放力度明显加大，科创板设立及试点注册制正式落地、“重组”“分拆”新规相继出炉、新三板深化改革启动、沪深 300 系列期权产品推出、新证券法修订获得通过等一系列资本市场的改革创新，将进一步开拓证券行业的未来发展空间。良好的改革与监管环境将加快证券公司的创新步伐，实现业务模式的转型升级。2019 年证券行业相关监管政策见表 4。

表 4　证券行业相关监管政策（2019 年）

时间	类别	政策	内容
2019 年 1 月	股票质押回购	《关于股票质押式回购交易相关事项的通知》	①优化违约合约展期安排；②明确旨在解决合约违约而新增交易的特别安排
2019 年 1 月	科创板	《在上海证券交易所设立科创板并试点注册制总体实施方案》《关于在上海证券交易所设立科创板并试点注册制的实施意见》等方案	要求推进科创板注册制，实施发行、上市、信息披露、交易、退市等基础制度改革，强调以信息披露为中心的股票发行上市制度，建立具有中国特色的注册制
2019 年 3 月	科创板	《科创板首次公开发行股票注册管理办法（试行）》 《科创板上市公司持续监管办法（试行）》	①以信息披露为中心，精简优化现行发行条件；②对科创板股票发行上市审核流程做出制度安排，实现受理和审核全流程电子化，全流程重要节点均对社会公开，提高审核效率，减轻企业负担；③强化信息披露要求；④建立严格的退市制度
2019 年 3 月	科创板	发布科创板试点注册制的 6 项配套业务规则	①进一步明确红筹企业回归标准；②进一步优化股份减持制度，核心技术人员的股份锁定期由 3 年调整为 1 年；③进一步明确信息披露审核内容和要求；④进一步合理界定持续督导职责边界
2019 年 8 月	科创板并购重组	《科创板上市公司重大资产重组特别规定》	科创公司发行股份购买资产实施注册制，由上海证券交易所进行审核，证监会收到上海证券交易所报送的审核意见等相关文件后，在5 个交易日内对科创公司注册申请做出同意或者不予注册的决定。注册制的实施，将有效提升科创公司的并购重组效率
2019 年 10 月	并购重组	《关于修改〈上市公司重大资产重组管理办法〉的决定》	①取消重组上市认定标准中的“净利润”指标；②将“累计首次原则”的计算期间进一步缩短至 36 个月，加快优质资产的注入；③支持符合国家战略的高新技术和战略性新兴产业相关资产在创业板重组上市；④恢复重组上市配套融资
2019 年 10 月	新三板	启动全面深化新三板改革	①优化发行融资制度，持续推进简政放权；②完善市场分层，设立精选层，配套形成交易、投资者适当性、信息披露、监督管理等差异化制度体系，引入公募基金等长期资金，增强新三板服务功能；③建立挂牌公司转板上市机制；④加强监督管理，实施分类监管；⑤健全市场退出机制，完善摘牌制度

续表

时间	类别	政策	内容
2019 年 12 月	证券法修订	证券法修订草案表决通过	①明确全面推行注册制；②发行人欺诈发行、尚未发行证券的，最高罚 2000 万元；③新增信息披露和投保专章；④证券从业人员买卖股票将被没收违法所得并处罚款；⑤加大内幕交易惩处力度，最高处以十倍罚款；⑥信息披露违法最高处以 1000 万元罚款；⑦强化信息披露要求，明确董监高责任

资料来源：中国证监会官网、上海证券交易所官网、山东省亚太资本市场研究院。

创新发展是证券行业永恒的课题，不断开发适应市场需求的金融产品、深化金融服务、为各类客户提供问题解决方案，是证券公司职责所在，也是其价值所在。近年来，我国金融供给已不满足实体企业多样化、多层次、复杂化的金融需求，这就亟须证券公司不断进行产品与服务的变革创新，加强服务新兴产业的功能和主动管理能力。从表 5 中近三年证券公司的创新能力 TOP20 变化来看，证券公司的创新步伐加快，证券公司之间在创新方面的竞争比较激烈。从 2019 年证券公司创新能力排名来看（见表 6），中信证券（600030. SH）、国泰君安（601211. SH）和海通证券（600837. SH）分别位于前三名，显然大型综合类证券公司在创新业务方面投入资金更多，创新能力更强。中信证券（600030. SH）的创新能力排名行业第一，在业务方面创新突出，其推出了自有品牌系列高端产品，被深圳证券交易所评为“优秀固定收益业务创新机构”，获得全国银行间同业拆借中心评选的“市场创新奖”“交易机制创新奖”，以及国家开发银行授予的“优秀创新承销商”等荣誉。排名第二的国泰君安（601211. SH）2019 年锐意创新，推出“道合”机构客户服务体系，伴随客户发展成长的全生命周期，基于全市场、全资产提供一站式服务；推出君弘零售客户服务体系，实现证券零售业务服务模式的创新升级，获上海市金融创新二等奖；推进布局“智能化国泰君安”，打造具备人工智能的金融科技平台。此外，在创新能力 TOP20 中，名次提升最大的是东方财富，由 2018 年的 26 名提升到 2019 年的 14 名，提升了 12

个名次。主要是因为东方财富持续升级优化和完善互联网服务大平台，加大研发创新投入，2019年新增“东方财富证券个性化推送系统软件”“东方财富证券交易大数据回放平台系统软件”“东方财富证券分布式证券业务调度系统软件”等7项软件著作权。2019年提升幅度第二的是中金公司（03908.HK），提升了10个名次，主要是因为公司的研究团队颇具竞争力，2019年公司共发表中英文研究报告超过13000篇，确定了高质量国际研究机构的地位，获得国内及国际主要投资者认可。

表5　证券公司创新能力TOP20（2017～2019年）

公司简称	2019年	2018年	2017年
中信证券	1	2	8
国泰君安	2	1	6
海通证券	3	4	1
中金公司	4	14	16
中信建投	5	9	7
华泰证券	6	5	13
兴业证券	7	7	3
申万宏源	8	8	4
天风证券	9	16	9
招商证券	10	10	5
广发证券	11	3	2
中泰证券	12	13	12
东方证券	13	17	22
东方财富	14	26	106
国信证券	15	15	18
长江证券	16	6	10
方正证券	17	12	20
安信证券	18	19	11
平安证券	19	11	25
华创证券	20	24	19

资料来源：Wind、山东省亚太资本市场研究院。

表 6 是证券公司具体创新能力得分及排名，证券公司的创新能力包含业务创新能力和技术创新能力，近几年证券公司的技术创新能力整体不断提高。信息系统支撑了证券公司经纪、资产管理和投资等多项业务的发展以及中后台管理，对业务发展和创新具有关键的推动作用。很多证券公司通过信息技术手段将将线下业务向线上转移，降低了成本，提高了运营效率与核心竞争力。证券公司将以金融科技应用创新为突破口，为客户提供低价、创新、优质、多元的服务，这是大势所趋。2019 年信息技术投入超过 10 亿元的证券公司有国泰君安（601211. SH）、中信证券（600030. SH）、华泰证券（601688. SH）。未来越能够通过技术手段为客户提供更加专业化服务的证券公司，就越有创新竞争力。

表 6　证券公司创新能力得分及排名（2019 年）

公司简称	排名	业务创新能力		技术创新能力		创新能力得分
		研究人员数量得分	研究报告数量得分	知识产权数量得分	研发投入费用得分	
中信证券	1	0.96	0.80	0.52	0.92	0.95
国泰君安	2	0.35	0.78	1.00	1.00	0.94
海通证券	3	1.00	0.58	0.43	0.69	0.91
中金公司	4	0.37	1.00	0.07	0.63	0.85
中信建投	5	0.44	0.89	0.18	0.52	0.84
华泰证券	6	0.28	0.56	0.07	0.97	0.83
兴业证券	7	0.65	0.60	0.29	0.34	0.83
申万宏源	8	0.47	0.63	0.14	0.48	0.81
天风证券	9	0.53	0.73	0.30	0.13	0.81
招商证券	10	0.42	0.53	0.13	0.60	0.80
广发证券	11	0.35	0.39	0.23	0.67	0.80
中泰证券	12	0.39	0.54	0.11	0.49	0.79
东方证券	13	0.38	0.21	0.36	0.52	0.78
东方财富	14	0.19	0.21	0.63	0.34	0.77
国信证券	15	0.29	0.34	0.13	0.61	0.76
长江证券	16	0.55	0.37	0.20	0.22	0.76
方正证券	17	0.43	0.33	0.11	0.37	0.75
安信证券	18	0.25	0.42	0.02	0.47	0.73

续表

公司简称	排名	业务创新能力		技术创新能力		创新能力得分
		研究人员数量得分	研究报告数量得分	知识产权数量得分	研发投入费用得分	
平安证券	19	0.13	0.23	0.07	0.62	0.72
华创证券	20	0.32	0.43	0.18	0.12	0.72
中国银河	21	0.33	0.19	0.13	0.37	0.71
东吴证券	22	0.29	0.30	0.20	0.18	0.70
国金证券	23	0.29	0.33	0.11	0.22	0.70
国盛证券	24	0.37	0.45	0.00	0.08	0.69
光大证券	25	0.00	0.55	0.02	0.31	0.68
中银国际	26	0.17	0.53	0.02	0.12	0.68
华西证券	27	0.20	0.07	0.27	0.11	0.63
长城证券	28	0.18	0.26	0.04	0.16	0.63
民生证券	29	0.17	0.34	0.02	0.09	0.63
太平洋	30	0.22	0.24	0.02	0.11	0.62
西南证券	31	0.18	0.28	0.00	0.12	0.62
浙商证券	32	0.16	0.17	0.11	0.14	0.61
东兴证券	33	0.00	0.24	0.14	0.19	0.61
东北证券	34	0.08	0.29	0.04	0.14	0.61
西部证券	35	0.34	0.07	0.04	0.10	0.61
东方证券承销保荐	36	0.00	0.00	0.02	0.51	0.60
财通证券	37	0.12	0.16	0.02	0.21	0.60
国元证券	38	0.16	0.07	0.13	0.13	0.59
山西证券	39	0.13	0.18	0.04	0.12	0.59
国联证券	40	0.08	0.11	0.18	0.10	0.58
华金证券	41	0.10	0.14	0.18	0.04	0.58
东莞证券	42	0.07	0.24	0.05	0.08	0.58
国海证券	43	0.12	0.17	0.00	0.13	0.57
信达证券	44	0.10	0.16	0.02	0.12	0.56
川财证券	45	0.05	0.26	0.04	0.04	0.56
华鑫证券	46	0.05	0.14	0.07	0.10	0.55
华宝证券	47	0.06	0.08	0.09	0.13	0.55
新时代	48	0.13	0.16	0.00	0.06	0.54
第一创业	49	0.08	0.00	0.14	0.12	0.54
渤海证券	50	0.08	0.18	0.00	0.08	0.54
德邦证券	51	0.07	0.07	0.11	0.09	0.54

续表

公司简称	排名	业务创新能力		技术创新能力		创新能力得分
		研究人员数量得分	研究报告数量得分	知识产权数量得分	研发投入费用得分	
财信证券	52	0. 00	0. 00	0. 25	0. 07	0. 53
恒泰证券	53	0. 07	0. 03	0. 09	0. 10	0. 52
中原证券	54	0. 08	0. 11	0. 02	0. 07	0. 51
中信证券华南	55	0. 11	0. 12	0. 04	0. 00	0. 51
开源证券	56	0. 07	0. 05	0. 09	0. 06	0. 51
红塔证券	57	0. 10	0. 11	0. 00	0. 05	0. 50
瑞银证券	58	0. 15	0. 02	0. 00	0. 09	0. 50
九州证券	59	0. 02	0. 02	0. 16	0. 06	0. 50
南京证券	60	0. 10	0. 05	0. 00	0. 09	0. 50
上海证券	61	0. 09	0. 16	0. 00	0. 00	0. 50
万和证券	62	0. 15	0. 04	0. 02	0. 03	0. 50
万联证券	63	0. 02	0. 14	0. 00	0. 08	0. 49
东海证券	64	0. 07	0. 07	0. 00	0. 10	0. 49
广发证券资产管理(广东)	65	0. 00	0. 00	0. 21	0. 00	0. 48
国融证券	66	0. 03	0. 02	0. 13	0. 04	0. 48
联储证券	67	0. 01	0. 01	0. 09	0. 09	0. 48
国都证券	68	0. 05	0. 08	0. 00	0. 07	0. 47
华融证券	69	0. 04	0. 04	0. 04	0. 08	0. 47
财达证券	70	0. 08	0. 03	0. 00	0. 08	0. 47
上海国泰君安资产管理	71	0. 19	0. 00	0. 00	0. 00	0. 47
华泰联合	72	0. 04	0. 04	0. 11	0. 00	0. 46
中航证券	73	0. 08	0. 04	0. 02	0. 05	0. 46
上海海通证券资产管理	74	0. 18	0. 00	0. 00	0. 00	0. 46
北京高华	75	0. 07	0. 02	0. 02	0. 06	0. 45
金元证券	76	0. 01	0. 01	0. 07	0. 07	0. 45
粤开证券	77	0. 07	0. 01	0. 04	0. 06	0. 45
中山证券	78	0. 03	0. 00	0. 05	0. 08	0. 45
首创证券	79	0. 01	0. 05	0. 05	0. 04	0. 45
爱建证券	80	0. 03	0. 06	0. 02	0. 04	0. 44
五矿证券	81	0. 02	0. 00	0. 05	0. 07	0. 44
申港证券	82	0. 04	0. 04	0. 02	0. 04	0. 44
银河金汇资产管理	83	0. 14	0. 00	0. 00	0. 00	0. 43
华安证券	84	0. 06	0. 01	0. 00	0. 07	0. 43

续表

公司简称	排名	业务创新能力		技术创新能力		创新能力得分
		研究人员数量得分	研究报告数量得分	知识产权数量得分	研发投入费用得分	
华福证券	85	0.02	0.02	0.02	0.09	0.43
英大证券	86	0.02	0.02	0.04	0.06	0.43
国开证券	87	0.04	0.03	0.00	0.06	0.42
上海光大证券资产管理	88	0.13	0.00	0.00	0.00	0.42
华龙证券	89	0.01	0.04	0.00	0.08	0.42
华林证券	90	0.00	0.00	0.05	0.06	0.42
湘财证券	91	0.02	0.00	0.00	0.09	0.41
世纪证券	92	0.03	0.02	0.02	0.04	0.41
银泰证券	93	0.00	0.00	0.07	0.03	0.40
中邮证券	94	0.02	0.03	0.04	0.02	0.40
宏信证券	95	0.01	0.05	0.00	0.04	0.40
江海证券	96	0.01	0.01	0.00	0.07	0.39
大通证券	97	0.02	0.02	0.00	0.04	0.38
华菁证券	98	0.04	0.00	0.00	0.04	0.38
中天国富	99	0.01	0.00	0.04	0.03	0.38
中金财富	100	0.03	0.02	0.02	0.00	0.36
中天证券	101	0.02	0.00	0.00	0.04	0.35
网信证券	102	0.01	0.02	0.00	0.02	0.34
中信证券(山东)	103	0.00	0.00	0.05	0.00	0.34
长城国瑞	104	0.02	0.00	0.00	0.03	0.34
大同证券	105	0.00	0.00	0.00	0.04	0.31
兴证证券资产管理	106	0.03	0.00	0.00	0.00	0.30
瑞信方正	107	0.01	0.02	0.00	0.00	0.30
中德证券	108	0.03	0.00	0.00	0.00	0.28
申万宏源承销保荐	109	0.02	0.00	0.00	0.00	0.28
东证融汇资产管理	110	0.02	0.00	0.00	0.00	0.27
中泰证券(上海)资产管理	111	0.00	0.00	0.02	0.00	0.26
长江证券承销保荐	112	0.02	0.00	0.00	0.00	0.26
华英证券	113	0.01	0.01	0.00	0.00	0.24
浙商证券资产管理	114	0.01	0.00	0.00	0.00	0.23
高盛高华	115	0.00	0.00	0.00	0.00	0.18
摩根史丹利华鑫	116	0.00	0.00	0.00	0.00	0.00
渤海汇金资产管理	116	0.00	0.00	0.00	0.00	0.00

续表

公司简称	排名	业务创新能力		技术创新能力		创新能力得分
		研究人员数量得分	研究报告数量得分	知识产权数量得分	研发投入费用得分	
财通证券资产管理	116	0.00	0.00	0.00	0.00	0.00
第一创业承销保荐	116	0.00	0.00	0.00	0.00	0.00
方正证券承销保荐	116	0.00	0.00	0.00	0.00	0.00
国盛证券资产管理	116	0.00	0.00	0.00	0.00	0.00
恒泰长财	116	0.00	0.00	0.00	0.00	0.00
华泰证券(上海)资产管理	116	0.00	0.00	0.00	0.00	0.00
金通证券	116	0.00	0.00	0.00	0.00	0.00
上海东方证券资产管理	116	0.00	0.00	0.00	0.00	0.00
申万宏源西部	116	0.00	0.00	0.00	0.00	0.00
长江证券(上海)资产管理	116	0.00	0.00	0.00	0.00	0.00
招商证券资产管理	116	0.00	0.00	0.00	0.00	0.00

注：因2019年证券公司深度研究报告数量的数据难以获得，我们把“深度研究报告数量”指标用“研究报告数量”指标代替。一方面，两者具有较高的相关性；另一方面，“研究报告数量”可以反映证券公司的综合研究实力。此项数据来源于数据库Wind金融终端、VSAT金融终端和慧博智能策略终端，以三者的最大值作为统计结果。

资料来源：证券公司年报、山东省亚太资本市场研究院。

二　综合竞争力评价

（一）证券行业呈现强者恒强格局，马太效应加剧

2019年，128家证券公司参与综合竞争力排名，与2018年相比，证券行业呈现强者恒强的趋势，中小型证券公司与头部证券公司的综合竞争力差距扩大，中小型证券公司之间的竞争更加激烈。如表7所示，2019年，证券公司综合竞争力TOP5分别是中信证券（600030. SH）、海通证券（600837. SH）、国泰君安（601211. SH）、华泰证券（601688. SH）、广发证券（000776. SZ），与2018年TOP5基本一致，不过海通证券（600837. SH）超过华泰证券（601688. SH）成为第二名，龙头证券公司表现出较强的竞争

力和稳定的竞争格局。图 1 是我们根据证券公司各项得分加权计算出的综合竞争力得分换算成百分制后的得分分布情况。从综合竞争力得分来看，2019 年行业综合竞争力平均得分为 61.65 分，中位数是 60.53 分，与 2018 年相比，证券公司得分更加集中于中位数左右，而高得分证券公司数量有所减少。有 83 家中小型证券公司的得分集中于 50～70 分，占比高达 64.84%。一方面，说明这些中小型证券公司与大型证券公司有较大的竞争力差距；另一方面，说明中小型证券公司综合竞争力得分相差不大，相互之间竞争较为激烈。

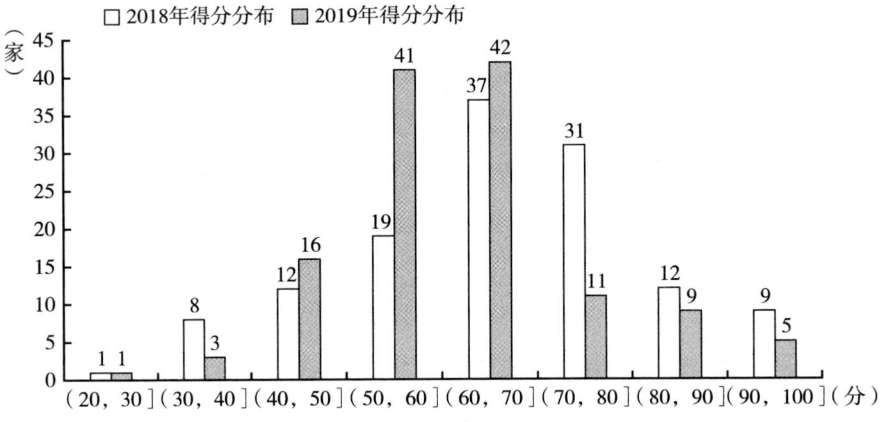

图 1　证券公司综合竞争力得分分布（2018～2019 年）

资料来源：Wind、山东省亚太资本市场研究院。

目前，证券公司的收入结构、盈利模式趋同，以证券经纪业务、自营业务、承销与保荐业务为主。大型证券公司在服务品质、管理水平、资本实力和研发投入等方面都占据优势，市场份额比较稳定，而中小型证券公司众多，竞争十分激烈。中小型证券公司一般是区域性证券公司，在区域内具有较强的竞争优势，业务收入也主要来自当地。例如，中泰证券在山东省内的收入在 80% 左右；2019 年，南京证券（601990.SH）在江苏省内的收入达到 18.66 亿元，占比为 84.73%。中小型证券公司的经纪业务具有一定的地域集中特点，与当地经济发展环境密切相关，如果本区域内增加了其他证券公司，其就可能面临优质客户流失的风险，因此中小证券公司必须构建自己的核心竞争优势。

表 7　证券公司竞争力排名（2019 年）

公司简称	综合竞争力排名	经营能力排名	盈利能力排名	微观风险控制能力排名	宏观风险控制能力排名	创新能力排名	成长能力排名	综合竞争力得分
中信证券	1	1	30	4	64	1	85	100.00
海通证券	2	2	33	1	37	3	66	97.15
国泰君安	3	3	53	2	47	2	70	95.79
华泰证券	4	4	39	6	51	6	40	93.59
广发证券	5	5	24	7	42	11	75	90.13
招商证券	6	6	26	11	58	10	51	88.62
申万宏源	7	7	38	10	65	8	84	86.84
中国银河	8	8	37	3	43	21	47	86.34
平安证券	9	15	34	13	3	19	1	85.79
东方证券	10	9	74	8	62	13	44	84.79
中信建投	11	11	16	15	46	5	50	84.79
中金公司	12	10	27	35	82	4	80	84.54
国信证券	13	12	22	21	52	15	81	82.92
兴业证券	14	13	65	27	36	7	27	80.98
光大证券	15	14	107	9	38	25	92	78.97
中泰证券	16	16	45	26	72	12	71	77.73
安信证券	17	17	35	12	122	18	89	77.71
长江证券	18	19	59	30	34	16	13	75.93
方正证券	19	18	98	37	45	17	108	74.91
东北证券	20	20	48	49	54	34	42	71.60
东吴证券	21	21	73	50	59	22	49	71.48
财通证券	22	22	19	36	49	37	52	70.79
华西证券	23	26	32	14	28	27	45	70.51
国金证券	24	27	41	5	18	23	99	70.49
浙商证券	25	23	47	39	40	32	65	70.02
东兴证券	26	24	56	33	90	33	102	69.31
国元证券	27	25	86	23	39	38	96	69.20
山西证券	28	28	85	63	32	39	12	69.05
西南证券	29	29	66	41	44	31	38	68.86

续表

公司简称	综合竞争力排名	经营能力排名	盈利能力排名	微观风险控制能力排名	宏观风险控制能力排名	创新能力排名	成长能力排名	综合竞争力得分
长城证券	30	31	57	52	35	28	61	68.50
天风证券	31	30	101	56	60	9	101	68.46
西部证券	32	34	90	24	15	35	54	68.12
东方财富	33	40	13	61	94	14	33	67.96
国海证券	34	33	88	45	48	43	30	67.70
渤海证券	35	35	68	17	99	50	55	67.06
华安证券	36	37	21	28	31	84	46	66.91
中银国际	37	39	50	60	76	26	107	65.92
民生证券	38	42	72	40	105	29	29	65.75
华融证券	39	36	116	25	113	69	59	65.39
红塔证券	40	43	46	55	29	57	28	65.04
华创证券	41	45	69	57	108	20	63	65.03
恒泰证券	42	44	31	68	77	53	21	65.01
信达证券	43	47	104	58	88	44	4	64.98
华福证券	44	38	58	71	78	85	94	64.38
第一创业	45	49	54	73	56	49	23	64.37
国联证券	46	63	42	20	20	40	9	64.36
太平洋	47	54	71	32	25	30	26	64.20
国盛证券	48	56	93	53	23	24	19	64.08
东莞证券	49	53	18	46	74	42	43	63.89
财达证券	50	55	40	48	19	70	25	63.49
华龙证券	51	52	97	16	14	89	78	63.23
中原证券	52	46	113	34	61	54	86	63.21
南京证券	53	51	43	22	26	60	126	63.17
国都证券	54	61	55	43	84	68	11	62.72
华泰证券(上海)资产管理	55	48	8	59	80	116	56	62.54
上海证券	56	62	81	19	85	61	22	62.41
开源证券	57	64	60	89	24	56	8	62.11
财信证券	58	65	61	69	30	52	16	62.06
湘财证券	59	66	62	29	22	91	10	61.97
万联证券	60	60	84	42	101	63	87	61.48
东海证券	61	57	111	18	75	64	100	61.38
新时代	62	59	75	78	103	48	109	60.92

续表

公司简称	综合竞争力排名	经营能力排名	盈利能力排名	微观风险控制能力排名	宏观风险控制能力排名	创新能力排名	成长能力排名	综合竞争力得分
上海国泰君安资产管理	63	76	10	77	96	71	34	60. 56
中金财富	64	32	82	108	70	100	103	60. 50
中航证券	65	69	51	44	81	73	31	60. 41
江海证券	66	58	105	70	109	96	64	60. 26
国开证券	67	50	120	51	119	87	120	60. 15
上海光大证券资产管理	68	98	2	72	9	88	123	59. 50
五矿证券	69	67	79	74	116	81	69	59. 08
首创证券	70	74	17	88	73	79	48	59. 00
中山证券	71	68	78	90	124	78	72	58. 69
金元证券	72	73	89	83	16	76	88	58. 36
华鑫证券	73	75	118	67	95	46	62	57. 90
德邦证券	74	70	108	82	87	51	110	57. 79
国融证券	75	80	114	64	114	66	20	57. 68
华林证券	76	78	25	97	41	90	76	57. 60
华金证券	77	84	67	87	69	41	41	57. 48
联储证券	78	79	106	62	120	67	67	57. 16
上海海通证券资产管理	79	81	6	124	127	74	2	56. 92
粤开证券	80	83	100	54	17	77	106	56. 76
中信证券华南	81	41	122	114	115	55	111	56. 70
长江证券承销保荐	82	117	3	105	2	112	3	56. 69
华宝证券	83	86	96	65	112	47	60	56. 61
英大证券	84	85	83	95	98	86	37	55. 87
申港证券	85	91	103	81	67	82	18	55. 49
中天国富	86	96	80	66	123	99	15	55. 42
万和证券	87	87	99	79	121	62	82	55. 40
北京高华	88	93	36	91	83	75	68	55. 36
广发证券资产管理(广东)	89	72	7	125	128	65	115	55. 31
宏信证券	90	94	28	100	27	95	73	55. 14
中邮证券	91	88	87	76	117	94	58	55. 08
大通证券	92	97	92	80	8	97	98	54. 95
银河金汇资产管理	93	108	70	31	5	83	116	54. 85
中天证券	94	95	77	38	106	101	95	54. 67
财通证券资产管理	95	103	4	93	12	116	35	54. 39

续表

公司简称	综合竞争力排名	经营能力排名	盈利能力排名	微观风险控制能力排名	宏观风险控制能力排名	创新能力排名	成长能力排名	综合竞争力得分
九州证券	96	99	112	92	93	59	57	53.33
世纪证券	97	100	119	85	57	92	17	53.18
中信证券(山东)	98	71	52	118	71	103	97	53.13
银泰证券	99	102	64	99	33	93	39	52.98
上海东方证券资产管理	100	89	1	123	66	116	32	52.92
华泰联合	101	82	12	115	86	72	112	52.69
中泰证券(上海)资产管理	102	118	9	96	11	111	77	52.29
大同证券	103	106	102	84	63	105	14	51.75
长城国瑞	104	92	126	47	21	104	122	51.62
爱建证券	105	110	110	75	13	80	79	51.34
瑞银证券	106	101	115	101	104	58	127	51.09
东证融汇证券资产管理	107	120	11	103	110	110	5	50.35
招商证券资产管理	108	90	5	122	91	116	104	50.27
华菁证券	109	113	95	98	125	98	53	49.94
申万宏源西部	110	77	49	117	79	116	91	49.70
申万宏源承销保荐	111	109	20	107	107	109	36	48.42
方正证券承销保荐	112	104	117	86	50	116	125	47.55
川财证券	113	111	125	102	55	45	124	47.53
东方证券承销保荐	114	107	91	119	68	36	113	47.41
恒泰长财	115	121	14	104	7	116	24	47.14
浙商证券资产管理	116	114	44	127	100	114	6	46.24
华英证券	117	119	76	121	4	113	90	46.16
长江证券(上海)资产管理	118	105	15	120	89	116	74	45.58
中德证券	119	116	94	112	97	108	7	45.52
兴证证券资产管理	120	115	29	126	111	106	93	44.99
高盛高华	121	112	63	109	92	115	105	44.60
国盛证券资产管理	122	126	124	94	10	116	121	41.40
第一创业承销保荐	123	123	23	116	118	116	83	41.06
瑞信方正	124	122	123	113	6	107	128	40.23
金通证券	125	128	109	106	1	116	117	38.77
渤海汇金资产管理	126	124	121	128	53	116	114	37.78
网信证券	127	127	127	111	102	102	119	32.12
摩根士丹利华鑫证券	128	125	128	110	126	116	118	28.22

资料来源：证券公司年报、山东省亚太资本市场研究院。

（二）部分中小型证券公司采取差异化竞争策略

中小型证券公司在综合实力上与大型证券公司有较大的差距，随着业务资本化、客户机构化和服务智能化的演进，头部证券公司的优势越发明显。面对如此困境，一些中小型证券公司在差异化发展上做了一些探索，取得了较好的成绩。

国金证券（600109. SH）的综合竞争力排在第24名，公司坚持走低杠杆稳健经营之路，其微观风险控制能力得分排在第5名，宏观风险控制能力得分排在第18名。相比同业其他公司，国金证券（600109. SH）最大的特点在于其民营背景和保持低杠杆稳健运营的定力，其有效杠杆率长期低于行业平均水平100个基点左右，风险控制能力较强。在控制风险的前提下，公司行业地位的提升主要依靠低资本消耗的经纪和投行业务。因与腾讯合作而备受市场关注，经纪业务（佣金宝）成为国金证券（600109. SH）最广为人知的业务条线，借助网上开户和低价策略，其经纪份额不断提高。此外，投行业务是国金证券（600109. SH）比较出色的业务，投行业务收入市场占有率虽有波动，但基本趋势是从2007年的1.00%左右升至2019年的2.00%左右。

东方财富（300059. S2）的综合竞争力排在第33名，比2018年提高21名，主要得益于其良好的盈利能力和创新能力。东方财富（300059. S2）是互联网证券公司的典型代表，背靠以“东方财富网”为核心的互联网金融服务平台所拥有的丰富的用户资源，凭借较低的佣金率、丰富的产品及服务，快速抢占市场。而且公司凭借“天天基金网”丰富的用户资源及用户黏性，在基金代销行业处于领先地位。“天天基金网”2019年度用户日均使用时长为16分钟，天天基金服务平台日均活跃访问用户数为123.62万人次。东方财富低成本的获客方式，使公司的ROE不断提升，2019年达到10.37%，排在行业第14名。此外，公司持续投入研发费用，进一步挖掘海量数据的巨大价值，进一步加强多账户、多对象的多维度数据仓库体系建设，推进公司运营数据化与智能化，进一步完善适合互联网的数据资产管理体系，建立健全智能监控体系，完善互联网金融服务平台，创新能力大幅提高。截至 2019 年底，东方财富证券软件著作权共有 35 项，行业排名第 2。

虽然天风证券（601162. SH）的综合竞争力排在第 31 名，但创新能力排在行业第 9 名，表现出较强的创新能力。截至 2019 年底，天风证券（601162. SH）共有研究人员 243 名，行业排名第 5，研究人员规模处于行业第一梯队。近几年，天风证券（601162. SH）从证券研究业务开始突围，研究能力迅速跻身行业前十，以产业链研究协同带动各项业务发展，业务聚合、资源整合功能逐步显现。天风证券研究所由连续 7 年获得新财富电子行业分析师第一名的“新财富白金分析师”赵晓光领衔。此外，徐彪、文浩、杨烨辉、孙彬彬等新财富分析师也均在几年前奔赴天风证券（601162. SH），分析师阵容可谓强大，天风研究成为卖方市场中崛起最快的研究机构。在研究排名方面，获得 2019 年新财富最佳研究机构第 4 名，新财富最具影响力研究机构第 6 名。在分析师评选上，获 1 项第 1 名、5 项第 2 名、1 项第 3 名、3 项第 4 名和 6 项第 5 名。天风证券研究所深入开展产业研究，提升对优质资产的挖掘、定价、赋能能力，服务科研项目孵化，凭借着研究创新能力，天风证券（601162. SH）采取差异化竞争策略，不断提高竞争力。

在经营能力和盈利能力并不占优的前提下，第一创业（002797. SZ）的综合竞争力排在第 45 名，也形成了自己独具特色的发展方式。第一创业（002797. SZ）的经纪、信用、投行和自营业务盈利情况一般，固定收益业务和资产管理业务成为公司的特色业务，是公司主要的利润来源。公司制定了“成为有固定收益特色的、以资产管理业务为核心的证券公司”的战略发展规划，资产管理业务则围绕“以机构客户为主要服务对象，以固定收益为主要投资标的”目标，持续特色化发展。第一创业（002797. SZ）持续打造固定收益特色，已形成品牌优势，公司是拥有全国银行间债市做市商资格的 5 家证券公司之一，是财政部指定发行国债的承销团成员，拥有国家开发银行、中国农业发展银行和中国进出口银行金融债承销商资格，同时也是非金融企业债务融资工具的承销商。2019 年，公司连续第 4 年获得全国银行间同业拆借中心颁发的“活跃交易商”与“银行间本币市场交易 300 强”称号，荣获深交所2019年度“优秀固定收益业务创新机构”荣誉称号及多项大奖。公司历时4年打造的EBOND固定收益综合业务系统，支持债券销售和交易的全业务场景，极大地提升了业务效率和客户体验。同时，第一创业（002797. SZ）在资产管理业务领域实现了证券公司资产管理、公募基金、私募股权基金管理“三驾马车”齐驱。2019年，公司资产管理业务和固定收益业务收入占比为50%，公司已形成“固收+资产管理”特色鲜明的差异化竞争优势。

此外，从表7中也可以看出，很多中小型证券公司在某一方面比较有竞争力，比如：华泰联合2019年在盈利能力方面比较突出，排在行业第12名；兴业证券（601377. SH）在创新能力方面得分较高，排在行业第7名；信达证券的成长能力排在行业第4名。2019年证券公司竞争力指标汇总情况见表8。

从上述案例的成功经验来看，依托自身禀赋和股东资源，在细分领域内脱颖而出，然后以优势业务带动整体业务发展，最终提高自身的综合竞争力，是中小证券公司比较明智的选择。中小证券公司在财富管理、精品投行、资产管理、养老金融等比较有前景的领域持续深耕，未来成为有竞争力的专业特色证券公司的可能性比较大。

（三）证券公司并购整合成为提高综合竞争力的有效方式

目前中国金融供给结构已不适应经济向高质量发展转型的需求，高科技产业的快速发展需要资本市场具有较高的直接融资服务能力，这也对证券公司的规模提出了更高的要求。2019年底，中国金融业机构总资产为319万亿元，其中银行业机构总资产占91%，证券业仅占2.55%。中国证券行业的总资产与高盛、摩根士丹利等单家投行的资产规模相近，显示出中美投行之间的差距比较大。而且从金融机构的国际地位来看，我国银行业、保险业都有公司入选全球系统重要性金融机构，但证券公司没有一家入选。总之，中国作为全球第二大资本市场，证券公司的综合实力不仅与国外顶级投行存在较大差距，而且也不符合经济发展的客观要求，我国证券公司迫切需要提高自身综合能力。证券公司通过市场化并购方式进行整合，是做大做强的一

表8 证券公司竞争力指标汇总(2019年)

公司简称	排名	经营能力			盈利能力			基于微观审慎的风险控制能力				基于宏观审慎的风险控制能力				创新能力		成长能力			综合竞争力得分	百分制
		营业收入排名	资产规模排名	净资产排名	ROA排名	ROE排名	销售利润率排名	净资本排名	净资本与净资产比例排名	风险覆盖率排名	公司治理排名	资本充足率排名	资本杠杆率排名	流动性覆盖率排名	净稳定资金率排名	业务创新能力排名	技术创新能力排名	营业收入增长率排名	营业利润增长率排名	资产规模增长率排名		
中信证券	1	1	1	1	66	26	40	1	97	77	85	112	54	65	63	1	2	92	36	78	0.78	100.00
海通证券	2	2	2	3	60	31	34	3	96	48	11	98	35	33	40	2	3	57	61	58	0.76	97.15
国泰君安	3	3	4	2	62	49	42	2	95	28	105	1	43	42	39	7	1	69	25	91	0.75	95.79
华泰证券	4	4	3	4	64	37	17	6	103	71	5	113	47	20	49	12	4	47	10	60	0.73	93.59
广发证券	5	5	5	5	37	22	22	5	81	49	102	14	45	31	32	16	6	53	97	62	0.71	90.13
招商证券	6	7	6	6	44	23	16	9	98	31	108	100	55	56	34	9	9	34	30	71	0.70	88.62
申万宏源	7	9	7	7	65	33	35	7	78	60	76	72	102	41	50	8	13	63	69	80	0.68	86.84
中国银河	8	8	9	8	58	34	36	4	24	52	26	97	32	34	61	24	17	26	28	59	0.68	86.34
平安证券	9	14	17	18	56	30	75	15	53	30	47	91	1	44	38	32	12	1	1	3	0.67	85.79
东方证券	10	6	11	11	92	70	98	10	69	34	88	93	56	35	53	21	7	20	47	50	0.67	84.79
中信建投	11	13	10	9	43	14	12	8	28	59	107	106	50	43	28	4	11	77	12	61	0.67	84.79
中金公司	12	10	8	13	82	19	52	14	94	82	21	86	108	111	112	3	10	83	29	89	0.66	84.54
国信证券	13	12	12	10	33	21	24	12	80	54	109	110	40	54	59	19	8	61	82	73	0.65	82.92
兴业证券	14	11	14	15	86	63	91	16	82	65	87	38	44	28	20	6	14	14	65	24	0.64	80.98
光大证券	15	15	13	12	109	107	103	11	60	43	16	66	29	57	55	23	24	70	101	68	0.62	78.97
中泰证券	16	16	16	16	68	40	65	18	90	57	22	107	119	117	117	10	15	62	75	57	0.61	77.73
安信证券	17	17	15	17	71	28	46	13	11	45	75	5	64	71	72	18	18	100	48	69	0.61	77.71

续表

公司简称	排名	经营能力			盈利能力			基于微观审慎的风险控制能力				基于宏观审慎的风险控制能力				创新能力		成长能力			综合竞争力得分	百分制
		营业收入排名	资产规模排名	净资产排名	ROA排名	ROE排名	销售利润率排名	净资本排名	净资本与净资产比例排名	风险覆盖率排名	公司治理排名	资本充足率排名	资本杠杆率排名	流动性覆盖率排名	净稳定资金率排名	业务创新能力排名	技术创新能力排名	营业收入增长率排名	营业利润增长率排名	资产规模增长率排名		
长江证券	18	19	19	19	77	58	54	19	74	51	94	77	34	39	36	11	21	39	66	9	0.60	75.93
方正证券	19	20	18	14	101	95	95	17	89	74	90	78	36	58	57	14	19	94	107	88	0.59	74.91
东北证券	20	18	24	31	72	43	97	31	38	69	92	79	49	45	41	31	42	89	86	17	0.56	71.60
东吴证券	21	22	20	22	90	69	74	29	84	56	103	64	51	40	51	22	23	82	51	28	0.56	71.48
财通证券	22	24	30	21	25	18	23	36	99	33	91	83	37	55	62	39	33	44	62	42	0.56	70.79
华西证券	23	28	25	26	35	35	13	24	57	21	8	67	26	47	42	40	22	46	13	67	0.55	70.51
国金证券	24	25	36	23	27	47	41	20	43	12	6	37	11	52	52	20	26	93	76	86	0.55	70.49
浙商证券	25	21	26	35	78	41	82	35	56	22	111	6	41	30	35	33	32	48	43	82	0.55	70.02
东兴证券	26	27	23	24	67	53	43	23	66	55	27	68	99	103	104	45	25	87	91	92	0.54	69.31
国元证券	27	37	22	20	88	85	45	26	91	16	104	46	31	53	60	47	31	75	80	85	0.54	69.20
山西证券	28	23	33	41	93	81	102	46	87	61	93	49	46	46	15	34	45	15	2	110	0.54	69.05
西南证券	29	33	28	27	76	64	55	30	75	63	13	74	38	51	45	27	57	73	90	18	0.54	68.86
长城证券	30	29	32	30	53	55	58	34	76	72	23	51	27	29	54	28	39	60	35	63	0.54	68.50
天风证券	31	30	31	29	103	96	104	48	104	73	2	18	52	26	48	5	20	90	54	99	0.54	68.46
西部证券	32	31	37	28	81	87	86	27	51	35	12	2	15	25	12	29	50	36	106	32	0.53	68.12
东方财富	33	40	42	38	21	13	7	32	26	84	19	60	94	99	100	30	5	40	11	45	0.53	67.96
国海证券	34	32	27	36	97	84	87	37	61	50	89	28	42	61	47	37	51	30	85	20	0.53	67.70
渤海证券	35	43	34	25	51	68	26	21	41	26	30	47	88	94	95	42	75	28	74	56	0.53	67.06
华安证券	36	35	35	39	30	17	18	39	71	29	10	45	30	24	43	75	79	22	50	49	0.52	66.91

续表

公司简称	排名	经营能力			盈利能力			基于微观审慎的风险控制能力				基于宏观审慎的风险控制能力				创新能力		成长能力			综合竞争力得分	百分制
		营业收入排名	资产规模排名	净资产排名	ROA排名	ROE排名	销售利润率排名	净资本排名	净资本与净资产比例排名	风险覆盖率排名	公司治理排名	资本充足率排名	资本杠杆率排名	流动性覆盖率排名	净稳定资金率排名	业务创新能力排名	技术创新能力排名	营业收入增长率排名	营业利润增长率排名	资产规模增长率排名		
中银国际	37	39	39	42	59	46	49	38	31	81	17	99	114	117	117	17	47	102	95	95	0. 52	65. 92
民生证券	38	44	43	45	83	67	80	57	92	18	63	35	81	88	89	25	61	21	56	22	0. 52	65. 75
华融证券	39	34	29	43	117	116	118	25	8	46	58	22	73	80	81	72	56	17	117	55	0. 51	65. 39
红塔证券	40	53	40	40	46	48	11	28	13	84	32	52	33	14	25	48	89	25	6	51	0. 51	65. 04
华创证券	41	46	46	44	79	66	64	41	45	70	78	29	78	85	86	15	28	65	67	47	0. 51	65. 03
恒泰证券	42	36	58	49	28	36	63	70	102	66	4	95	113	116	117	67	40	6	102	30	0. 51	65. 01
信达证券	43	48	41	55	107	103	107	52	58	58	67	71	101	105	106	41	49	50	33	1	0. 51	64. 98
华福证券	44	41	38	37	52	56	47	51	100	76	33	94	112	115	116	88	59	88	46	96	0. 51	64. 38
第一创业	45	45	51	56	61	50	73	61	83	79	15	76	48	36	46	70	30	55	83	14	0. 50	64. 37
国联证券	46	64	62	61	48	42	30	49	18	11	29	53	19	38	23	50	29	37	19	11	0. 50	64. 36
太平洋	47	61	56	51	69	72	48	45	50	41	1	11	25	22	29	26	53	4	120	121	0. 50	64. 20
国盛证券	48	57	60	54	89	91	83	47	35	42	101	54	22	37	31	110	103	7	70	27	0. 50	64. 08
东莞证券	49	50	49	71	55	15	37	59	19	19	96	103	116	117	117	36	52	66	21	31	0. 50	63. 89
财达证券	50	58	54	58	50	39	21	55	47	25	95	58	23	6	22	65	74	79	93	13	0. 50	63. 49
华龙证券	51	51	61	34	84	100	85	40	85	10	37	17	12	48	17	83	71	49	113	48	0. 50	63. 23
中原证券	52	47	44	50	114	111	113	64	93	14	14	90	53	62	58	53	69	58	92	79	0. 50	63. 21
南京证券	53	49	50	46	41	44	29	42	49	8	106	96	24	21	37	57	68	126	124	112	0. 50	63. 17
国都证券	54	69	59	57	47	54	19	53	59	44	3	81	106	109	110	62	80	9	8	19	0. 49	62. 72
华泰证券（上海）资产管理	55	42	45	68	20	5	4	33	4	75	113	89	110	113	114	110	103	97	7	103	0. 49	62. 54

续表

公司简称	排名	经营能力			盈利能力			基于微观审慎的风险控制能力				基于宏观审慎的风险控制能力				创新能力		成长能力			综合竞争力得分	百分制
		营业收入排名	资产规模排名	净资产排名	ROA排名	ROE排名	销售利润率排名	净资本排名	净资本与净资产比例排名	风险覆盖率排名	公司治理排名	资本充足率排名	资本杠杆率排名	流动性覆盖率排名	净稳定资金率排名	业务创新能力排名	技术创新能力排名	营业收入增长率排名	营业利润增长率排名	资产规模增长率排名		
上海证券	56	68	55	67	94	76	77	54	16	9	41	80	105	108	109	43	102	29	37	15	0.49	62.41
开源证券	57	52	72	63	34	60	71	67	70	84	110	34	18	50	44	64	46	41	68	6	0.49	62.11
财信证券	58	66	63	64	70	59	50	63	48	68	66	85	17	59	66	110	27	8	22	26	0.49	62.06
湘财证券	59	73	64	65	75	61	44	62	37	13	34	41	20	32	27	100	67	64	26	7	0.49	61.97
万联证券	60	75	52	47	85	83	39	43	44	39	39	43	86	92	93	56	72	85	57	70	0.48	61.48
东海证券	61	63	48	59	115	110	101	60	72	7	7	102	115	117	117	60	65	99	84	74	0.48	61.38
新时代	62	55	65	48	45	78	61	58	86	84	97	39	83	90	91	38	83	108	114	81	0.48	60.92
上海国泰君安资产管理	63	54	94	80	7	10	28	50	5	84	113	57	92	97	98	52	103	11	72	76	0.48	60.56
中金财富	64	38	21	33	100	77	53	104	105	64	77	111	120	117	117	80	100	111	38	107	0.47	60.50
中航证券	65	77	67	69	42	51	31	66	40	15	98	87	109	112	113	66	81	23	15	39	0.47	60.41
江海证券	66	67	53	53	105	104	100	44	27	80	79	27	77	84	85	98	77	80	87	37	0.47	60.26
国开证券	67	62	47	32	120	120	124	22	12	84	61	10	67	74	75	76	84	116	108	122	0.47	60.15
上海光大证券资产管理	68	78	109	103	1	2	9	77	3	47	113	88	3	8	11	63	103	123	123	101	0.47	59.50
五矿证券	69	71	69	62	73	80	60	56	34	84	68	15	70	77	78	99	55	27	89	83	0.46	59.08
首创证券	70	74	70	86	36	16	27	83	42	84	50	104	117	117	117	77	66	32	77	40	0.46	59.00

续表

公司简称	排名	经营能力			盈利能力			基于微观审慎的风险控制能力				基于宏观审慎的风险控制能力				创新能力		成长能力			综合竞争力得分	百分制
		营业收入排名	资产规模排名	净资产排名	ROA排名	ROE排名	销售利润率排名	净资本排名	净资本与净资产比例排名	风险覆盖率排名	公司治理排名	资本充足率排名	资本杠杆率排名	流动性覆盖率排名	净稳定资金率排名	业务创新能力排名	技术创新能力排名	营业收入增长率排名	营业利润增长率排名	资产规模增长率排名		
中山证券	71	65	66	77	91	73	89	84	79	84	57	121	61	69	70	92	54	68	112	36	0.46	58.69
金元证券	72	80	73	70	80	88	70	68	54	84	99	69	14	12	30	93	48	104	52	54	0.46	58.36
华鑫证券	73	84	68	74	118	118	117	79	77	36	74	59	93	98	99	49	43	84	39	46	0.45	57.90
德邦证券	74	70	78	60	106	108	111	65	73	84	100	73	103	106	107	61	38	114	103	106	0.45	57.79
国融证券	75	79	80	91	113	114	115	87	36	24	56	21	72	79	80	82	44	59	111	12	0.45	57.68
华林证券	76	85	75	78	26	24	14	92	101	67	112	101	39	11	56	107	58	107	16	84	0.45	57.60
华金证券	77	86	83	88	74	65	69	81	20	84	59	115	120	117	117	44	35	24	23	44	0.45	57.48
联储证券	78	88	74	75	104	106	99	86	88	27	20	9	66	73	74	94	41	67	104	35	0.45	57.16
上海海通证券资产管理	79	72	88	93	13	6	3	104	105	84	113	121	59	68	69	54	103	2	3	52	0.45	56.92
粤开证券	80	90	77	83	99	98	93	71	14	37	24	19	16	19	16	74	64	31	79	123	0.45	56.76
中信证券华南	81	26	57	52	121	122	119	104	105	84	55	20	71	78	79	46	97	42	121	108	0.44	56.70
长江证券承销保荐	82	103	123	122	4	3	56	104	105	3	70	82	10	49	2	103	103	33	4	8	0.44	56.69
华宝证券	83	95	79	85	96	94	84	78	33	32	62	23	74	81	82	59	34	81	96	29	0.44	56.61
英大证券	84	89	81	92	87	82	81	89	68	84	53	48	89	95	96	90	63	43	60	25	0.44	55.87

续表

公司简称	排名	经营能力			盈利能力			基于微观审慎的风险控制能力				基于宏观审慎的风险控制能力				创新能力		成长能力			综合竞争力得分	百分制
		营业收入排名	资产规模排名	净资产排名	ROA排名	ROE排名	销售利润率排名	净资本排名	净资本与净资产比例排名	风险覆盖率排名	公司治理排名	资本充足率排名	资本杠杆率排名	流动性覆盖率排名	净稳定资金率排名	业务创新能力排名	技术创新能力排名	营业收入增长率排名	营业利润增长率排名	资产规模增长率排名		
申港证券	85	93	91	89	98	105	108	82	21	84	9	121	60	9	65	71	86	5	20	119	0.44	55.49
中天国富	86	94	99	84	22	90	66	74	30	38	65	121	62	70	71	105	82	3	78	120	0.43	55.42
万和证券	87	101	76	79	95	97	59	72	22	84	60	8	65	72	73	51	91	91	41	75	0.43	55.40
北京高华	88	82	98	96	17	45	67	88	52	84	25	84	107	110	111	69	73	72	31	65	0.43	55.36
广发证券资产管理（广东）	89	60	84	76	9	8	2	104	105	84	113	121	57	66	67	110	37	105	118	100	0.43	55.31
宏信证券	90	92	86	102	57	25	57	95	62	84	49	114	28	60	21	78	93	76	32	72	0.43	55.14
中邮证券	91	98	87	73	49	89	33	69	23	84	48	13	69	76	77	81	88	45	42	66	0.43	55.08
大通证券	92	109	92	81	54	93	20	73	29	84	31	30	7	7	5	85	92	103	53	77	0.43	54.95
银河金汇资产管理	93	96	113	112	24	75	105	80	1	62	113	4	2	13	7	58	103	115	115	104	0.43	54.85
中天证券	94	100	90	94	63	79	51	90	67	5	35	33	80	87	88	96	95	13	64	125	0.43	54.67
财通证券资产管理	95	83	117	119	5	4	78	99	6	23	113	109	8	15	6	110	103	38	18	38	0.43	54.39
九州证券	96	107	93	95	110	113	110	91	63	84	18	62	96	100	101	89	36	118	119	16	0.42	53.33
世纪证券	97	115	89	82	119	119	120	76	55	84	40	56	91	16	18	79	85	10	5	113	0.42	53.18

续表

公司简称	排名	经营能力			盈利能力			基于微观审慎的风险控制能力				基于宏观审慎的风险控制能力				创新能力		成长能力			综合竞争力得分	百分制
		营业收入排名	资产规模排名	净资产排名	ROA排名	ROE排名	销售利润率排名	净资本排名	净资本与净资产比例排名	风险覆盖率排名	公司治理排名	资本充足率排名	资本杠杆率排名	流动性覆盖率排名	净稳定资金率排名	业务创新能力排名	技术创新能力排名	营业收入增长率排名	营业利润增长率排名	资产规模增长率排名		
中信证券（山东）	98	76	71	72	40	52	38	104	105	84	84	108	120	117	117	110	90	98	45	93	0.42	53.13
银泰证券	99	110	96	99	31	71	32	93	46	84	64	117	120	23	10	109	62	54	81	21	0.42	52.98
上海东方证券资产管理	100	56	106	104	2	1	25	104	105	84	113	118	120	117	117	110	103	18	9	90	0.42	52.92
华泰联合	101	59	97	97	12	12	72	104	105	84	69	75	104	107	108	73	60	113	99	109	0.41	52.69
中泰证券（上海）资产管理	102	104	122	123	8	9	88	101	2	78	113	25	5	27	9	110	101	106	58	41	0.41	52.29
大同证券	103	114	95	110	108	102	5	98	25	40	28	105	118	64	33	110	94	101	24	10	0.41	51.75
长城国瑞	104	99	85	90	124	126	126	75	15	17	54	16	21	18	26	102	98	78	105	126	0.40	51.62
爱建证券	105	116	101	113	111	109	114	97	17	20	42	31	13	5	8	68	87	86	63	53	0.40	51.34
瑞银证券	106	91	100	105	112	115	116	96	65	84	43	36	82	89	90	55	70	128	128	117	0.40	51.09
东证融汇证券资产管理	107	122	120	117	6	11	6	100	9	84	113	26	76	83	84	101	103	56	55	2	0.40	50.35

续表

公司简称	排名	经营能力			盈利能力			基于微观审慎的风险控制能力				基于宏观审慎的风险控制能力				创新能力		成长能力			综合竞争力得分	百分制
		营业收入排名	资产规模排名	净资产排名	ROA排名	ROE排名	销售利润率排名	净资本排名	净资本与净资产比例排名	风险覆盖率排名	公司治理排名	资本充足率排名	资本杠杆率排名	流动性覆盖率排名	净稳定资金率排名	业务创新能力排名	技术创新能力排名	营业收入增长率排名	营业利润增长率排名	资产规模增长率排名		
招商证券资产管理	108	81	102	87	3	7	1	104	105	83	113	65	98	102	103	110	103	109	49	97	0.39	50.27
华菁证券	109	119	108	101	39	101	62	94	32	84	38	121	58	67	68	84	96	51	94	33	0.39	49.94
申万宏源西部	110	87	82	66	23	57	10	104	105	84	83	92	111	114	115	110	103	95	44	87	0.39	49.70
申万宏源承销保荐	111	102	114	108	15	29	76	104	105	4	73	32	79	86	87	97	103	19	40	43	0.38	48.42
方正证券承销保荐	112	105	105	98	116	117	112	85	10	84	80	40	84	17	13	110	103	125	126	116	0.37	47.55
川财证券	113	113	103	111	123	125	123	102	39	84	36	61	95	63	14	35	78	112	73	127	0.37	47.53
东方证券承销保荐	114	97	111	109	32	92	109	104	105	84	82	116	120	117	117	110	16	117	71	114	0.37	47.41
恒泰长财	115	117	124	125	11	20	90	104	64	2	71	55	9	2	4	110	103	12	27	23	0.37	47.14
浙商证券资产管理	116	111	115	106	16	62	68	104	105	84	113	44	87	93	94	106	103	52	110	4	0.36	46.24
华英证券	117	118	119	118	19	86	94	104	105	84	86	120	120	117	117	104	103	71	59	94	0.36	46.16

续表

公司简称	排名	经营能力			盈利能力			基于微观审慎的风险控制能力				基于宏观审慎的风险控制能力				创新能力		成长能力			综合竞争力得分	百分制
		营业收入排名	资产规模排名	净资产排名	ROA排名	ROE排名	销售利润率排名	净资本排名	净资本与净资产比例排名	风险覆盖率排名	公司治理排名	资本充足率排名	资本杠杆率排名	流动性覆盖率排名	净稳定资金率排名	业务创新能力排名	技术创新能力排名	营业收入增长率排名	营业利润增长率排名	资产规模增长率排名		
长江证券（上海）资产管理	118	108	107	100	10	27	8	104	105	53	113	70	100	104	105	110	103	110	17	64	0.36	45.58
中德证券	119	112	118	115	38	99	106	104	105	84	52	50	90	96	97	95	103	74	98	5	0.36	45.52
兴证证券资产管理	120	120	104	114	29	32	15	104	105	84	113	24	75	82	83	87	103	119	14	98	0.35	44.99
高盛高华	121	106	116	107	18	74	96	104	105	84	44	63	97	101	102	108	103	96	88	105	0.35	44.60
国盛证券资产管理	122	126	127	124	126	124	121	103	7	6	113	7	4	4	24	13	76	121	109	124	0.32	41.40
第一创业承销保荐	123	121	126	126	14	38	92	104	105	84	81	12	68	75	76	110	103	35	122	34	0.32	41.06
瑞信方正	124	124	121	120	125	123	122	104	105	84	51	119	120	3	3	91	103	127	125	128	0.32	40.23
金通证券	125	128	128	127	102	112	79	104	105	1	72	121	6	1	1	110	103	122	100	111	0.30	38.77
渤海汇金资产管理	126	127	112	116	122	121	125	104	105	84	113	3	63	10	19	110	103	124	34	115	0.30	37.78
网信证券	127	123	110	128	128	128	128	104	105	84	46	42	85	91	92	86	99	16	127	118	0.25	32.12
摩根士丹利华鑫	128	125	125	121	127	127	127	104	105	84	45	121	120	117	64	110	103	120	116	102	0.22	28.22

资料来源：Wind、证券公司年报、山东省亚太资本市场研究院。

大捷径，也是提高综合竞争力的有效方式。

从政策层面来看，监管层也鼓励证券行业进行并购，加快航母级证券公司的建设。2019 年 11 月，中国证监会提出六大举措打造航母级证券公司，其中提到以下两点。第一，多渠道充实证券公司的资本，鼓励市场化并购重组，支持行业做优做强。支持证券公司在境内外多渠道、多形式融资，优化融资结构，增强资本实力。支持行业内市场化的并购重组活动，促进行业结构优化及整合。第二，支持证券公司完善国际化布局，按照 2018 年 9 月证监会发布的《证券公司和证券投资基金管理公司境外设立、收购、参股经营机构管理办法》，依法设立、收购境外证券经营机构，提升为实体企业“走出去”“引进来”提供配套金融服务的能力。

纵观我国大型证券公司的发展史，大多数也是通过并购整合做大做强，以此提高综合竞争力。回顾整个证券行业发展历程（如图 2 所示），我国证券行业曾出现四轮并购整合浪潮，当然证券行业并购整合有其特定历史背景，前三轮都是由行政监管政策推动，分别受到“分业经营”“综合治理”“一参一控”政策影响，其根本目的在于化解或规避行业风险。政策驱动的并购对化解风险、规范经营、培育头部证券公司等具有一定积极作用。证券行业经过四轮大规模的业内整合，行业逐步规范，实现优胜劣汰，几家证券公司抓住机遇通过并购快速实现扩张，其中中信证券（600030. SH）、国泰君安（601211. SH）、华泰证券（601688. SH）等头部证券公司借助多次成功并购奠定了行业龙头的地位，加上在管理机制、业务发展方面率先转型，巩固了领先地位。而华创证券、天风证券（601162. SH）等几家中小型证券公司也借同业并购整合进行全国布局，快速提升了资本实力。第四轮并购是证券公司以提升综合竞争力为核心的市场性并购，此轮并购起始于经纪佣金高、传统业务尚未出现“红海”、创新业务初步探索阶段，物理网点和人员规模效应仍然显著，通过并购实现收入和集中度共同提升。

中信证券（600030. SH）的综合竞争力长期处于行业第 1 名，是并购重组成功的典型代表。相比于国泰君安（601211. SH）、海通证券（600837. SH）等其他头部证券公司，中信证券（600030. SH）起步较晚，1995 年由中信

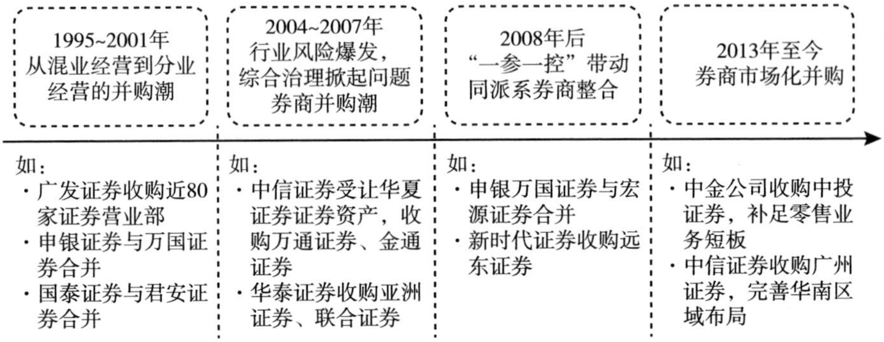

图 2　中国证券行业四轮并购浪潮

资料来源：Wind、山东省亚太资本市场研究院。

集团牵头成立，1999 年增资扩股改制为股份有限公司，2003 年公司净资产排名行业第六，聚焦在投行业务上，此后通过一系列外延式并购完善了业务条线，开启全国性布局，公司从 2010 年开始总资产稳定在行业第一。具体来看，其并购发展历程主要有以下几步。第一，并购万通证券、金通证券，重组华夏证券，确立行业第一地位。公司 2003 年成功收购万通证券，开启了自己的扩张之路，为公司未来在山东市场的领先地位奠定了基础，2014 年万通证券更名为中信证券（山东）；2005 年中信证券（600030. SH）与中国建银将华夏证券重组为中信建投证券，虽然后来因“一参一控”被迫出让中信建投的股份，但在控股的几年中借助原华夏证券在包括浙江、福建等东南沿海地区的营业部与客户资源，进一步弥补了自己在经纪业务上的短板，同时为自己的投行业务引流，在投行业务开始进军浙江、福建市场；2006 年公司成功并购浙江金通证券，正式打开浙江省经纪业务市场，股基成交市场份额大幅提升，正式确立自己行业第一的龙头地位。第二，2012 年公司成功收购里昂证券，开始布局海外业务。里昂证券以香港业务为核心，在亚洲、伦敦、纽约均有业务布局，受 2008 年的金融危机影响，连续多年业绩亏损。整个收购耗时 36 个月，打响了中信国际化布局的第一枪，为公司后来打造全牌照海外业务平台奠定了基础。2018 年中信里昂在全球完成 31 单 IPO，在香港 IPO 保荐交易量位居市场第二，市场份额为 9.3%，带来了集团海外业务的高增长。第三，控股广州证券，重夺华南地区市场份额。2004 年中信证券（600030. SH）收购广发证券（000776. SZ）失败后，再次于 2019 年完成收购广州证券，广州证券成为中信证券（600030. SH）的华南分公司。广州证券多年来持续深耕华南地区，拥有丰富的客户资源与营业部网点（收购前共有营业部 135 家）。相比之下，中信证券（600030. SH）在收购前共有营业部 273 家，主要分布在浙江省、山东省，在广东布局偏弱，2019 年广东地区收入仅为 2. 83 亿元，营业部数量远少于其他沿海省份。此次并购后，中信证券（600030. SH）位于广东省及周边区域的客户数量将获得显著提升，同时广州证券成为中信证券（600030. SH）华南地区财富管理业务专业子公司，借助中信证券（600030. SH）的主要股东和华南地区的客户网络挖掘业务资源，增强竞争力，进一步完善财富管理布局。

通过梳理国内证券行业市场化并购案例可发现，并购主要方向有以下几个。第一，强强联合：大型证券公司与大型证券公司整合，产生行业龙头。第二，客户资源整合：整合不同区域或不同类型的客户资源，如零售客户与机构客户互补。第三，获取牌照：第三方平台将自身业务延伸至证券行业。第四，海外收购：开展海外布局，加速国际化进程。证券行业通过并购整合，集中度不断提高。在当前面临国际巨头的竞争和向重资本转型的背景下，证券公司加快并购整合是摆脱同质化竞争、提高综合竞争力的必然要求，中小证券公司应抓住资本市场改革机会，补足业务、布局短板，快速壮大规模，向头部证券公司靠拢。

B.5
上市证券公司运营分析报告（2020）

黄晓艳　闫小敏*

摘　要： 2019年我国证券市场呈现繁荣景象，证券行业整体业绩明显改善。2019年两市成交量活跃度明显提升，经纪业务收入有所增加。资金驱动型的证券投资业务成为行业业绩改善的重要驱动因素，重资本业务能力逐渐成为证券公司的核心竞争能力，这对证券公司的资产获取、风险定价和主动管理能力提出了更高的要求。受资产管理新规及配套政策平稳推进和银行缩表的影响，各家证券公司正在艰难实现资产管理业务“去通道、降杠杆、限非标”，通道业务规模持续下降，效果明显。在投行业务方面，受益于债市回暖和科创板注册制推行，证券公司投行业务有明显的扩张。截至2019年末，沪深交易所上市的证券公司有37家，全年实现净利润增长逾七成。随着资本市场深化改革步伐加快，监管部门打造航母级证券公司的政策将使行业集中度进一步提升，证券行业还有更广阔的发展空间。

关键词： 证券公司运营　营业收入　净利润　上市证券公司

由于证券行业存在较为严格的监管和准入门槛，近年来证券公司数量增

---

* 黄晓艳，山东大学经济学院金融学硕士，山东省亚太资本市场研究院高级研究员，研究领域为公司金融；闫小敏，山东财经大学金融学硕士，山东省亚太资本市场研究院高级研究员，研究领域为证券市场、公司金融。

长缓慢。截至2019年末，国内证券公司共计133家，其中已有37家证券公司在沪深交易所上市，上市比例明显高于其他行业。在经历2018年业绩低谷之后，2019年全行业业绩明显改善，扭转了连续3年的下跌态势，行业亏损面大幅缩窄，仅10%的证券公司经营亏损。同时，头部证券公司各主要业务优势地位较为稳固。未经审计财务报表显示，2019年度133家证券公司实现营业收入3604.83亿元，同比增长35.37%；实现净利润1230.95亿元，同比增长84.77%。37家上市证券公司营业收入总额为2627.81亿元，同比下降3.16%；净利润总额为1032.90亿元，同比增长74.42%。同时，2019年迎来外资控股证券公司的设立，全年新增两家外资控股证券公司，分别为摩根大通证券（中国）有限公司和野村东方国际证券有限公司。随着外资证券公司持股限制的取消，预计未来外商控股或独资证券公司数量会继续增加。

2019年沪深上市证券公司共计37家，比上年同期增加2家，新增证券公司为华林证券（002945.SZ）和红塔证券（601236.SH）；香港上市证券公司数量（剔除A+H股证券公司）保持不变，依然是中金公司（3908.HK）、国联证券（1456.HK）和恒投证券（1476.HK）3家证券公司；在股转系统挂牌证券公司同往年一样，依然是国都证券（870488.OC）、东海证券（832970.OC）、粤开证券（830899.OC，原联讯证券）。上市证券公司属于公众公司，在监管方面更为严格，披露的数据也更为翔实，因此，对上市证券公司的经营数据进行全面分析更能够反映整个行业的运行情况。本报告将沪深交易所上市的37家证券公司作为样本进行分析，并且与整个证券行业进行对比。根据37家上市证券公司的收入结构，对证券公司的经纪业务、证券投资业务、资产管理业务、投行业务、融资融券业务等多项业务进行分析，梳理上市证券公司的经营现状，并将37家上市证券公司与其他金融公司进行横向财务比较，从而探究证券公司的市场影响力。

一　上市证券公司整体现状

截至2019年末，全国证券公司共计为133家。如果将香港证券交易所和新三板考虑在内，所统计的证券公司中已有43家上市（见表1）。上市证券公司数量不断增加，比2018年增加了2家。其中，在沪深交易所上市的证券公司有37家，较2018年增加2家。

表1　上市证券公司一览（2019年）

股票简称	上市日期	股票代码	
申万宏源	2015-1-26	000166. SZ	6806. HK
广发证券	1997-6-11	000776. SZ	1776. HK
中信证券	2003-1-6	600030. SH	6030. HK
海通证券	1994-2-24	600837. SH	6837. HK
东方证券	2015-3-23	600958. SH	3958. HK
招商证券	2009-11-17	600999. SH	6099. HK
中信建投	2018-6-20	601066. SH	6066. HK
国泰君安	2015-6-26	601211. SH	2611. HK
中原证券	2017-1-3	601375. SH	1375. HK
华泰证券	2010-2-26	601688. SH	6886. HK
光大证券	2009-8-18	601788. SH	6178. HK
中国银河	2017-1-23	601881. SH	6881. HK
国信证券	2014-12-29	002736. SZ	
第一创业	2016-5-11	002797. SZ	
华西证券	2018-2-5	002926. SZ	
长城证券	2018-10-26	002939. SZ	
华林证券	2019-1-17	002945. SZ	
东北证券	1997-2-27	000686. SZ	
国投资本	1997-5-19	600061. SH	
国元证券	1997-6-16	000728. SZ	
国金证券	1997-8-7	600109. SH	
国海证券	1997-7-9	000750. SZ	
西南证券	2001-1-9	600369. SH	
长江证券	1997-7-31	000783. SZ	
山西证券	2010-11-15	002500. SZ	
华安证券	2016-12-6	600909. SH	
太平洋	2007-12-28	601099. SH	

续表

股票简称	上市日期	股票代码	
财通证券	2017－10－24	601108. SH	
天风证券	2018－10－19	601162. SH	
东兴证券	2015－2－26	601198. SH	
红塔证券	2019－7－5	601236. SH	
兴业证券	2010－10－13	601377. SH	
西部证券	2012－5－3	002673. SZ	
东吴证券	2011－12－12	601555. SH	
浙商证券	2017－6－26	601878. SH	
方正证券	2011－8－10	601901. SH	
南京证券	2018－6－13	601990. SH	
中金公司	2015－11－9	3908. HK	
恒投证券	2015－10－15	1476. HK	
国联证券	2015－7－6	1456. HK	
粤开证券	2014－8－1	830899. OC	
东海证券	2015－7－27	832970. OC	
国都证券	2017－3－31	870488. OC	

注：同时在沪深证券交易所和港交所上市的证券公司，上市日期标注为沪深证券交易所上市日期。此外，中原证券在香港上市股票简称为中州证券（01375. HK），恒泰证券（非沪深上市）在香港上市股票简称为恒投证券（01476. HK）。

资料来源：Wind、山东省亚太资本市场研究院。

与2018年相比，2019年我国沪深上市证券公司的利润与行业占比有所下降。37家上市证券公司的营业收入总额为2627. 81亿元，前四大上市证券公司的营业收入为816. 25亿元，占比为31. 06%。净利润总额为1032. 90亿元，前四大上市证券公司的净利润为393. 91亿元，占比为38. 14%。与2018年相比，上市证券公司营业收入同比下降3. 16%，共13家证券公司的营业收入出现下降，占比为35. 14%。净利润总额为1032. 90亿元，增长幅度较大，同比增长74. 42%。从中国证券业协会对证券公司合并口径（证券公司集团财务数据口径）和专项合并口径（证券公司及其证券类子公司数据口径）的财务数据来看，2019年98家证券公司共实现营业收入3520. 44

亿元，同比增长38.65%；实现净利润1137.12亿元，同比增长106.29%。

从2019年上市证券公司的收入结构看，经纪业务、证券投资业务、资产管理业务、投行业务等多项业务的收入出现不同程度的上升，其中证券投资业务收入同比增长幅度最大。仅融资融券一项业务收入出现下降，同比下降4.39%。全年37家沪深上市证券公司的经纪业务收入总计611.56亿元，同比增长24.33%；证券投资业务收入总计为926.95亿元，同比增长102.93%；资产管理业务收入总计184.83亿元，同比增长26.49%；投行业务收入总计为326.52亿元，同比增长27.12%；融资融券业务收入总计为510.09亿元，同比下降4.39%（见图1）。上市证券公司具体收入结构见表2。

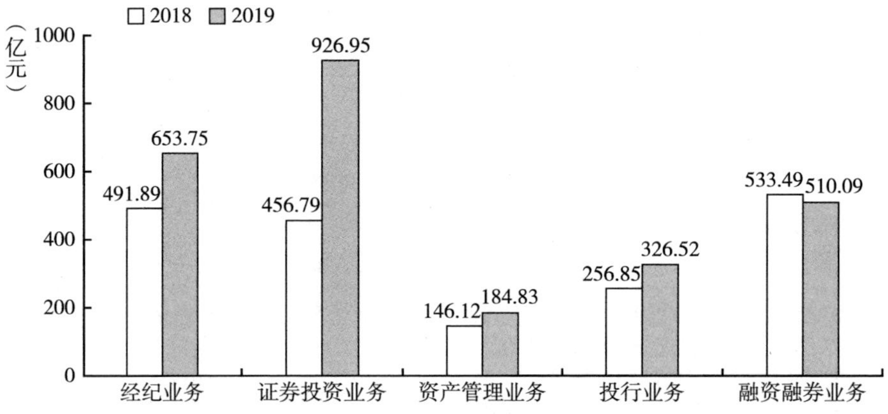

图1　上市证券公司收入结构变化（2018～2019年）

资料来源：中国证券业协会、山东省亚太资本市场研究院。

表2　沪深上市证券公司收入结构（2019年）

单位：%

股票代码	证券公司	经纪业务	证券投资业务	资产管理业务	投行业务	其他业务
601901.SH	方正证券	41.56	14.10	7.79	8.26	28.29
601881.SH	中国银河	32.12	36.59	4.58	3.48	23.23
002736.SZ	国信证券	31.77	33.58	1.47	11.47	21.71
601878.SH	浙商证券	31.75	40.39	7.63	11.07	9.16
601555.SH	东吴证券	29.53	37.76	0.00	19.13	13.58

续表

股票代码	证券公司	经纪业务	证券投资业务	资产管理业务	投行业务	其他业务
601375. SH	中原证券	27. 81	46. 81	0. 00	13. 56	11. 82
000783. SZ	长江证券	27. 31	38. 95	5. 66	13. 06	15. 02
600109. SH	国金证券	27. 11	31. 48	0. 00	22. 00	19. 41
002926. SZ	华西证券	26. 22	29. 48	0. 00	14. 03	30. 27
600061. SH	国投资本	26. 13	36. 67	6. 37	9. 96	20. 87
002945. SZ	华林证券	25. 92	32. 95	0. 00	9. 24	31. 89
000166. SZ	申万宏源	25. 50	35. 12	8. 82	7. 66	22. 90
000728. SZ	国元证券	25. 21	6. 00	5. 03	15. 62	48. 14
000776. SZ	广发证券	25. 14	28. 38	8. 07	8. 81	29. 60
600999. SH	招商证券	24. 86	34. 97	5. 83	11. 38	22. 96
600909. SH	华安证券	24. 36	40. 71	4. 66	7. 38	22. 89
601211. SH	国泰君安	24. 05	26. 60	7. 40	9. 21	32. 74
002673. SZ	西部证券	22. 50	59. 89	0. 00	10. 83	6. 78
601990. SH	南京证券	21. 42	13. 56	0. 00	16. 53	48. 49
601688. SH	华泰证券	21. 31	40. 26	8. 75	10. 14	19. 54
000686. SZ	东北证券	21. 08	60. 11	4. 83	10. 67	3. 31
601788. SH	光大证券	20. 55	33. 38	11. 96	14. 35	19. 76
601066. SH	中信建投	20. 51	32. 24	5. 79	28. 32	13. 14
601377. SH	兴业证券	20. 00	48. 66	3. 59	8. 82	18. 93
002939. SZ	长城证券	19. 82	38. 69	3. 32	19. 50	18. 67
601162. SH	天风证券	19. 36	35. 93	20. 33	24. 10	0. 28
601198. SH	东兴证券	19. 18	12. 24	11. 67	28. 59	28. 32
600030. SH	中信证券	18. 40	37. 13	4. 37	13. 90	26. 20
601108. SH	财通证券	18. 38	34. 59	0. 00	9. 14	37. 89
601099. SH	太平洋	18. 33	69. 62	5. 93	6. 12	0. 00
600837. SH	海通证券	18. 24	40. 20	5. 55	12. 81	23. 20
600369. SH	西南证券	17. 88	45. 04	0. 00	8. 49	28. 59
000750. SZ	国海证券	17. 80	32. 10	10. 89	15. 37	23. 84
002500. SZ	山西证券	16. 52	50. 71	6. 39	26. 34	0. 04
600958. SH	东方证券	15. 31	35. 75	20. 70	11. 35	16. 89
002797. SZ	第一创业	14. 57	37. 02	16. 99	20. 64	10. 78
601236. SH	红塔证券	8. 94	88. 87	0. 00	2. 19	0. 00

资料来源：中国证券业协会、山东省亚太资本市场研究院。

二 上市证券公司业务分析

（一）经纪业务

2019 年经济下行压力更甚，A 股处于最近一轮盈利下行周期的底部区域，三大指数均有较大的涨幅。年末上证综指收于 3050.12 点，较年初涨幅为 22.30%；深证成指收于 10430.77 点，较年初涨幅为 44.08%；创业板指数收于 1798.12 点，较年初涨幅为 43.79%。从全年来看，上证综指全年成交量达 536 亿股，创近 4 年新高；深证成指全年成交量达 726 亿股，创历史新高；创业板指数全年成交量为 190 亿股，创历史新高。两市全年成交额达 126.93 万亿元，同比增长 41.49%。作为证券公司营业收入的重要组成部分，经纪业务收入与沪深市场交易量和行业佣金密切相关。2019 年两市成交量活跃度明显提升，经纪业务收入有所增加。2019 年沪深两市股票和基金日均交易额合计为 5202.14 亿元，同比增长 26.17%。2019 年 133 家证券公司经纪业务收入总计 787.63 亿元，同比增长 26.34%。其中，37 家沪深上市证券公司经纪业务收入总计 611.56 亿元，同比增长 24.33%。

由 2019 年上市证券公司经纪业务收入排名可知，国泰君安（601211.SH）以 50.88 亿元排名第一，同比增长 31.39%；位居第二的中信证券（600030.SH）的经纪业务收入为 49.44 亿元，同比增长 12.71%；中国银河（601881.SH）以 38.96 亿元小幅赶超国信证券（002736.SZ）位居第三，同比增长 25.17%；招商证券（600999.SH）以 36.55 亿元取代申万宏源（000166.SZ）位居第七；中信建投（601066.SH）以 26.14 亿元排名第十。其中，共有 8 家上市证券公司的经纪业务收入超过 30 亿元，同比增加 2 家（见图 2）。

经纪业务是证券公司获取稳健业务收入的重要手段，从上市证券公司 2019 年的收入变化看，沪深交易所上市的 37 家证券公司的经纪业务收入占营业收入的比重为 23.27%，比 2018 年增加 5.14 个百分点。其中，方正证

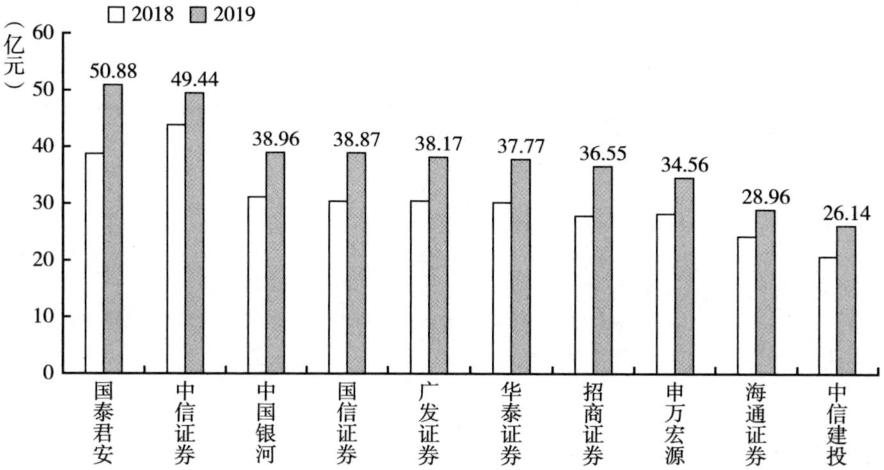

图 2　2019 年上市证券公司经纪业务收入 TOP10 及与 2018 年比较

资料来源：中国证券业协会、山东省亚太资本市场研究院。

券（601901. SH）经纪业务收入占营业收入的比重为 41. 56%，比 2018 年提高 8 个百分点；中国银河（601881. SH）占比为 32. 12%，与 2018 年相比提高 0. 76 个百分点；国信证券（002736. SZ）占比 31. 77%，同比增长 1. 46 个百分点；浙商证券（601878. SH）占比为 31. 74%，同比增长 12. 75 个百分点。共 4 家上市证券公司经纪业务收入占营业收入的比重超过 30%（见表 3）。整体来看，经纪业务对证券行业业绩的贡献相对稳定。

受资本市场行情向好的影响，2019 年市场交易活跃，经纪业务收入增长显著。经纪业务是证券公司传统的业务，也是最主要的牌照业务之一。近年来，经纪业务收入占营业收入的比例逐年下降。在经纪业务收入构成中，代理买卖证券业务净收入的占比超过 90%。行业平均佣金率虽保持一定韧性，但下降趋势没有改变。就过去 4 年情况来看，行业平均佣金率持续下滑，2016 年沪深两市股票日均交易额为 5190. 06 亿元，全行业实现代理买卖证券净收入 1052. 95 亿元，行业平均净佣金率为万分之 4. 21，2017 年行业平均净佣金率下降为万分之 3. 78，2019 年行业平均净佣金率由 2018 年的万分之 3. 76 进一步下降至万分之 3. 49。同时，新增客户的数量较少，以盘活存

表 3　上市证券公司经纪业务收入统计（2019 年）

单位：亿元，%

股票代码	股票简称	经纪业务收入	增幅	占比
000166. SZ	申万宏源	34. 56	22. 60	25. 50
000776. SZ	广发证券	38. 17	25. 49	25. 14
600030. SH	中信证券	49. 44	12. 71	18. 40
600837. SH	海通证券	28. 96	19. 49	18. 24
600958. SH	东方证券	12. 65	16. 73	15. 31
600999. SH	招商证券	36. 55	31. 34	24. 86
601066. SH	中信建投	26. 14	26. 28	20. 51
601211. SH	国泰君安	50. 88	31. 39	24. 05
601375. SH	中原证券	4. 69	27. 31	27. 81
601688. SH	华泰证券	37. 77	25. 19	21. 31
601788. SH	光大证券	18. 99	21. 21	20. 55
601881. SH	中国银河	38. 96	25. 17	32. 12
002736. SZ	国信证券	38. 87	27. 87	31. 77
002797. SZ	第一创业	2. 84	25. 19	14. 57
002926. SZ	华西证券	9. 72	35. 47	26. 22
002939. SZ	长城证券	6. 07	26. 23	19. 82
002945. SZ	华林证券	2. 56	39. 46	25. 92
000686. SZ	东北证券	6. 53	24. 48	21. 08
600061. SH	国投资本	19. 83	28. 79	26. 13
000728. SZ	国元证券	6. 25	26. 81	25. 21
600109. SH	国金证券	10. 81	18. 12	27. 11
000750. SZ	国海证券	4. 15	23. 34	17. 80
600369. SH	西南证券	5. 58	17. 72	17. 88
000783. SZ	长江证券	17. 97	26. 56	27. 31
002500. SZ	山西证券	3. 41	22. 82	16. 52
600909. SH	华安证券	6. 29	30. 38	24. 36
601099. SH	太平洋	3. 30	10. 65	18. 33
601108. SH	财通证券	7. 97	26. 85	18. 38
601162. SH	天风证券	5. 44	1. 84	19. 36
601198. SH	东兴证券	6. 54	15. 04	19. 18
601236. SH	红塔证券	1. 70	27. 34	8. 94
601377. SH	兴业证券	14. 42	18. 63	20. 00
002673. SZ	西部证券	6. 59	39. 11	22. 50
601555. SH	东吴证券	9. 65	30. 06	29. 53
601878. SH	浙商证券	8. 99	28. 14	31. 75
601901. SH	方正证券	24. 42	27. 15	41. 56
601990. SH	南京证券	3. 90	23. 13	21. 42

资料来源：中国证券业协会、山东省亚太资本市场研究院。

量客户为主。近年来，各证券公司的营业部布局速度明显放缓。另外，代销产品收入占比依然较小，财富管理转型成效仍不明显，但是占比持续增加。2019 年上市证券公司经纪业务收入结构见表 4。

表 4　上市证券公司经纪业务收入结构统计（2019 年）

单位：亿元

股票代码	股票简称	代理买卖证券业务净收入	占比(%)	代理销售金融产品	占比(%)
000166. SZ	申万宏源	33. 66	97. 42	0. 89	2. 58
000776. SZ	广发证券	36. 21	94. 89	1. 95	5. 11
600030. SH	中信证券	41. 14	83. 21	8. 30	16. 79
600837. SH	海通证券	28. 17	97. 27	0. 79	2. 73
600958. SH	东方证券	11. 59	91. 62	1. 06	8. 38
600999. SH	招商证券	34. 79	95. 18	1. 76	4. 82
601066. SH	中信建投	24. 5	93. 76	1. 63	6. 24
601211. SH	国泰君安	49. 62	97. 52	1. 26	2. 48
601375. SH	中原证券	4. 55	97. 01	0. 14	2. 99
601688. SH	华泰证券	36. 19	95. 79	1. 59	4. 21
601788. SH	光大证券	18. 33	96. 52	0. 66	3. 48
601881. SH	中国银河	37. 15	95. 35	1. 81	4. 65
002736. SZ	国信证券	36. 75	94. 55	2. 12	5. 45
002797. SZ	第一创业	2. 76	97. 18	0. 08	2. 82
002926. SZ	华西证券	9. 48	97. 43	0. 25	2. 57
002939. SZ	长城证券	5. 77	95. 06	0. 30	4. 94
002945. SZ	华林证券	2. 49	97. 27	0. 07	2. 73
000686. SZ	东北证券	6. 38	97. 70	0. 15	2. 30
600061. SH	国投资本	18. 37	92. 64	1. 46	7. 36
000728. SZ	国元证券	6. 18	98. 88	0. 07	1. 12
600109. SH	国金证券	9. 7	89. 73	1. 11	10. 27
000750. SZ	国海证券	4. 04	97. 58	0. 10	2. 42
600369. SH	西南证券	5. 35	95. 88	0. 23	4. 12
000783. SZ	长江证券	16. 89	93. 99	1. 08	6. 01
002500. SZ	山西证券	3. 27	95. 89	0. 14	4. 11
600909. SH	华安证券	6. 24	99. 21	0. 05	0. 79
601099. SH	太平洋	3. 05	92. 71	0. 24	7. 29

续表

股票代码	股票简称	代理买卖证券业务净收入	占比(%)	代理销售金融产品	占比(%)
601108. SH	财通证券	7. 43	93. 22	0. 54	6. 78
601162. SH	天风证券	5. 36	98. 53	0. 08	1. 47
601198. SH	东兴证券	6. 48	99. 08	0. 06	0. 92
601236. SH	红塔证券	1. 69	99. 41	0. 01	0. 59
601377. SH	兴业证券	12. 43	86. 20	1. 99	13. 80
002673. SZ	西部证券	6. 56	99. 39	0. 04	0. 61
601555. SH	东吴证券	9. 54	98. 86	0. 11	1. 14
601878. SH	浙商证券	8. 31	92. 44	0. 68	7. 56
601901. SH	方正证券	23. 68	96. 97	0. 74	3. 03
601990. SH	南京证券	3. 79	97. 18	0. 11	2. 82

资料来源：中国证券业协会、山东省亚太资本市场研究院。

（二）证券投资业务

与传统的经纪业务、资产管理业务和投行业务相比较，证券投资业务成为业绩上行的重要驱动因素。2019 年沪深交易所上市的 37 家证券公司共实现投资业务收入 938. 09 亿元，同比增长 85. 73%，在收入构成中上涨幅度较大。证券投资业务收入占营业收入的比重为 35. 70%，重资产业务收入占比持续扩大，与行业总资产的增速高度契合。在 37 家上市证券公司中，只有 7 家投资业务收入占比出现下滑。包括：东兴证券（601198. SH）投资业务收入占比下降 35. 70 个百分点，国海证券（000750. SZ）投资业务收入占比下降 17. 20 个百分点，方正证券（601901. SH）投资业务收入占比下降 16. 45 个百分点，国元证券（000728. SZ）投资业务收入占比下降 15. 24 个百分点，华西证券（002926. SZ）投资业务收入占比下降 3. 67 个百分点，西南证券（600369. SH）投资业务收入占比下降 6. 65 个百分点，南京证券（601990. SH）投资业务收入占比下降 7. 24 个百分点（见表 5）。另外，太平洋（601099. SH）、红塔证券（601236. SH）、东方证券（600958. SH）、东北证券（000686. SZ）4 家证券公司占比上升超过 40 个百分点。

表 5 上市证券公司证券投资业务收入统计（2019 年）

股票代码	股票简称	业务收入（亿元）	增幅（%）	占比（%）	占比变动（百分点）
000166. SZ	申万宏源	47. 60	130. 96	35. 12	18. 18
000776. SZ	广发证券	43. 08	411. 03	28. 38	22. 86
600030. SH	中信证券	99. 74	55. 26	37. 12	19. 86
600837. SH	海通证券	63. 83	183. 94	40. 20	30. 74
600958. SH	东方证券	29. 53	407. 60	35. 75	45. 07
600999. SH	招商证券	51. 41	56. 26	34. 97	5. 91
601066. SH	中信建投	41. 07	77. 79	32. 24	11. 06
601211. SH	国泰君安	56. 28	39. 55	26. 60	8. 85
601375. SH	中原证券	7. 89	261. 93	46. 80	33. 58
601688. SH	华泰证券	71. 37	270. 56	40. 26	28. 3
601788. SH	光大证券	30. 85	107. 33	33. 38	14. 09
601881. SH	中国银河	44. 37	395. 75	36. 58	27. 57
002736. SZ	国信证券	41. 08	74. 36	33. 58	10. 09
002797. SZ	第一创业	7. 21	54. 39	37. 01	10. 64
002926. SZ	华西证券	10. 93	29. 66	29. 47	-3. 65
002939. SZ	长城证券	11. 85	19. 22	38. 69	2. 59
002945. SZ	华林证券	3. 26	12. 03	32. 96	3. 88
000686. SZ	东北证券	18. 63	69. 83	60. 12	43. 93
600061. SH	国投资本	27. 84	16. 44	36. 68	8. 07
000728. SZ	国元证券	1. 49	-72. 25	6. 01	-15. 25
600109. SH	国金证券	12. 56	24. 23	31. 49	4. 65
000750. SZ	国海证券	7. 48	-28. 56	32. 12	-17. 21
600369. SH	西南证券	14. 05	-0. 92	45. 03	-6. 63
000783. SZ	长江证券	25. 63	307. 47	38. 95	24. 56
002500. SZ	山西证券	10. 47	17. 91	50. 70	37. 75
600909. SH	华安证券	10. 52	68. 05	40. 71	5. 02
601099. SH	太平洋	13. 11	131000. 00	77. 03	76. 77
601108. SH	财通证券	15. 00	55. 76	34. 59	4. 19
601162. SH	天风证券	11. 55	69. 11	41. 13	20. 29
601198. SH	东兴证券	4. 18	-73. 69	12. 25	-35. 69
601236. SH	红塔证券	17. 07	244. 85	101. 07	59. 87
601377. SH	兴业证券	35. 09	80. 32	48. 66	18. 72
002673. SZ	西部证券	17. 55	37. 11	59. 88	2. 67
601555. SH	东吴证券	12. 34	-14. 72	37. 76	2. 99
601878. SH	浙商证券	11. 44	56. 28	40. 40	20. 59
601901. SH	方正证券	8. 28	-52. 63	14. 09	-16. 45
601990. SH	南京证券	2. 47	-3. 89	13. 56	-7. 27

资料来源：中国证券业协会、山东省亚太资本市场研究院。

（三）资产管理业务

受资产管理新规及配套政策平稳推进和银行缩表的影响，2019 年各家证券公司正在艰难实现资产管理业务“去通道、降杠杆、限非标”，通道业务规模持续下降，效果明显。其中，以通道业务为主的单一（定向）资产管理计划规模收缩明显，根据中国证券投资基金业协会数据，2019 年第一季度单一（定向）资产管理计划为 10.80 万亿元，第四季度降至 8.38 万亿元。由此可见，在监管压力之下，证券公司资产管理依赖通道业务野蛮生长的时代已经结束，在资产管理新规框架下，资产管理行业将逐渐解决资金脱实向虚的问题，回归投资本质。

从收入来看，截至 2019 年末，133 家证券公司的资产管理业务净收入为 275.16 亿元，与 2018 年几乎持平。沪深交易所 37 家上市证券公司资产管理业务净收入为 184.83 亿元，同比增长 26.49%，在营业收入中占 7.03%。2019 年，上市证券公司中的头部证券公司（营业收入 TOP10）在资产管理规模上占据优势地位，头部证券公司的资产管理规模占 37 家上市证券公司资产管理总规模的 53.69%，表明营收前 10 证券公司在资产管理业务的集中度明显。

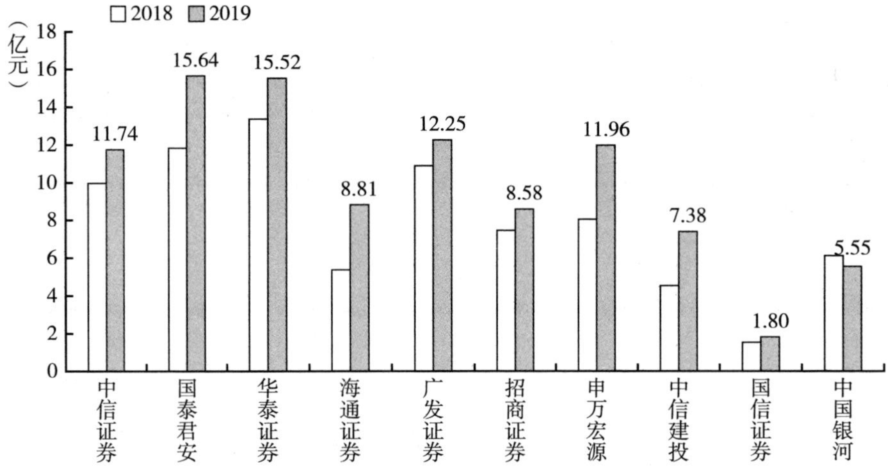

图 3　2019 年上市证券公司资产管理业务收入 TOP10 及与 2018 年比较

资料来源：中国证券业协会、山东省亚太资本市场研究院。

（四）投资银行业务

受益于债市回暖和科创板注册制的实施，2019 年券商投资银行业务有明显的扩张。2019 年 11 月，中国证监会为了推进设立航母级证券公司，制定相关政策，鼓励证券公司填充资本，开拓自身的服务范围和功能，建立激励和约束机制，加快技术更新，增加创新投资，完善国际化结构，加强风险管理，大大发展证券行业。

在沪深交易所上市的 37 家证券公司的投资银行业务收入为 326.52 亿元，同比增长 27.12%。其中华林证券（002945.SZ）、西南证券（600369.SH）、太平洋（601099.SH）等 7 家证券公司的投资银行业务收入同比下降。华西证券（002926.SZ）、南京证券（601990.SH）、华安证券（600909.SH）、中原证券（601375.SH）、国投资本（600061.SH）5 家证券公司的同比增幅超 100%（见表 6）。

表 6　上市证券公司投行业务收入统计（2019 年）

单位：亿元，%

股票代码	股票简称	业务收入	增幅	占营业收入比例
000166.SZ	申万宏源	10.38	26.29	7.66
000776.SZ	广发证券	13.38	18.94	8.81
600030.SH	中信证券	37.36	36.22	13.91
600837.SH	海通证券	20.33	11.94	12.80
600958.SH	东方证券	9.37	-11.02	11.34
600999.SH	招商证券	16.73	33.90	11.38
601066.SH	中信建投	36.07	23.95	28.31
601211.SH	国泰君安	19.49	27.31	9.21
601375.SH	中原证券	2.29	127.32	13.58
601688.SH	华泰证券	17.97	4.26	10.14
601788.SH	光大证券	13.26	36.41	14.35
601881.SH	中国银河	4.22	-13.62	3.48
002736.SZ	国信证券	14.03	33.17	11.47

续表

股票代码	股票简称	业务收入	增幅	占营业收入比例
002797. SZ	第一创业	4. 02	70. 39	20. 64
002926. SZ	华西证券	5. 20	211. 00	14. 02
002939. SZ	长城证券	5. 97	24. 27	19. 49
002945. SZ	华林证券	0. 91	-61. 16	9. 20
000686. SZ	东北证券	3. 31	46. 09	10. 68
600061. SH	国投资本	7. 56	100. 19	9. 96
000728. SZ	国元证券	3. 87	36. 36	15. 62
600109. SH	国金证券	8. 77	26. 06	21. 99
000750. SZ	国海证券	3. 58	36. 82	15. 37
600369. SH	西南证券	2. 65	-38. 71	8. 49
000783. SZ	长江证券	8. 59	58. 30	13. 05
002500. SZ	山西证券	5. 65	83. 61	27. 36
600909. SH	华安证券	1. 91	142. 63	7. 39
601099. SH	太平洋	1. 07	-31. 44	6. 29
601108. SH	财通证券	3. 96	94. 23	9. 13
601162. SH	天风证券	7. 38	32. 46	26. 28
601198. SH	东兴证券	9. 75	69. 97	28. 58
601236. SH	红塔证券	0. 70	41. 36	4. 14
601377. SH	兴业证券	6. 36	-6. 29	8. 82
002673. SZ	西部证券	3. 18	49. 53	10. 85
601555. SH	东吴证券	6. 25	-0. 26	19. 12
601878. SH	浙商证券	3. 13	9. 36	11. 05
601901. SH	方正证券	4. 86	58. 43	8. 27
601990. SH	南京证券	3. 01	147. 09	16. 52

资料来源：中国证券业协会、山东省亚太资本市场研究院。

从投资银行业务收入的排名情况看，2019 年投资银行收入排名前 10 的证券公司占两市上市证券公司投行总收入的 60. 95%，同比下降 2. 02 个百分点。中信证券（600030. SH）、中信建投（601066. SH）分别以 37. 36 亿元、36. 07 亿元位居第一、第二，海通证券（600837. SH）以 20. 33 亿元位居第三（见图 4）。从 2019 年排名变化来看，中信证券（600030. SH）超过中信建投（601066. SH）排名第一，国泰君安（601211. SH）超过华泰证券（601688. SH）排名第四，国信证券（002736. SZ）超过广发证券（000776. SZ）排名第七，光大证券（601788. SH）排名上升至第九，申万宏源（000166. SZ）由 2018 年的第 11 名上升至第 10 名，而东方证券（600958. SH）下降速度较快，排在第 13 名。

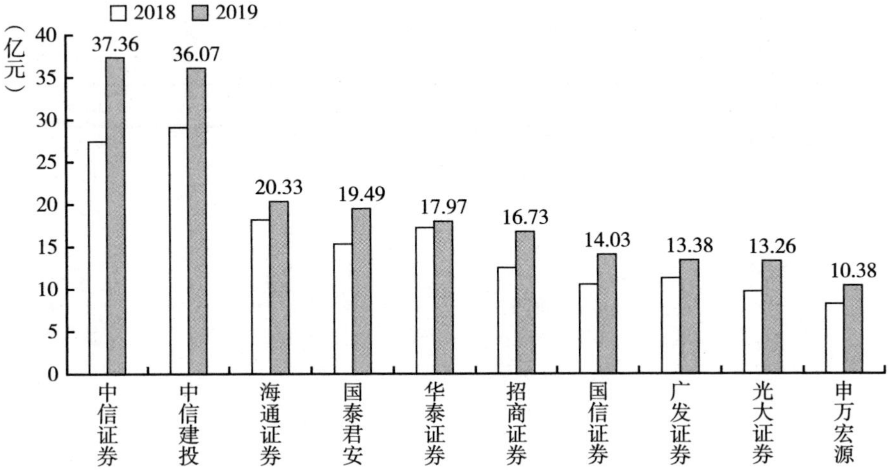

图4　2019年上市证券公司投资银行业务收入TOP10及与2018年比较

资料来源：中国证券业协会、山东省亚太资本市场研究院。

（五）融资融券业务

证券公司的融资融券业务也被称为信用业务。2019年在沪深交易所上市的37家证券公司的融资融券业务收入总计为510.09亿元，同比下降4.39%，业务收入占营业收入的比重为19.41%，比2018年下降0.25个百分点。从37家上市证券公司融资融券业务收入前10名情况看，中信证券（600030.SH）、国泰君安（601211.SH）的融资融券业务收入超40亿元；华泰证券（601688.SH）、中国银河（601881.SH）、申万宏源（000166.SZ）、广发证券（000776.SZ）、招商证券（600999.SH）5家证券公司的融资融券收入为30亿~40亿元；海通证券（600837.SH）、国信证券（002736.SZ）2家证券公司的融资融券收入为20亿~30亿元。2019年证券行业的融资融券业务收入有所下降，37家上市证券公司中有23家证券公司的融资融券收入呈现同比下降。其中，华林证券（002945.SZ）融资融券业务收入的同比下降幅度最大，达33.92%；中信建投（601066.SH）、红塔证券（601236.SH）的降幅超20%（见表7）。

表 7　上市证券公司融资融券业务统计（2019 年）

单位：亿元，%

股票代码	股票简称	业务收入	增幅
000166. SZ	申万宏源	35. 04	-0. 77
000776. SZ	广发证券	33. 73	-11. 36
600030. SH	中信证券	43. 27	-5. 39
600837. SH	海通证券	26. 71	-8. 59
600958. SH	东方证券	7. 71	-8. 94
600999. SH	招商证券	32. 57	-5. 04
601066. SH	中信建投	19. 07	-26. 92
601211. SH	国泰君安	40. 83	0. 01
601375. SH	中原证券	3. 66	-2. 97
601688. SH	华泰证券	39. 53	2. 12
601788. SH	光大证券	18. 61	-8. 84
601881. SH	中国银河	35. 28	-7. 49
002736. SZ	国信证券	26. 25	-4. 10
002797. SZ	第一创业	2. 32	7. 17
002926. SZ	华西证券	6. 70	2. 27
002939. SZ	长城证券	6. 81	18. 24
002945. SZ	华林证券	1. 35	-33. 92
000686. SZ	东北证券	6. 23	5. 60
600061. SH	国投资本	18. 30	6. 67
000728. SZ	国元证券	7. 77	-4. 67
600109. SH	国金证券	5. 14	4. 87
000750. SZ	国海证券	3. 68	-5. 65
600369. SH	西南证券	6. 58	12. 72
000783. SZ	长江证券	13. 17	-8. 01
002500. SZ	山西证券	3. 56	-0. 43
600909. SH	华安证券	4. 00	-17. 63
601099. SH	太平洋	1. 80	-10. 19
601108. SH	财通证券	5. 79	-10. 86
601162. SH	天风证券	3. 04	69. 79
601198. SH	东兴证券	7. 36	15. 90
601236. SH	红塔证券	0. 72	-22. 87
601377. SH	兴业证券	10. 66	1. 99
002673. SZ	西部证券	3. 30	-5. 45
601555. SH	东吴证券	6. 77	21. 10
601878. SH	浙商证券	5. 70	8. 58
601901. SH	方正证券	13. 74	-13. 69
601990. SH	南京证券	3. 34	-9. 48

资料来源：中国证券业协会、山东省亚太资本市场研究院。

三　上市证券公司与其他金融类上市公司财务指标比较

（一）营业收入和净利润比较

2019 年证券行业的业绩明显改善，扭转了连续三年下跌的态势，行业亏损面大幅收窄，头部证券公司各主要业务指标的优势较为明显。2019 年 37 家上市证券公司的营业收入总额为 2627.81 亿元，上市证券公司净利润总额为 1032.93 亿元，同比增长 74.42%。国海证券（000750.SZ）的净利润增幅最大，西南证券（600369.SH）、长江证券（000783.SZ）、东北证券（000686.SZ）等 15 家公司的净利润增幅均超 100%，仅光大证券（601788.SH）一家的净利润出现下降，降幅为 11.43%（见表 8）。

与 2018 年相比，2019 年在沪深交易所上市的 37 家证券公司中，除光大证券（601788.SH）的净利率变动为负值，其余证券公司的净利率变动均为正值，体现了整体盈利能力的提升。从 2019 年净利率变动情况看，太平洋（601099.SH）的上涨幅度最大，增长 340.33 个百分点；海通证券（600837.SH）次之，增长 36.46 个百分点。从 2019 年净利率排名情况看，海通证券（600837.SH）的净利率为 59.98%，位居第一；华泰证券（601688.SH）

表 8　沪深上市证券公司营业收入和净利润统计（2019 年）

单位：亿元，%

股票代码	股票简称	营业收入	增幅	净利润	增幅
000166.SZ	申万宏源	135.54	11.37	55.94	32.75
000776.SZ	广发证券	151.80	-0.59	75.39	62.10
600030.SH	中信证券	268.67	-27.82	122.29	43.41
600837.SH	海通证券	158.77	-33.19	95.23	70.38
600958.SH	东方证券	82.60	-19.83	24.35	125.50
600999.SH	招商证券	147.02	29.86	72.82	72.25
601066.SH	中信建投	127.40	16.80	55.02	86.46
601211.SH	国泰君安	211.54	-6.89	86.37	24.67
601375.SH	中原证券	16.86	2.20	0.58	200.95

续表

股票代码	股票简称	营业收入	增幅	净利润	增幅
601688. SH	华泰证券	177. 27	10. 05	90. 02	89. 54
601788. SH	光大证券	92. 42	19. 83	5. 68	-11. 43
601881. SH	中国银河	121. 28	22. 19	52. 28	81. 64
002736. SZ	国信证券	122. 35	21. 97	49. 10	49. 07
002797. SZ	第一创业	19. 48	10. 06	5. 13	228. 84
002926. SZ	华西证券	37. 09	45. 72	14. 32	83. 16
002939. SZ	长城证券	30. 63	11. 25	9. 92	73. 99
002945. SZ	华林证券	9. 89	-1. 17	4. 42	30. 02
000686. SZ	东北证券	30. 99	-54. 29	10. 07	459. 09
600061. SH	国投资本	75. 91	-9. 18	24. 68	80. 96
000728. SZ	国元证券	24. 78	-1. 89	9. 14	88. 23
600109. SH	国金证券	39. 88	5. 89	12. 99	37. 11
000750. SZ	国海证券	23. 29	9. 72	4. 88	4866. 60
600369. SH	西南证券	31. 20	13. 70	10. 42	935. 68
000783. SZ	长江证券	65. 80	50. 60	16. 66	471. 38
002500. SZ	山西证券	20. 65	-69. 86	5. 10	136. 25
600909. SH	华安证券	25. 84	47. 35	11. 08	168. 01
601099. SH	太平洋	17. 02	333. 61	4. 63	137. 66
601108. SH	财通证券	43. 36	36. 87	18. 73	163. 76
601162. SH	天风证券	28. 08	-14. 32	3. 08	49. 66
601198. SH	东兴证券	34. 11	2. 91	12. 21	19. 00
601236. SH	红塔证券	16. 89	40. 58	8. 38	72. 12
601377. SH	兴业证券	72. 11	10. 95	17. 63	309. 61
002673. SZ	西部证券	29. 31	31. 00	7. 16	150. 31
601555. SH	东吴证券	32. 68	-21. 48	10. 37	151. 92
601878. SH	浙商证券	28. 32	-23. 35	9. 68	69. 74
601901. SH	方正证券	58. 76	2. 68	10. 08	81. 18
601990. SH	南京证券	18. 22	47. 66	7. 10	197. 55

资料来源：中国证券业协会、山东省亚太资本市场研究院。

的净利率为 50.78%，位居第二；广发证券（000776. SZ）的净利率为 49.66%，位居第三（见表 9）。

表 9　上市证券公司净利率及变动情况统计

单位：%，百分点

股票代码	股票简称	净利率	净利率变动
000166. SZ	申万宏源	41. 27	6. 65
000776. SZ	广发证券	49. 66	19. 21

续表

股票代码	股票简称	净利率	净利率变动
600030. SH	中信证券	45. 52	22. 61
600837. SH	海通证券	59. 98	36. 46
600958. SH	东方证券	29. 48	19. 00
600999. SH	招商证券	49. 53	12. 19
601066. SH	中信建投	43. 19	16. 13
601211. SH	国泰君安	40. 83	10. 33
601375. SH	中原证券	3. 44	6. 95
601688. SH	华泰证券	50. 78	21. 30
601788. SH	光大证券	6. 15	-2. 17
601881. SH	中国银河	43. 11	14. 11
002736. SZ	国信证券	40. 13	7. 29
002797. SZ	第一创业	26. 33	17. 52
002926. SZ	华西证券	38. 61	7. 89
002939. SZ	长城证券	32. 39	11. 68
002945. SZ	华林证券	44. 69	10. 71
000686. SZ	东北证券	32. 49	29. 84
600061. SH	国投资本	32. 51	16. 19
000728. SZ	国元证券	36. 88	17. 67
600109. SH	国金证券	32. 57	7. 41
000750. SZ	国海证券	20. 95	20. 48
600369. SH	西南证券	33. 40	29. 73
000783. SZ	长江证券	25. 32	18. 64
002500. SZ	山西证券	24. 70	21. 55
600909. SH	华安证券	42. 88	19. 31
601099. SH	太平洋	27. 20	340. 33
601108. SH	财通证券	43. 20	20. 78
601162. SH	天风证券	10. 97	4. 69
601198. SH	东兴证券	35. 80	4. 84
601236. SH	红塔证券	49. 62	9. 09
601377. SH	兴业证券	24. 45	17. 82
002673. SZ	西部证券	24. 43	11. 64
601555. SH	东吴证券	31. 73	21. 85
601878. SH	浙商证券	34. 18	18. 74
601901. SH	方正证券	17. 15	7. 43
601990. SH	南京证券	38. 97	19. 63

注：净利率 = 净利润/营业收入。

资料来源：Wind、山东亚太资本市场研究院。

（二）总资产比较

2019 年，37 家沪深交易所上市证券公司的总资产合计为 5.56 万亿元，同比增长 18.45%。各家证券公司总资产相差迥异，有 16 家证券公司总资产超千亿元。绝大多数证券公司 2019 年总资产同比上涨，数量高达 33 家。中信证券（600030. SH）的总资产为 6215.15 亿元，高居首位，也是唯一一家总资产超过 6000 亿元的证券公司；国泰君安（601211. SH）以 4327.51 亿元的总资产位居第二（见图 5）。招商证券（600999. SH）、广发证券（000776. SZ）、海通证券（600837. SH）、申万宏源（000166. SZ）家证券公司的总资产均为 3000 亿 ~4000 亿元，位于这个资产规模区间的证券公司数量比 2018 年增加 1 家。从总资产排名情况看，前 10 名证券公司的总资产均超过 2000 亿元，比位于这个资产规模区间的证券公司数量比 2018 年增加 2 家。

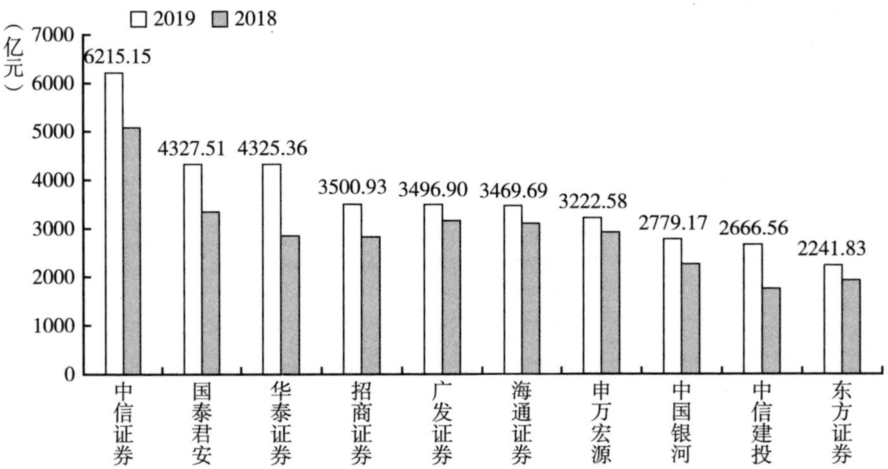

图 5　2019 年上市证券公司总资产 TOP10 及与 2018 年比较

资料来源：中国证券业协会、山东省亚太资本市场研究院。

（三）ROA、ROE 比较

从沪深交易所 37 家上市证券公司的 ROA 来看，2019 年 32 家证券公司的

ROA 出现上涨，仅 5 家出现下降。其中，太平洋（601099. SH）的 ROA 比 2018 年下降了 1. 52 个百分点，中原证券（601375. SH）比 2018 年下降了 1. 95 个百分点。

从 ROA 排名来看，2019 年财通证券（601108. SH）的 ROA 为 2. 95%，位居第一，国金证券（600109. SH）、海通证券（600837. SH）紧跟其后，ROA 分别为 2. 77% 和 2. 74%（见图 6）。在 37 家上市证券公司中，ROA 超过 1% 的上市证券公司有 32 家，与 2018 年同期相比增加 12 家。

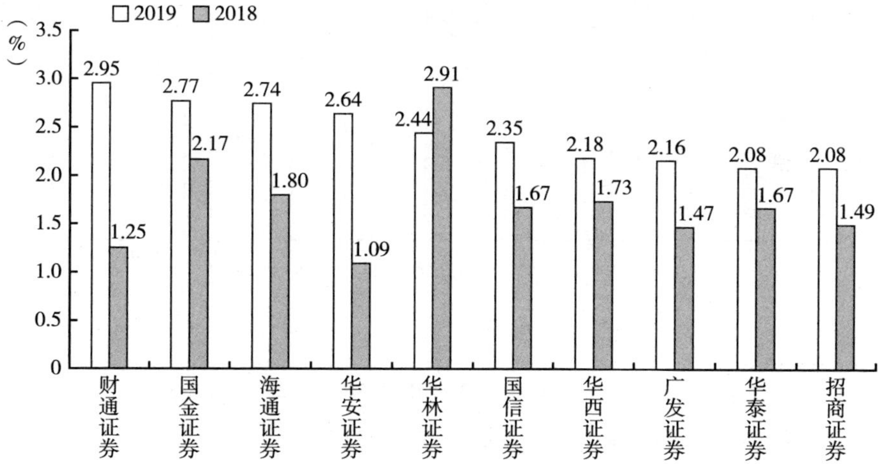

图 6　2019 年上市证券公司 ROA TOP10 及与 2018 年比较

资料来源：中国证券业协会、山东省亚太资本市场研究院。

2019 年 ROE 水平回归正常，重资产化趋势下证券业 ROE 面临下行压力。2019 年证券行业平均 ROE 为 6. 30%，与 2018 年相比提升约 2. 73 个百分点，回归近年来的正常水平。但是随着各家证券公司纷纷补充资本金以及行业重资产化转型不断推进，整体 ROE 水平面临下行压力，证券公司亟须通过提升杠杆率、改善重资产业务结构等手段提升盈利效率。此外，行业杠杆率同比小幅提升 0. 13 ~2. 95 倍。2019 年 37 家上市证券公司的 ROE 相较于 2018 年分布较为均衡。从 2019 年 ROE TOP10 来看，ROE 大于 10% 的只有 1 家，中信建投（601066. SH）的 ROE 为 10. 56%，稳居第一。ROE 为 9% ~10% 的有 3 家，分别为华林证券（002945. SZ）、财通证券（601108. SH）和国信证券

(002736. SZ)。ROE 为 8% ~9% 的有 3 家，分别为招商证券（600999. SH）、华安证券（600909. SH）和广发证券（000776. SZ）；而华泰证券（601688. SH）、申万宏源（000166. SZ）和海通证券（600837. SH）的 ROE 为 7% ~8%（见图 7）。

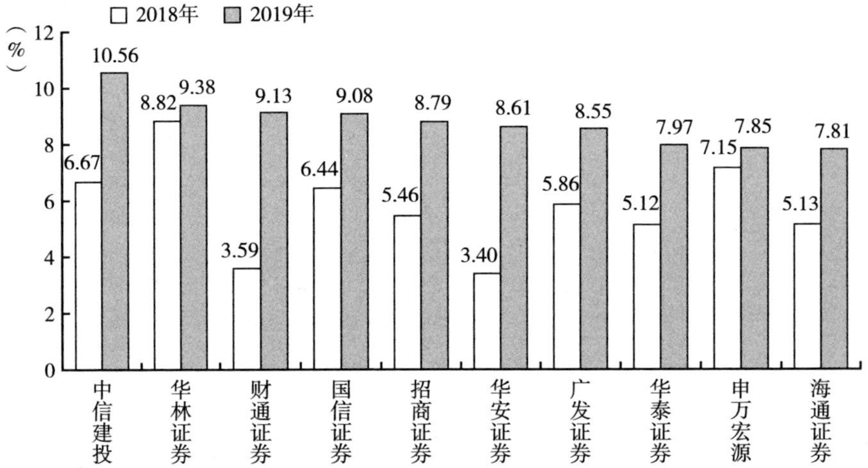

图 7　2019 年上市证券公司 ROE TOP10 及与 2018 年比较

资料来源：中国证券业协会、山东省亚太资本市场研究院。

（四）市值比较

截至 2019 年末，全国沪深上市公司共计 3777 家，总股本为 69760. 46 亿股，总市值为 65. 87 万亿元，同比增长 35. 11%。2019 年在沪深交易所上市的 37 家证券公司的总市值为 2. 53 万亿元，同比增长 55. 05%，增幅超全国上市公司所属其他行业。37 家上市证券公司总市值占上市公司总市值的比例为 3. 84%，与 2018 年基本保持一致。其中，有 9 家上市证券公司的市值超过 1000 亿元，与 2018 年相比增加 6 家，共计 1. 41 万亿元，占 37 家上市证券公司市值的 55. 73%，同比增长 28. 64 个百分点。其中，有 15 家沪深上市证券公司的市值超过 500 亿元，与 2018 年相比增加 7 家，市值共计 1. 82 万亿元，占 37 家上市公司市值的比例为 71. 86%，同比增长 8. 19 个百分点。根据 2019 年沪深上市证券公司总市值 TOP10 情况来看，中信证券（600030. SH）市值为 2852. 03 亿元，位居首位，同比增长 54. 61%；中信建投（601066. SH）市值为 2017. 06 亿元，位居第二，同比增长 233. 21%；华泰证券（601688. SH）的市值为 1706. 53 亿元，同比增长 37. 07%；国泰君安（601211. SH）以 1561. 79 亿元紧随其后，同比下降 18. 52%。2019 年上市证券公司市值 TOP10 及与 2018 年比较见图 8，2019 年 37 家上市证券公司市值统计见表 10。

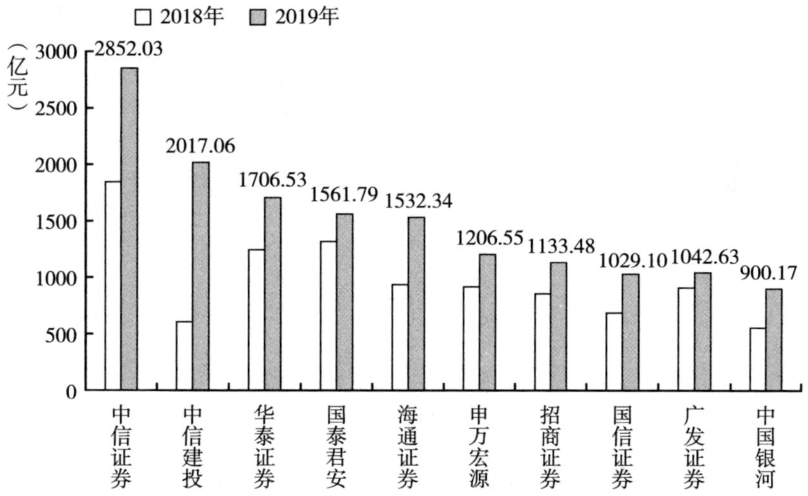

图 8　2019 年上市证券公司市值 TOP10 及与 2018 年比较

资料来源：中国证券业协会、山东省亚太资本市场研究院。

表 10　上市证券公司市值统计（2019 年）

单位：亿元，%

股票代码	股票简称	市值	增幅
600030. SH	中信证券	2852. 03	54. 61
601066. SH	中信建投	2017. 06	233. 21
601688. SH	华泰证券	1706. 53	37. 07
601211. SH	国泰君安	1561. 79	18. 52
600837. SH	海通证券	1532. 34	63. 68
000166. SZ	申万宏源	1206. 55	31. 55
600999. SH	招商证券	1133. 48	32. 44
002736. SZ	国信证券	1029. 10	49. 94

续表

股票代码	股票简称	市值	增幅
000776. SZ	广发证券	1042. 63	14. 71
601881. SH	中国银河	900. 17	62. 45
601901. SH	方正证券	713. 72	63. 28
600958. SH	东方证券	686. 99	32. 18
600061. SH	国投资本	639. 99	68. 41
601236. SH	红塔证券	609. 32	—
601788. SH	光大证券	552. 02	43. 08
601377. SH	兴业证券	474. 12	52. 59
002939. SZ	长城证券	430. 13	39. 86
601990. SH	南京证券	425. 88	78. 07
601108. SH	财通证券	406. 99	57. 06
002945. SZ	华林证券	403. 38	—
000783. SZ	长江证券	394. 81	38. 64
601162. SH	天风证券	381. 25	18. 14
601878. SH	浙商证券	371. 00	53. 31
601198. SH	东兴证券	362. 40	37. 45
002673. SZ	西部证券	343. 18	27. 77
000728. SZ	国元证券	311. 98	32. 81
601555. SH	东吴证券	299. 70	49. 10
600369. SH	西南证券	292. 98	49. 14
002797. SZ	第一创业	290. 00	52. 77
002926. SZ	华西证券	289. 01	31. 54
600109. SH	国金证券	281. 27	29. 89
600909. SH	华安证券	264. 33	54. 66
601099. SH	太平洋	258. 34	52. 21
002500. SZ	山西证券	234. 50	40. 03
000750. SZ	国海证券	225. 11	22. 48
000686. SZ	东北证券	217. 66	48. 56
601375. SH	中原证券	163. 01	24. 17

资料来源：Wind、山东省亚太资本市场研究院。

（五）每股收益比较

通常，每股收益体现了普通股的获利能力，反映了公司业绩水平的高低，也是投资者评价企业盈利能力、预测企业成长潜力，进而做出相关决策的重要财务指标。由于2019年上市证券公司总体净利润上涨幅度较大，每股收益同比总体呈现上升态势。根据沪深交易所37家上市证券公司的每股收益情况，有国海证券（000750. SZ）、天风证券（601162. SH）、中原证券（601375. SH）等8家证券公司的每股收益同比下降。其中，国海证券（000750. SZ）的下降幅度最大，每股收益为0.13元，同比下降1019.85%；其次为天风证券（601162. SH），每股收益为0.04元，同比下降40.45%；下降幅度最小的为中原证券（601375. SH），每股收益为0.06元，同比下降0.70%（见表11）。

表11　上市证券公司每股收益统计（2019年）

股票代码	股票名称	每股收益(元)	增幅(%)
600030. SH	中信证券	1. 04	16. 85
600999. SH	招商证券	0. 92	31. 43
601211. SH	国泰君安	0. 87	-9. 38
600837. SH	海通证券	0. 78	47. 17
601688. SH	华泰证券	0. 77	-30. 00
000776. SZ	广发证券	0. 76	-8. 43
600061. SH	国投资本	0. 72	71. 43
002736. SZ	国信证券	0. 64	68. 42
601066. SH	中信建投	0. 62	51. 22
601198. SH	东兴证券	0. 48	14. 29
601881. SH	中国银河	0. 48	97. 70
002926. SZ	华西证券	0. 44	19. 32
600109. SH	国金证券	0. 39	13. 96
000686. SZ	东北证券	0. 38	202. 44
601555. SH	东吴证券	0. 36	532. 12
601108. SH	财通证券	0. 32	18. 00
000728. SZ	国元证券	0. 31	62. 43
600958. SH	东方证券	0. 30	13. 12
600909. SH	华安证券	0. 30	164. 46
002939. SZ	长城证券	0. 27	22. 10
601878. SH	浙商证券	0. 27	8. 64
601788. SH	光大证券	0. 26	-37. 94
000166. SZ	申万宏源	0. 22	16. 61
002500. SZ	山西证券	0. 22	321. 36
000783. SZ	长江证券	0. 21	82. 28

续表

股票代码	股票名称	每股收益(元)	增幅(%)
601990. SH	南京证券	0. 20	72. 49
601236. SH	红塔证券	0. 19	—
601377. SH	兴业证券	0. 17	12. 88
601901. SH	方正证券	0. 16	122. 11
002945. SZ	华林证券	0. 15	—
000750. SZ	国海证券	0. 13	-1019. 85
002673. SZ	西部证券	0. 11	-1. 90
600369. SH	西南证券	0. 11	60. 30
002797. SZ	第一创业	0. 10	38. 48
601375. SH	中原证券	0. 06	-0. 70
601162. SH	天风证券	0. 04	-40. 45
601099. SH	太平洋	-0. 11	403. 23

资料来源：Wind、山东省亚太资本市场研究院。

从2019年37家上市证券公司每股收益TOP10情况来看，其中7家证券公司同比上涨，中信证券（600030. SH）的每股收益为1. 04元，同比增长16. 85%，稳居第一；紧随其后的招商证券（600999. SH）的每股收益为0. 92元，同比增长31. 43%；国投资本（600061. SH）、国信证券（002736. SZ）同比增长超60%。同时，华泰证券（601688. SH）、广发证券（000776. SZ）、国泰君安（601211. SH）3家证券公司的每股收益呈现同比下降，降幅分别为30. 00%、8. 43%和9. 38%（见图9）。

（六）市盈率和市净率比较

市盈率通常反映市场对公司收益的预期，代表投资者对公司的估值。如果上市公司的运营能力变差、业绩下降，市盈率就会升高，即市盈率越高，公司越不值得投资。与2018年上市证券公司市盈率排名相比，2019年情况有所变化。2019年，37家上市证券公司中市盈率排名靠前的8家上市证券公司的市盈率均超过50%。其中天风证券（601162. SH）以163. 90倍的市盈率位居第一；中原证券（601375. SH）、西部证券（002673. SZ）的市盈率为90～100

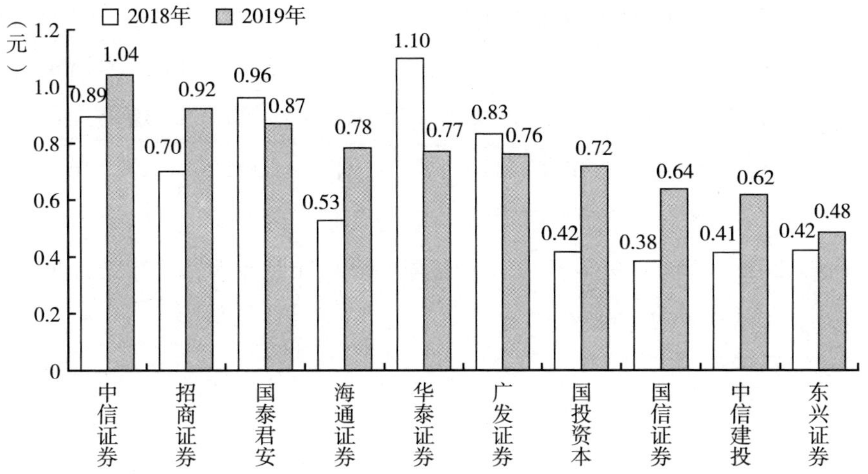

图 9　2019 年上市证券公司每股收益 TOP10 及与 2018 年比较

资料来源：Wind、山东省亚太资本市场研究院。

倍。同时，光大证券（601788. SH）、中信建投（601066. SH）的市盈率涨幅超过100%。在 2019 年上市证券公司市盈率 TOP10 中，仅有方正证券（601901. SH）、南京证券（601990. SH）、西南证券（600369. SH）3 家证券公司的市盈率同比出现下降，下降幅度分别为 26. 51%、14. 00%和 7. 01%（见图 10）。

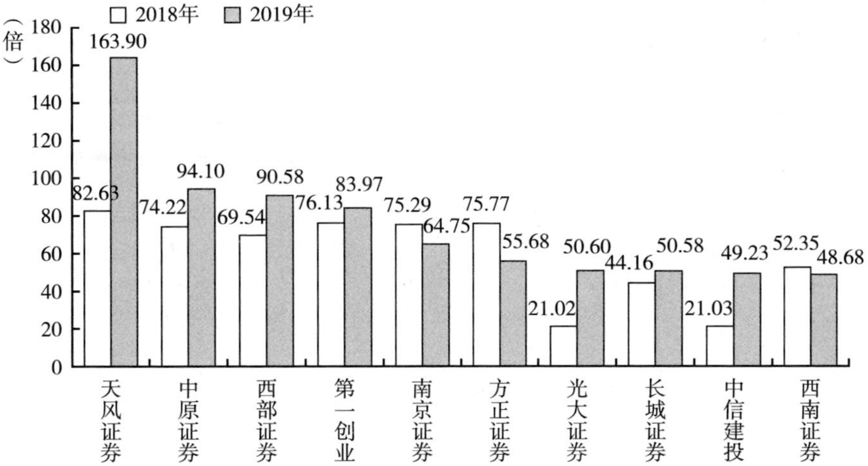

图 10　2019 年上市证券公司市盈率 TOP10 及与 2018 年比较

资料来源：Wind、山东省亚太资本市场研究院。

市净率是指每股股价与每股净资产的比率。与市盈率相同，市净率也可用以投资分析。一般来说，市净率较低，投资价值较高，相反，投资价值较低。如图11所示，2019年，中信建投（601066. SH）的市净率为5.13倍，排名第一；南京证券（601990. SH）、第一创业（002797. SZ）、天风证券（601162. SH）3家证券公司的市净率均超过3倍，分别为3.87倍、3.27倍和3.16倍。2018年和2019年37家上市证券公司的市盈率及市净率统计见表12。

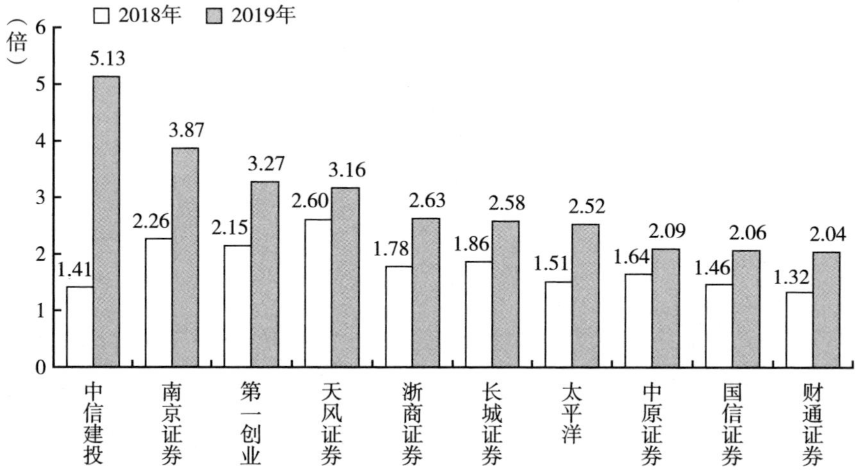

图11　2019年上市证券公司市净率TOP10及与2018年比较

资料来源：Wind、山东省亚太资本市场研究院。

表12　上市证券公司市盈率及市净率统计（2018～2019年）

单位：倍

股票代码	股票简称	2019年市盈率	2018年市盈率	2019年市净率	2018年市净率
000166. SZ	申万宏源	22. 87	21. 20	1. 56	1. 33
000776. SZ	广发证券	19. 93	15. 24	1. 29	1. 13
600030. SH	中信证券	24. 33	17. 93	1. 92	1. 27
600837. SH	海通证券	19. 74	16. 70	1. 43	0. 86
600958. SH	东方证券	36. 38	30. 48	1. 41	1. 08
600999. SH	招商证券	19. 84	19. 16	1. 79	1. 38
601066. SH	中信建投	49. 23	21. 03	5. 13	1. 41

续表

股票代码	股票简称	2019 年市盈率	2018 年市盈率	2019 年市净率	2018 年市净率
601211. SH	国泰君安	21. 27	15. 97	1. 38	1. 08
601375. SH	中原证券	94. 10	74. 22	2. 09	1. 64
601688. SH	华泰证券	26. 36	14. 77	1. 54	1. 29
601788. SH	光大证券	50. 60	21. 02	1. 23	0. 83
601881. SH	中国银河	24. 13	28. 02	1. 69	1. 06
002736. SZ	国信证券	19. 69	21. 82	2. 06	1. 46
002797. SZ	第一创业	83. 97	76. 13	3. 27	2. 15
002926. SZ	华西证券	24. 86	22. 55	1. 49	1. 20
002939. SZ	长城证券	50. 58	44. 16	2. 58	1. 86
002945. SZ	华林证券	102. 57	—	7. 75	—
000686. SZ	东北证券	24. 23	49. 33	1. 40	0. 97
600061. SH	国投资本	21. 07	21. 59	1. 65	1. 04
000728. SZ	国元证券	29. 94	36. 62	1. 27	0. 94
600109. SH	国金证券	23. 89	20. 96	1. 38	1. 12
000750. SZ	国海证券	42. 68	-320. 29	1. 60	1. 35
600369. SH	西南证券	48. 68	52. 35	1. 53	1. 03
000783. SZ	长江证券	34. 37	45. 18	1. 47	1. 09
002500. SZ	山西证券	38. 21	114. 91	1. 85	1. 35
600909. SH	华安证券	24. 71	42. 25	2. 03	1. 38
601099. SH	太平洋	-34. 70	-114. 86	2. 52	1. 51
601108. SH	财通证券	35. 67	26. 80	2. 04	1. 32
601162. SH	天风证券	163. 90	82. 63	3. 16	2. 60
601198. SH	东兴证券	27. 10	22. 71	1. 78	1. 35
601236. SH	红塔证券	89. 67	—	4. 66	—
601377. SH	兴业证券	40. 82	30. 20	1. 38	0. 94
002673. SZ	西部证券	90. 58	69. 54	1. 94	1. 53
601555. SH	东吴证券	27. 44	116. 29	1. 45	0. 98
601878. SH	浙商证券	41. 97	29. 74	2. 63	1. 78
601901. SH	方正证券	55. 68	75. 77	1. 85	1. 15
601990. SH	南京证券	64. 75	75. 29	3. 87	2. 26

资料来源：Wind、山东省亚太资本市场研究院。

四　上市证券公司市场影响力分析

（一）上市证券公司与证券行业比较

1. 营业收入比较

2019年，37家上市证券公司实现营业收入2627.81亿元，同比减少3.16%，占证券行业总收入的72.90%。如表13所示，中信证券（600030.SH）的营业收入占比为7.45%，稳居首位；国泰君安（601211.SH）的营业收入占比为5.87%，广发证券（000776.SZ）、海通证券（600837.SH）、招商证券（600999.SH）、华泰证券（601688.SH）4家证券公司的营业收入占比为4%～5%，分别为4.21%、4.40%、4.08%和4.92%。

表13　上市证券公司营业收入占比及变动统计（2019年）

单位：%，百分点

股票代码	公司简称	营业收入	占比	占比变动
000166.SZ	申万宏源	135.54	3.76	-0.81
600030.SH	中信证券	268.67	7.45	-6.52
601211.SH	国泰君安	211.54	5.87	-2.66
601688.SH	华泰证券	177.27	4.92	-1.13
600837.SH	海通证券	158.77	4.40	-4.52
000776.SZ	广发证券	151.80	4.21	-1.52
600999.SH	招商证券	147.02	4.08	-0.17
601066.SH	中信建投	127.40	3.53	-0.56
002736.SZ	国信证券	122.35	3.39	-0.37
601881.SH	中国银河	121.28	3.36	-0.36
601788.SH	光大证券	92.42	2.56	-0.33
600958.SH	东方证券	82.60	2.29	-1.58
600061.SH	国投资本	75.91	2.11	-1.03
601377.SH	兴业证券	72.11	2.00	-0.44
000783.SZ	长江证券	65.80	1.83	0.18
601901.SH	方正证券	58.76	1.63	-0.52
601108.SH	财通证券	43.36	1.20	0.01
600109.SH	国金证券	39.88	1.11	-0.31
002926.SZ	华西证券	37.09	1.03	0.07
601198.SH	东兴证券	34.11	0.95	-0.30
601555.SH	东吴证券	32.68	0.91	-0.66

续表

股票代码	公司简称	营业收入	占比	占比变动
600369. SH	西南证券	31. 20	0. 87	-0. 17
000686. SZ	东北证券	30. 99	0. 86	-1. 69
002939. SZ	长城证券	30. 63	0. 85	-0. 18
002673. SZ	西部证券	29. 31	0. 81	-0. 03
601878. SH	浙商证券	28. 32	0. 79	-0. 60
601162. SH	天风证券	28. 08	0. 78	-0. 45
600909. SH	华安证券	25. 84	0. 72	0. 06
000728. SZ	国元证券	24. 78	0. 69	-0. 26
000750. SZ	国海证券	23. 29	0. 65	-0. 15
002500. SZ	山西证券	20. 65	0. 57	-2. 00
002797. SZ	第一创业	19. 48	0. 54	-0. 12
601990. SH	南京证券	18. 22	0. 51	0. 04
601099. SH	太平洋	17. 02	0. 47	0. 32
601236. SH	红塔证券	16. 89	0. 47	0. 02
601375. SH	中原证券	16. 86	0. 47	-0. 15
002945. SZ	华林证券	9. 89	0. 27	-0. 10

注：占比是指本证券公司营业收入占37家沪深上市证券公司营业收入的比重，占比变动是指与2018年相比比例的变化。

资料来源：中国证券业协会、山东省亚太资本市场研究院。

2. 净利润比较

截至2019年末，133家证券公司的净利润总计为1230. 95亿元，同比上涨84. 77%。其中，37家上市证券公司的净利润共计1032. 90亿元，同比增长74. 42%。上市证券公司的经营效益虽不断提升，但是在证券行业的净利润集中度有所下降。从净利润占比TOP10情况来看，中信证券（600030. SH）以9. 93%的占比稳居第一名，比2018年下降2. 87个百分点；海通证券（600837. SH）、华泰证券（601688. SH）、国泰君安（601211. SH）的占比为7% ~8%，分别为7. 74%、7. 31%和7. 02%（见表14）。

表14　上市证券公司净利润占比及变动（2019年）

单位：%，百分点

股票代码	公司简称	净利润	占比	变动
600030. SH	中信证券	122. 29	9. 93	-2. 87
600837. SH	海通证券	95. 23	7. 74	-0. 65

续表

股票代码	公司简称	净利润	占比	变动
601688. SH	华泰证券	90. 02	7. 31	0. 18
601211. SH	国泰君安	86. 37	7. 02	-3. 38
000776. SZ	广发证券	75. 39	6. 12	-0. 86
600999. SH	招商证券	72. 82	5. 92	-0. 43
000166. SZ	申万宏源	55. 94	4. 54	-1. 78
601066. SH	中信建投	55. 02	4. 47	0. 04
601881. SH	中国银河	52. 28	4. 25	-0. 07
002736. SZ	国信证券	49. 10	3. 99	-0. 96
600061. SH	国投资本	24. 68	2. 00	-0. 04
600958. SH	东方证券	24. 35	1. 98	0. 36
601108. SH	财通证券	18. 73	1. 52	0. 46
601377. SH	兴业证券	17. 63	1. 43	0. 79
000783. SZ	长江证券	16. 66	1. 35	0. 92
002926. SZ	华西证券	14. 32	1. 16	-0. 01
600109. SH	国金证券	12. 99	1. 05	-0. 37
601198. SH	东兴证券	12. 21	0. 99	-0. 55
600909. SH	华安证券	11. 08	0. 90	0. 28
600369. SH	西南证券	10. 42	0. 85	0. 70
601555. SH	东吴证券	10. 37	0. 84	0. 22
601901. SH	方正证券	10. 08	0. 82	-0. 02
000686. SZ	东北证券	10. 07	0. 82	0. 55
002939. SZ	长城证券	9. 92	0. 81	-0. 05
601878. SH	浙商证券	9. 68	0. 79	-0. 07
000728. SZ	国元证券	9. 14	0. 74	0. 01
601236. SH	红塔证券	8. 38	0. 68	-0. 05
002673. SZ	西部证券	7. 16	0. 58	0. 15
601990. SH	南京证券	7. 10	0. 58	0. 22
601788. SH	光大证券	5. 68	0. 46	-0. 50
002797. SZ	第一创业	5. 13	0. 42	0. 18
002500. SZ	山西证券	5. 10	0. 41	0. 09
000750. SZ	国海证券	4. 88	0. 40	0. 38
601099. SH	太平洋	4. 63	0. 38	2. 22
002945. SZ	华林证券	4. 42	0. 36	-0. 15

续表

股票代码	公司简称	净利润	占比	变动
601162. SH	天风证券	3. 08	0. 25	-0. 06
601375. SH	中原证券	0. 58	0. 05	0. 13

注：占比是指本证券公司净利润占37家沪深上市证券公司净利润的比重，占比变动是指与2018年相比比例的变化。

资料来源：中国证券业协会、山东省亚太资本市场研究院。

（二）上市证券公司与其他金融类上市公司比较

截至2019年末，全国沪深上市公司共计3777家，据Wind申银万国行业分类可知，金融行业上市公司总计110家，占比为2.91%。其中银行36家、证券公司37家、保险公司7家、多元金融公司30家。总体来看，110家金融上市公司市值总计达16.96万亿元，占A股上市公司总市值的28.61%。

1. 市值比较

截至2019年末，110家金融类上市公司市值达16.96万亿元，同比增长31.04%。从具体行业分类来看，银行业上市公司市值总计10.77万亿元，同比增长23.13%；证券业上市公司市值总计2.53万亿元，同比增长55.05%；保险业上市公司市值总计3.20万亿元，同比增长45.17%，增幅超过其他行业；多元金融公司的市值为0.46万亿元，同比增长27.78%（见表15）。

表15　金融类上市公司总市值及增幅（2012～2019年）

单位：亿元，%

年份	银行业	增幅	证券业	增幅	保险业	增幅	多元金融	增幅
2012	63088. 07	10. 59	7346. 83	40. 31	12768. 82	24. 44	1079. 11	32. 55
2013	57790. 34	-8. 40	7205. 14	-1. 93	10860. 95	-14. 94	1341. 31	24. 30
2014	81838. 28	41. 61	19538. 51	171. 17	19461. 16	79. 18	2311. 71	72. 35
2015	77072. 65	-5. 82	23041. 30	17. 93	18223. 77	-6. 36	3919. 73	69. 56
2016	81191. 09	5. 34	20082. 59	-12. 84	16978. 92	-6. 83	3754. 77	-4. 21
2017	95903. 35	18. 12	19794. 07	-1. 44	26565. 95	56. 46	5000. 11	33. 17

续表

年份	银行业	增幅	证券业	增幅	保险业	增幅	多元金融	增幅
2018	87505.48	-8.76	16320.46	-17.55	22027.10	-17.09	3578.15	-28.44
2019	107747.31	23.13	25304.74	55.05	31977.28	45.17	4572.01	27.78

资料来源：Wind、山东省亚太资本市场研究院。

从各类金融上市公司2019年总市值占比来看，银行业上市公司总市值占比为63.53%，同比下降4.08个百分点；证券业上市公司总市值占比为14.92%，同比增长2.31个百分点；保险业上市公司总市值占比为18.85%，同比增长1.84个百分点；多元金融上市公司总市值占比为2.70%，同比下降0.07个百分点（见图12）。

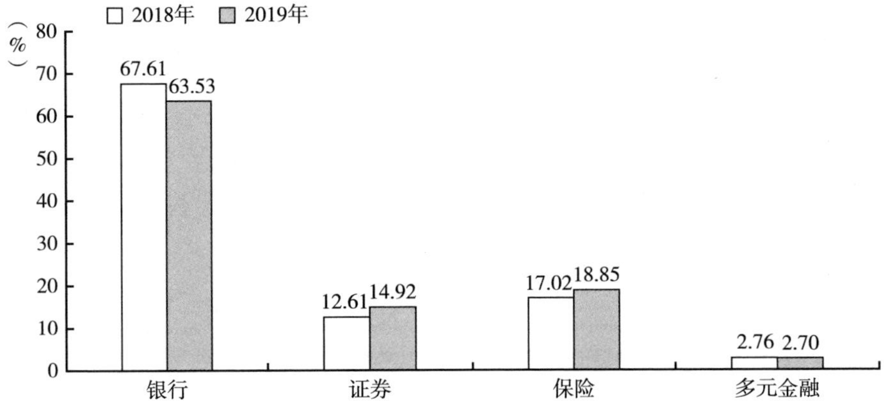

图12　2019年金融类上市公司总市值占比及变化（2018~2019年）

资料来源：Wind、山东省亚太资本市场研究院。

2. 营业收入比较

2012~2019年金融类上市公司的营业收入逐年增加，年均增长率为14.95%，上涨最快的为2015年，同比增长17.47%（见图13）。其中银行业营业收入保持逐年增长趋势，年均增长率为11.14%；证券业营业收入波动比较大，2015年营业收入为4920.90亿元，同比增长120.04%，2016年营业收入为2963.30亿元，同比下降39.78%，年均增长率为36.53%；保险业营业收入维持增长状态，年均增长率为 21.33%；多元金融业总体保持增长趋势，年均增长率为 31.02%。具体来看，2019 年全年，110 家上市金融公司的营业收入总计为 8.64 万亿元，同比增长 12.92%。银行业营业收入总计为 5.05 万亿元，同比增长 10.21%；证券业营业收入总计为 3789.64 亿元，同比增加 41.15%；保险业营业收入总计为 3.09 万亿元，同比增长 15.20%；多元金融业收入总计为 1138.57 亿元，同比增长 1.52%（见表 16）。

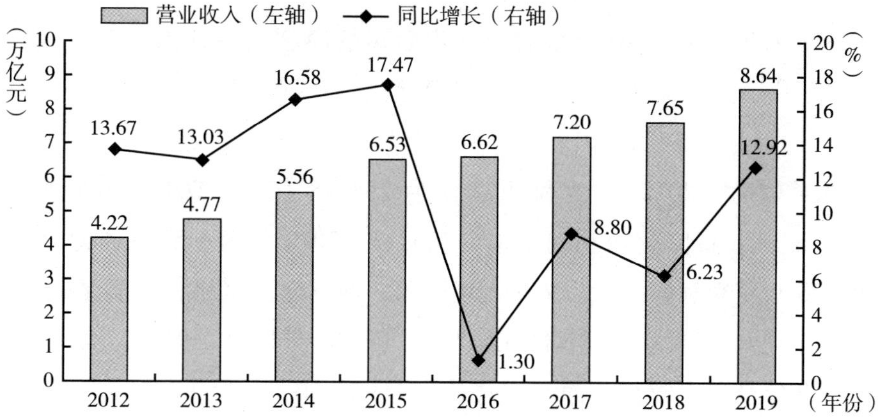

图 13　2019 年金融类上市公司营业收入及增长情况（2012～2019 年）

资料来源：Wind、山东省亚太资本市场研究院。

表 16　金融类上市公司营业收入变化（2012～2019 年）

单位：亿元，%

年份	银行业	增幅	证券业	增幅	保险业	增幅	多元金融业	增幅
2012	28369.45	16.49	1065.40	-9.15	12412.54	10.26	359.04	3.64
2013	31897.74	12.44	1337.00	25.49	14027.43	13.01	442.98	23.38
2014	36696.22	15.04	2236.30	67.26	16211.06	15.57	470.91	6.31
2015	40251.54	9.69	4920.90	120.04	19603.18	20.92	552.79	17.39
2016	40663.65	1.02	2963.30	-39.78	21676.83	10.58	876.02	58.47
2017	42104.21	3.54	3027.70	2.17	25798.11	19.01	1073.32	22.52

续表

年份	银行业	增幅	证券业	增幅	保险业	增幅	多元金融业	增幅
2018	45817.27	8.82	2684.80	-11.33	26864.28	4.13	1121.50	4.49
2019	50495.31	10.21	3789.60	41.15	30946.66	15.20	1138.57	1.52

注：行业分类采用 Wind 中的申银万国行业数据。
资料来源：Wind、山东省亚太资本市场研究院。

3. 净利润比较

2012～2019 年，110 家金融类上市公司的净利润总计为 2.13 万亿元，总体呈上升趋势（见图 14）。其中，银行业净利润逐年增加，2012 年净利润总计为 1.11 万亿元，2019 年净利润总计为 1.70 万亿元；证券业净利润变动幅度较大，2012 年净利润总计为 294.48 亿元，2019 年净利润为 1075.34 亿元；保险业净利润增幅变动明显，2012 年净利润总计为 566.23 亿元，2019 年净利润总计为 2981.10 亿元；多元金融净利润总体保持上升，2012 年净利润总计为 59.81 亿元，2019 年净利润为 297.91 亿元。具体来看，2019 年全年，银行业净利润总计为 16988.60 亿元，同比增长 7.33%；证券行业净利润总计 1075.34 亿元，同比增长 69.17%；保险业净利润总计

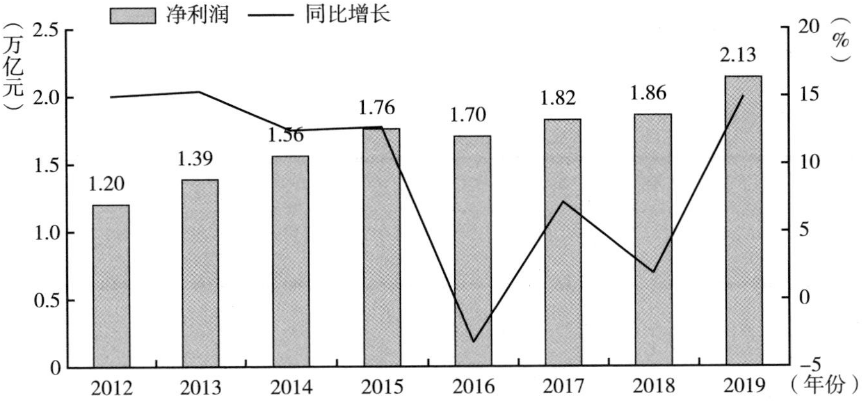

图 14　金融类上市公司净利润及增长情况（2012～2019 年）

资料来源：Wind、山东省亚太资本市场研究院。

2981.10 亿元，同比增长 64.64%；多元金融业的净利润总计为 297.91 亿元，同比增长 2%（见表 17）。

表 17　金融类上市公司净利润变化（2012～2019 年）

单位：亿元，%

年份	银行业	增幅	证券业	增幅	保险业	增幅	多元金融业	增幅
2012	11090.85	17.86	294.48	-24.41	566.23	-5.73	59.81	38.86
2013	12507.04	12.77	392.96	33.44	871.40	53.89	86.16	44.05
2014	13497.21	7.92	820.10	108.70	1168.73	34.12	100.54	16.68
2015	13827.99	2.45	2068.57	152.23	1548.75	32.52	124.30	23.64
2016	14285.75	3.31	1084.55	-47.57	1334.23	-13.85	302.13	143.06
2017	15001.94	5.01	1050.08	-3.18	1819.89	36.40	348.32	15.29
2018	15828.37	5.51	635.65	-39.47	1810.62	-0.51	292.06	-16.15
2019	16988.60	7.33	1075.34	69.17	2981.10	64.64	297.91	2.00

资料来源：Wind、山东省亚太资本市场研究院。

B.6
证券公司系统重要性评价（2020）

孙国茂　李　猛*

摘　要：《巴塞尔协议Ⅲ》提出的金融机构核心资本充足率要求使系统重要性机构评价和监管成为宏观审慎监管的核心内容。在证券市场，证券公司与各种市场主体的关系决定了证券公司的自身风险具有较强的关联效应和溢出效应，因此，证券公司系统重要性评价对于宏观审慎监管至关重要。本报告结合国内外系统重要性金融机构评价研究与宏观审慎监管实践，从证券机构规模、关联性、可替代性、复杂性和资产变现等方面，建立了证券公司系统重要性评价体系和计算方法，对证券公司系统重要性进行排名和分析。研究显示，虽然目前我国证券公司系统重要性未达到宏观审慎监管的评价标准，但因总体分化严重，存在多种会引发系统性金融风险的问题。本报告提出要将“太关联而不能倒”“太多而不能倒”提高到与“太大而不能倒”同等重要的位置，将证券公司共同纳入我国宏观审慎监管体系，作为证券市场宏观审慎监管框架的具体内容。我们建议金融监管部门要同时防范关联性金融风险和中小证券机构可能发生的群体性金融风险。

关键词：　证券公司　系统重要性　证券市场监管

---

* 孙国茂，青岛大学经济学院特聘教授、博士生导师，山东工商学院金融学院特聘教授、金融服务转型升级协同创新中心首席专家；研究领域为公司金融、资本市场、制度经济学；李猛，济南大学应用经济学硕士，中国社会科学院工业经济研究所博士研究生，研究领域为产业经济。

2008年国际金融危机后，美国、英国、欧盟等国家和地区针对系统重要性金融机构监管建立了相应制度安排，以防范再次发生系统性金融危机。党的十九大提出“守住不发生系统性金融风险的底线”和“健全货币政策和宏观审慎政策双支柱调控框架”后，中国人民银行、中国银保监会和中国证监会联合印发《关于完善系统重要性金融机构监管的指导意见》（简称《意见》）。《意见》强调引导大型金融机构稳健经营、防范系统性金融风险具有重要意义，要求加强金融监管的集中统一、协调配合，有效维护金融体系稳健运行。《意见》还明确了系统重要性金融机构的定义和范畴，并规定了评价流程和总体方法。这不仅落实了党的十九大关于防范发生系统性金融风险的要求，还响应了《巴塞尔协议Ⅲ》和金融稳定理事会（Financial Stability Board，FSB）的要求，与国际上达成广泛共识的宏观审慎监管接轨。关于系统性金融危机，证券公司（广义）是最先受到冲击也是受到冲击最大的金融机构，根源在于证券公司与各种市场主体的关系决定了其自身风险具有较强的外部性和溢出效应。因此，研究并评价我国证券公司的系统重要性具有重要的监管价值。本报告对构建系统重要性证券公司的评价指标进行了开创性探索，建立了科学的评价指标体系，最后对系统重要性证券公司进行了评价和排名，可为监管部门提供证券市场宏观审慎监管的决策依据。通过上述评价结果，降低资本市场的风险程度，防范系统性金融风险。

一 证券公司系统重要性评价研究进展

（一）系统重要性金融机构的识别及相关理论

“系统重要性金融机构”（Systemically Important Financial Institutions，SIFIs）最早由国际清算银行（BIS）、国际货币基金组织（IMF）和经济合作与发展组织（OECD）2001年联合发布的《关于金融部门合并的报告》（*Report on Consolidation in the Financial Sector*）提出。该报告将系统重要性金融机构定义为“大而不倒”（Too big to fail）的金融机构，并指出，对这类机构的有效监督可以在早期纠正错误以避免其面临清算风险。2008 年金融危机爆发前，对系统重要性金融机构的研究并未受到普遍重视。金融危机后，人们开始意识到系统重要性金融机构可能产生的系统性风险。2010 年出台的《巴塞尔协议Ⅲ》对金融危机暴露的风险管理缺位进行了重大改革，强调防范系统性风险和逆周期调控。这促使金融学者和监管部门对系统性风险和系统重要性金融机构的内涵开展更广泛和更深入的研究。FSB 在 2011 年将系统重要性金融机构定义为那些因自身业务规模庞大、复杂性和系统关联性较强等，如果倒闭则将会给整个金融体系和实体经济带来重大破坏的金融机构，同时提出要将系统重要性金融机构纳入宏观审慎监管框架。

来自 BIS 的 Tarashev 和 Borio 等是较早对宏观审慎监管和系统重要性金融机构进行研究的学者，并建立了相对完整的理论框架。Tarashev 和 Borio 等认为，宏观审慎监管应当从时间和横截面两个维度进行①。在时间维度，宏观审慎监管应当把金融顺周期性问题和建立逆周期缓冲资本来保障金融体系的稳健性作为监管对象；在横截面维度，宏观审慎监管应当把金融机构的系统性风险扩散机制和系统重要性金融机构评价作为监管对象，防止系统性风险发生，确保金融系统健康运行。Tarashev 和 Borio 等由此断定，宏观审慎监管框架下的系统重要性金融机构评价至关重要。此后，Tarashev 与 Borio 等在分析系统性风险时，又将合作博弈论中的 Shapley Value 用于度量单一金融机构对系统性风险的贡献（即金融机构的系统重要性）②。Shapley Value 所表达的是一般性分配原理，基于这一原理进行系统性风险分配其实取决于具体使用的风险测度方法。Tarashev 与 Borio 等进一步研究发现，金融机构的规模与其能给系统提供的金融服务数量成正比③。金融机构资产负债表内和表外风险暴露规模、参与交易规模、库存或者管理资产规模，从

---

① Tarashev, N., Borio, C., Tsatsaronis, K., "The Systemic Importance of Financial Institutions", *BIS Quarterly Review*, 2009.

② Tarashev, N., Borio, C., Tsatsaronis, K., "Attributing Systemic Risk to Individual Institutions", *Bank for International Settlements*, *BIS Working Papers*, 2010.

③ Tarashev, N., Tsatsaronis, K., Borio, C., "Risk Attribution Using the Shapley Value: Methodology and Policy Applications", *Review of Finance* 20 (3), 2016, pp. 1189 ~ 1213.

不同角度表明其客户资金匮乏的程度、与其他机构的业务可能中断的程度、交易对手可能面临的损失程度。金融机构特定的业务模式和组织结构对规模标准的影响也非常明显。近年来，虽然国内外学者对宏观审慎监管和系统重要性金融机构的研究越来越多，但就对金融现实和金融政策制定的影响而言，Borio 等在这一领域建立的理论框架迄今为止尚无人超越。

值得说明的是，人们对系统重要性金融机构关注的焦点始终是银行业机构，对银行业以外系统重要性金融机构的研究近乎空白。此次《意见》对系统重要性金融机构的规定是“因规模较大、结构和业务复杂度较高、与其他金融机构关联性较强，在金融体系中提供难以替代的关键服务，一旦发生重大风险事件而无法持续经营，将对金融体系和实体经济产生重大不利影响、可能引发系统性风险的金融机构”。我国首次对系统重要性金融机构的定义强调了金融机构破产倒闭或出现财务困难的系统影响，并不强调其倒闭或出现财务困难的可能性。由此可以看出监管层希望重点关注那些对金融体系和实体经济有重要影响的金融机构，通过抓大放小，采取差异化监管，防范系统性金融风险。

《意见》将系统重要性金融机构划分为四类：系统重要性银行业机构、系统重要性证券业机构、系统重要性保险业机构，以及国务院金融稳定发展委员会（以下简称“国务院金融委”）认定的其他具有系统重要性、从事金融业务的机构。其中，证券业机构指依法设立的从事证券、期货、基金业务的法人机构。无论是华尔街金融危机还是我国证券市场 30 多年的发展历史都已证明，作为金融体系的重要组成部分，证券公司在经济金融发展中的作用越来越大。与原有针对商业银行的宏观审慎监管框架相比，系统重要性金融机构认定范围的扩大意味着宏观审慎监管体系的健全和完善。

（二）证券公司系统重要性评价方法

1. 国外评价方法

系统重要性证券公司的评价是进行宏观审慎监管的首要问题，在国际金融组织的共同推动下不断完善。2009 年，BIS、IMF、FSB 首次联合发布了系统重要性金融机构评估指引，将规模、可替代性以及关联度作为核心评价指标。两年后，巴塞尔银行监管委员会（Basel Committee on Banking Supervision，BCBS）发布了面向全球系统重要性银行（G - SIBs）的评价方法，该方法基于规模、跨境业务、关联性、复杂性、可替代性 5 个维度共 12 项二级指标。之后，FSB 在 2015 年发布了《识别非银行非保险全球系统重要性金融机构的评价方法》（*Assessment Methodologies for Identifying Non-Bank Non-Insurer Global Systemically Important Financial Institutions*），首次针对证券公司的系统重要性构建了评价指标体系，如表 1 所示。

表 1　FSB 系统重要性证券公司评价指标

评价指标	指标解释
规　模	总资产、表外风险暴露、存量顾客资产
关联度	金融机构间资产、金融机构间负债、杠杆率、短期负债比率、场外衍生品资产与负债、在中央对手方需缴纳的保证金总额
可替代性	市场对该机构依赖程度的定性分析、市场占有率（每日交易量在当地交易所占比、全球交易总额）
复杂性	结构复杂度（附属公司数量）、运营复杂度（低流动性资产总额）
跨境业务	从事业务的司法辖区数量、跨境债券规模、跨境负债规模

资料来源：FSB、山东省亚太资本市场研究院。

2. 国内评价方法

《巴塞尔协议Ⅲ》将微观与宏观审慎监管有机结合，弥补了传统金融监管模式专注于单个金融机构风险而忽视系统性风险的缺陷，不仅加强了对单个金融机构的风险监管，而且更加注重对整个金融体系系统性风险的控制，这将推动全球金融体系向更加稳健的方向发展①。但是，《巴塞尔协议Ⅲ》也给各国金融改革提出了许多新挑战、新问题，尤其是像中国这样以银行为

① 范小云、王道平：《巴塞尔Ⅲ在监管理论与框架上的改进：微观与宏观审慎有机结合》，《国际金融研究》2012 年第 1 期。

主导金融结构并正在积极发展资本市场的国家，需要研究更加适合和有效的宏观审慎监管体系。张天顶等研究了国际实践经验①，认为全球性的金融危机带来了全球监管思想的转变，对系统重要性金融机构的识别成为宏观审慎政策框架最主要的内容之一，在从微观审慎监管转向宏观审慎监管的过程中，需要健全并且不断地完善囊括二者的双支柱框架。此外，完善宏观审慎监管框架和防范系统性金融风险首先应建立评价风险的工具，系统性重要金融机构的风险容易引起系统性金融风险，因此对业务活动以及对金融机构共同风险敞口的监管是宏观审慎监管的重要内容②。马理等认为对系统重要性商业银行进行科学评价，可以为监管部门的宏观审慎监管提供依据，从而有效防范金融体系的系统性风险并促进金融体系的稳定发展③。

目前，国际上对系统重要性金融机构的评价方法主要有两类④。一类是国际监管部门针对金融机构自身的发展状况和特点提出的指标法，是依据国际组织界定的系统重要性金融机构的核心特征，构建评估指标，测算不同的指标值，以此为依据列出评价名单。指标法的优点是快捷、透明，能比较清晰地识别金融机构，具有较高可操作性。缺点是指标的设置以及赋权更多地依靠研究者的经验和主观判断，不能客观地反映金融机构的系统重要性。另一类则是以金融机构在金融市场的实时数据为基础的市场法，可衍生出多种模型。优点是能够全方位、多角度地考察系统重要性。但是由于市场数值获取难度较大，各监管部门在实务中极少采用。周强等认为市场法倾向于解释系统性风险来源的不同方面，缺乏整体性⑤。

此外，贾彦东将金融网络结构因素纳入对系统风险的衡量中，并依此建

① 张天顶、张宇：《宏观审慎监管、系统性风险及国内外金融监管实践及启示》，《证券市场导报》2018 年第 4 期。

② 黄孝武、唐毅：《宏观审慎监管理论研究新进展》，《财经问题研究》2012 年第 5 期。

③ 马理、葛斌：《基于宏观审慎的系统重要性商业银行评价与监管》，《金融监管研究》2014 年第 9 期。

④ 宋丽：《我国系统重要性金融机构研究综述》，《海南金融》2016 年第 2 期。

⑤ 周强、杨柳勇：《论中国系统重要性银行识别——市场模型法还是指标法》，《国际金融研究》2014 年第 9 期。

立了以直接贡献和间接参与两种方式分析和评价金融机构系统重要性的模式，研究得到了当前金融网络条件下我国各银行机构的系统重要性分值及排序，为宏观审慎工具的设计、开发及进一步运用打下了基础①。借鉴Brownlees和Engle提出的系统性风险指数SRISK方法，在适当改进的基础上，梁琪等计算了我国34家已上市金融机构的资本短缺程度，研究发现商业银行与保险公司的实际杠杆率都要明显大于其适用杠杆率，因此监管部门有必要在对系统重要性金融机构实施最低资本充足率监管的同时，加强对杠杆率的审慎监管②。杨子晖等利用多种风险测度方法识别了我国金融部门风险集聚的尾部事件，发现金融体系整体上存在较为明显的跨部门风险传染效应，提出了通过防范跨市场、跨产品、跨机构的风险传染完善我国金融风险防范体系与监管机制的建议③。

关于国内系统重要性证券公司的评价指标和计算方法，从主要的一级指标和计算逻辑上看，国内系统重要性金融机构的评价和国际上系统重要性证券公司的评价基本保持一致。根据《意见》规定，中国人民银行会同中国银保监会、中国证监会，根据各行业特点和发展状况设置二级指标及相应权重。在评价过程中，中国银保监会和中国证监会负责制作数据模板，进行数据收集，计算参评机构的系统重要性得分，向国务院金融委办公室报送系统重要性金融机构初始名单。中国人民银行、中国银保监会和中国证监会可根据其他定量或定性辅助信息，将其他金融机构初始名单一并提交国务院金融委审议。系统重要性金融机构最终名单经国务院金融委确定后，由中国人民银行和相关监管部门联合发布。系统重要性金融机构的评价流程每年开展一次。国务院金融委每三年对评价流程和方法进行审议，并进行必要调整与完善，或按需进行额外审议。

① 贾彦东：《金融机构的系统重要性分析——金融网络中的系统风险衡量与成本分担》，《金融研究》2011年第10期。

② 梁琪、李政、郝项超：《我国系统重要性金融机构的识别与监管——基于系统性风险指数SRISK方法的分析》，《金融研究》2013年第9期。

③ 杨子晖、陈雨恬、谢锐楷：《我国金融机构系统性金融风险度量与跨部门风险溢出效应研究》，《金融研究》2018年第10期。

二　基于宏观审慎的证券公司系统重要性评价体系构建

（一）指标构成

结合我国证券公司发展现状及《意见》中关于系统重要性金融机构的评估指导，本报告选取机构规模、关联度、可替代性、复杂性和资产变现5项指标作为证券公司系统重要性评价的一级指标，同时确定了13项二级指标（见表2）。

1. 机构规模

由反映证券公司规模大小的营业收入、总资产和净资产构成。规模大是系统重要性证券公司的主要特征之一，规模大的证券公司业务种类复杂、业务数量和客户数量非常多，发生危机将引起巨大损失。大型证券公司往往具有示范效应，风险信号会引发市场恐慌，从而危及整个金融体系。

2. 关联度

由反映证券公司与其他金融机构、非金融机构之间资产联系的金融机构间资产、金融机构间负债和杠杆率构成。证券公司的负债往往是另一家金融机构的资产，我国大部分证券公司在很大程度上存在这种关联性，建立于金融资产上的大大小小的机构间关联形成了金融风险传染的第一通道。

3. 可替代性

由经纪业务收入、投资银行业务收入、资产管理业务收入构成，反映证券公司核心业务的市场竞争情况。核心业务收入越高，可替代性越低，如果一家具有无可替代的市场地位的证券公司发生风险，整个市场的核心业务将会受到严重打击。

4. 复杂性

FSB认为业务结构与金融机构复杂性正相关，可以用场外市场衍生品名义本金、交易类和可供出售类证券、公司结构和运作的复杂程度、信息管理系统的效率、缺少流动性的资产规模来衡量。本报告将融资融券业务收入、股权质押业务利息收入作为证券公司复杂性的评价指标。

表 2　证券公司系统重要性评价体系

单位：%

评价指标		权重(Q)	分项指标		权重(q)
机构规模	D_1	20	营业收入	$d_{1,1}$	100/3
			总资产	$d_{1,2}$	100/3
			净资产	$d_{1,3}$	100/3
关联度	D_2	20	金融机构间资产	$d_{2,1}$	100/3
			金融机构间负债	$d_{2,2}$	100/3
			杠杆率	$d_{2,3}$	100/3
可替代性	D_3	20	经纪业务收入	$d_{3,1}$	100/3
			投资银行业务收入	$d_{3,2}$	100/3
			资产管理业务收入	$d_{3,3}$	100/3
复杂性	D_4	20	融资融券业务收入	$d_{4,1}$	50
			股权质押业务利息收入	$d_{4,2}$	50
资产变现	D_5	20	净资本	$d_{5,1}$	50
			净资本与净资产比例	$d_{5,2}$	50

资料来源：山东省亚太资本市场研究院。

5. 资产变现

由净资本、净资本与净资产比例构成，反映了证券公司能够快速利用自有资金抵抗风险的能力。

以上所有指标数据均来自 2019 年证券公司年度报告公布的数据。

（二）评价方法

本报告采用国际通用的等权重法对我国证券公司的系统重要性进行计算，根据表 2 列示的证券公司系统重要性评价指标体系，具体计算方法如下。

证券公司系统重要性与定量因素 D_i 存在函数关系，即：

$$F = f(\mathrm{D}_1, D_2, D_3, D_4, D_5) \tag{1}$$

式（1）中，F 为证券公司系统重要性得分；D_i 为机构规模、关联度、可替代性、复杂性、资产变现（$i = 1,2,3,4,5,6$）。证券公司系统重要性单项指标和综合得分的计算公式分别为：

$$F = \sum_{i=1}^{5} D_i Q_i \tag{2}$$

$$D_i = \sum_{j=1}^{n} d_{ij} q_{ij} \tag{3}$$

式（2）中，Q_i 为各指标权重；式（3）中，$d_{i,j}$ 和 $q_{i,j}$ 为决定前述各项指标的因素与权重。

三　证券公司系统重要性评价结果分析

根据证券公司系统重要性评价指标体系，本报告对全国 128 家证券公司的系统重要性进行评价，并根据评价结果的分数进行排名和分析。

（一）证券公司系统重要性总体分析

全国 128 家证券公司的系统重要性平均得分为 29.57 分，较 2019 年下降 6.45 分，说明行业系统重要性正在向少数头部证券公司集中，即少数证券公司对整个证券业的影响较 2019 年有所提升，证券业系统重要性出现了明显的类似“马太效应”的两极分化趋势。

从证券公司系统重要性分布来看，证券公司家数随着系统重要性得分的增长呈现先上升后下降的趋势（见图 1），即高分和低分证券公司都较少，88.28% 的证券公司的得分在 50 分以下，说明我国证券公司的系统重要性具有头部集中特征，其中排名前 6 家证券公司的平均得分为 83.46 分，系统重要性远高于其他证券公司。在系统重要性得分分布上，相比于 2019 年，2020 年证券公司数量分布出现了明显的峰值左移，根据系统重要性排名算法可知，头部证券公司系统重要性与中部和尾部证券公司系统重要性的差距正在加速扩大。

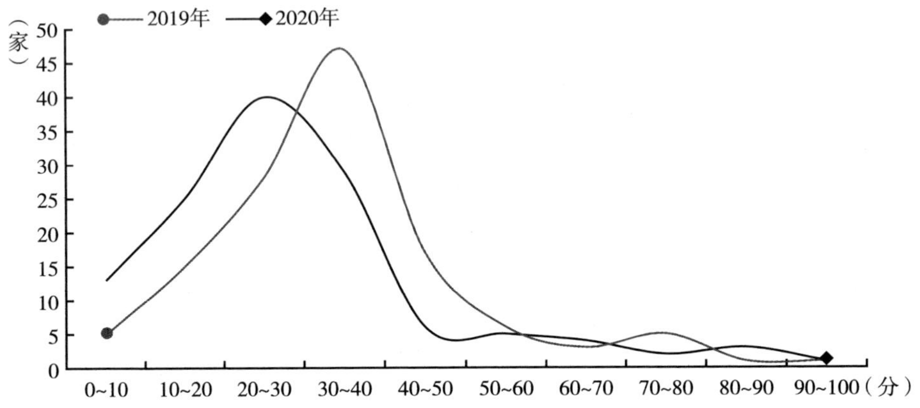

图1　证券公司系统重要性得分区间与家数分布（2019～2020年）

资料来源：山东省亚太资本市场研究院。

从系统重要性排名变动来看，与2019年相比，2020年证券公司系统重要性TOP20整体变化不大（见表3）。中信证券稳居第1名，海通证券由第2名下降至第3名，国泰君安由第5名上升至第2名，安信证券由第19名上升至第14名，东兴证券和东吴证券进入TOP20，长江证券和国海证券跌出TOP20，分别为第21名和第25名。

从证券公司系统重要性特征来看，行业远未出现“太大而不能倒”的风险。2020年系统重要性TOP20证券公司的总资产合计为6.23万亿元，占全行业的70.03%，较上年度高出1.78个百分点。《意见》指出，所有参评机构表内外总资产总额不低于监管部门统计的同口径上年末该行业总资产的75%。按照这一资产占比来看，系统重要性排名前26的证券公司总资产合计为6.73万亿元，占全行业的75.67%，因此按照本报告的系统重要性评价体系和计算方法，至少需要26家证券公司参与评价，才能达到监管意见所规定的标准。《意见》规定参评机构数量不少于10家，说明证券业远未达到“太大而不能倒”的状态，应继续推动机构间的并购重组。

表3　证券公司系统重要性 TOP20（2019～2020年）

公司简称	2020年	2019年	公司简称	2020年	2019年
中信证券	1	1	中信建投	11	10
国泰君安	2	5	东方证券	12	12
海通证券	3	2	光大证券	13	11
华泰证券	4	3	安信证券	14	19
广发证券	5	4	平安证券	15	14
申万宏源	6	6	方正证券	16	17
招商证券	7	9	中泰证券	17	15
中国银河	8	7	兴业证券	18	16
国信证券	9	8	东兴证券	19	21
中金公司	10	13	东吴证券	20	23

资料来源：山东省亚太资本市场研究院。

实际上，证券行业的并购重组正在缓慢推进，这反映了宏观审慎监管体系和金融供给侧改革下我国金融业自身效率的提升，以及与当前经济发展变化的适应性调整。2020年9月20日，国联证券与国金证券双双发布停牌公告，国联证券将通过换股的方式吸收合并国金证券，在鼓励证券行业做大做强的监管导向以及内外部竞争加剧的背景下，国联证券与国金证券的合并计划，有望开启证券公司新一轮并购潮，且将为中小证券公司的业务发展提供参考，在此次整合过程中，双方可以通过优势互补，提高行业竞争地位。

从系统重要性分项指标来看，系统重要性排名靠前的证券公司的机构规模、关联度、可替代性、复杂性4项指标均排在行业前列，与系统重要性总体排名具有较高的拟合程度，仅资产变现的排名拟合程度较低（见表4）。这是因为证券公司的资产变现能力不仅受流动性较高、可快速变现的净资本规模影响，也受净资本与净资产比例的限制。

表 4 证券公司系统重要性 TOP20 分项指标情况（2020 年）

公司简称	系统重要性排名	机构规模排名	关联度排名	可替代性排名	复杂性排名	资产变现排名	系统重要性得分
中信证券	1	1	1	1	1	56	100.00
国泰君安	2	4	5	2	3	4	86.34
海通证券	3	2	3	6	2	8	86.23
华泰证券	4	3	4	4	6	14	81.13
广发证券	5	5	10	3	8	6	73.69
申万宏源	6	7	7	10	5	3	73.39
招商证券	7	6	6	8	7	59	66.53
中国银河	8	10	8	11	4	57	65.63
国信证券	9	12	15	9	9	11	64.11
中金公司	10	11	2	7	15	60	62.13
中信建投	11	9	11	5	10	58	59.86
东方证券	12	8	9	15	14	10	57.13
光大证券	13	13	17	12	12	18	54.30
安信证券	14	15	22	17	11	12	51.32
平安证券	15	17	13	13	17	15	50.82
方正证券	16	18	19	16	19	25	47.31
中泰证券	17	16	12	14	13	62	46.93
兴业证券	18	14	16	19	16	61	43.00
东兴证券	19	20	48	22	21	13	40.70
东吴证券	20	32	27	24	20	20	40.64

资料来源：山东省亚太资本市场研究院。

（二）证券公司系统重要性结构分析

1. 系统重要性结构分析及相关性检验

机构规模、关联度、可替代性、复杂性和资产变现组成了证券公司系统重要性的结构，每项指标都代表着证券公司系统重要性不可或缺的一个方面。表 5 列出了 5 项指标分别排在前 20 名的证券公司，中信证券的机构规模、关联度、可替代性和复杂性都是第 1 名，国泰君安的可替代性和复杂性两项指标进入前 3 名，海通证券的机构规模、关联度和复杂性 3 项指标排名进入前3名。

全国证券公司在系统重要性评价中，每项指标平均得分均明显低于2019年。机构规模平均得分为47.74分，标准差为16.11；关联度平均得分为12.39分，标准差为13.11；可替代性平均得分为9.82分，标准差为16；复杂性平均得分为9.81分，标准差为18.06；资产变现平均得分为42.88分，标准差为23.64。分项指标计算方法采用相对值，平均数值越大代表指标差异性越小。因此，各项指标的差异性较2019年有所上升，影响证券公司系统重要性得分差异的因素从高到低分别是复杂性、可替代性、关联度、资产变现、机构规模。标准差表示该项指标偏离平均值的离散程度，离散程度较大的是复杂性、资产变现和机构规模，两极分化明显。

表5　证券公司系统重要性分项指标TOP20

排名	机构规模	关联度	可替代性	复杂性	资产变现
1	中信证券	中信证券	中信证券	中信证券	华泰证券(上海)资产管理
2	海通证券	中金公司	国泰君安	海通证券	上海光大资产管理
3	华泰证券	海通证券	广发证券	国泰君安	申万宏源
4	国泰君安	华泰证券	华泰证券	中国银河	国泰君安
5	广发证券	国泰君安	中信建投	申万宏源	国盛证券资产管理
6	招商证券	招商证券	海通证券	华泰证券	广发证券
7	申万宏源	申万宏源	中金公司	招商证券	华融证券
8	东方证券	中国银河	招商证券	广发证券	海通证券
9	中信建投	东方证券	国信证券	国信证券	财通证券资产管理
10	中国银河	广发证券	申万宏源	中信建投	东方证券
11	中金公司	中信建投	中国银河	安信证券	国信证券
12	国信证券	中泰证券	光大证券	光大证券	安信证券
13	光大证券	平安证券	平安证券	中泰证券	东兴证券
14	兴业证券	山西证券	中泰证券	东方证券	华泰证券
15	安信证券	国信证券	东方证券	中金公司	平安证券
16	中泰证券	兴业证券	方正证券	兴业证券	江海证券
17	平安证券	光大证券	安信证券	平安证券	国海证券
18	方正证券	开源证券	长江证券	长江证券	光大证券
19	长江证券	方正证券	兴业证券	方正证券	华西证券
20	东兴证券	东北证券	国金证券	东吴证券	东吴证券

资料来源：证券公司年报、山东省亚太资本市场研究院。

根据评价结果，对分项指标和系统重要性进行相关性检验分析后发现，机构规模是影响系统重要性最重要的因素，资产变现的影响相对较低，可替代性和复杂性对系统重要性的影响程度仅次于机构规模（见表6）。高度不可替代的证券公司发生风险后不一定会导致系统性金融危机，因为金融市场是一个高度竞争的市场，根据市场竞争理论，当市场业务出现盈利机会，竞争者将立刻进入并起到维持市场正常运转的作用。此外，关联度也是影响系统重要性的重要因素，具有高关联度的证券公司发生风险所引起的市场连锁反应很可能造成多家金融机构接连出现风险，使市场出现短期内无法自动修复的大崩溃，从而出现“太关联而不能倒”风险。

表6　分项指标与系统重要性得分相关系数

	机构规模	关联度	可替代性	复杂性	资产变现	系统重要性
机构规模	1					
关联度	0. 8702	1				
可替代性	0. 8693	0. 9040	1			
复杂性	0. 8655	0. 8678	0. 9302	1		
资产变现	0. 4924	0. 3598	0. 3598	0. 3716	1	
系统重要性	0. 9343	0. 8945	0. 9133	0. 9118	0. 6630	1

资料来源：证券公司年报、山东省亚太资本市场研究院。

2. 系统重要性结构拟合优度检验

为了更好地分析证券公司系统重要性组成结构各个部分与系统重要性整体的具体关系，利用评价结果得到的数据，建立分项指标得分与系统重要性得分散点图并进行拟合。

图2为证券公司系统重要性得分与机构规模得分的分布情况，机构规模得分主要集中在0.3～0.6分，该区间证券公司数量有97家，占比为75.78%。从趋势上来看，随着系统重要性升高，机构规模表现为较高拟合度的线性变化趋势。

图3为证券公司系统重要性得分与关联度得分的分布情况。关联度得分主要集中在0～0.3分，该区间的证券公司数量有117家，占比为91.41%，

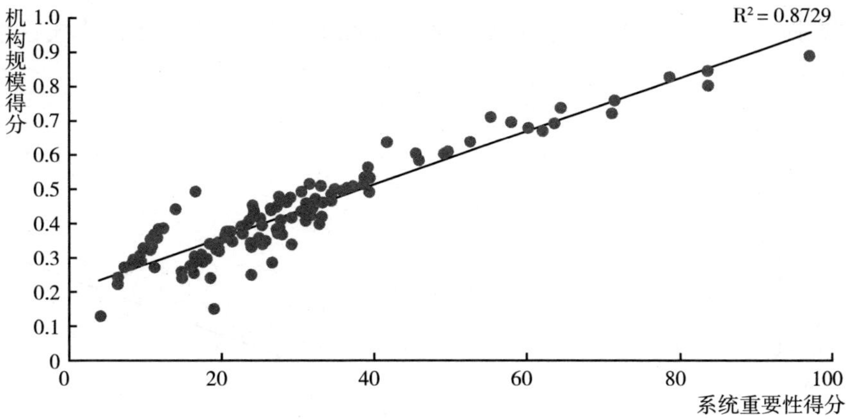

图 2　系统重要性与机构规模得分分布

资料来源：山东省亚太资本市场研究院。

0.3 分以上的仅有 11 家，说明关联度对头部证券公司的系统重要性具有重要影响。从趋势上来看，关联度得分与系统重要性具有较高拟合度的正向关联。

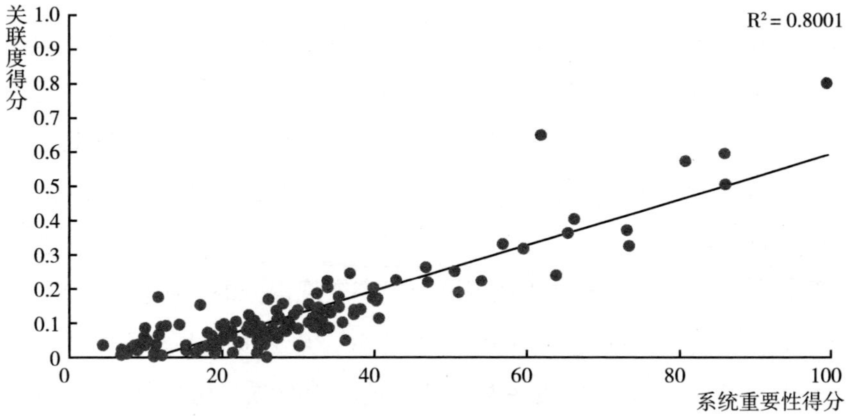

图 3　系统重要性与关联度得分分布

资料来源：证券公司年报、山东省亚太资本市场研究院。

图 4 为证券公司系统重要性得分与可替代性得分的分布情况。可替代性得分主要集中在 0 ~ 0.2 分，该区间的证券公司数量有 110 家，占比为

85.94%，0.2分以上的仅有18家，大部分证券公司的可替代性与头部证券公司差距较大。可替代性得分与系统重要性拟合度最高，具有非线性变化趋势。

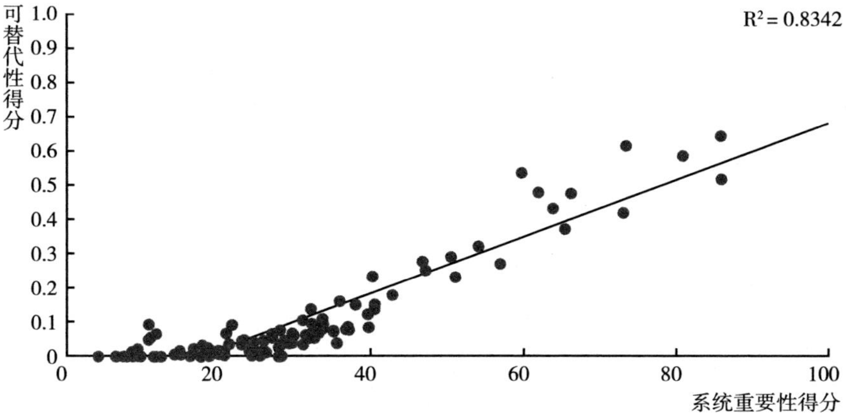

图4　系统重要性与可替代性得分分布

资料来源：证券公司年报、山东省亚太资本市场研究院。

图5为证券公司系统重要性得分与复杂性得分的分布情况。复杂性得分主要集中在0~0.3分，该区间的证券公司数量有115家，占比为89.84%，0.3分以上的仅有13家。从趋势上来看，复杂性同样具有较高拟合度的非线性变化趋势，在其他条件不变的情况下，随着机构复杂性增加，系统重要性快速升高。

图6为证券公司系统重要性得分与资产变现得分的分布情况。资产变现得分主要集中在0.3~0.5分和0.6~0.7分，该区间的证券公司数量有86家，占比为67.19%。资产变现拟合度相比其他分项指标较低，且分布在趋势线的两侧，说明行业中资产变现能力出现明显的两极分化。

（三）证券公司系统重要性聚类分析

根据证券公司系统重要性排名及得分，可将我国证券公司系统重要性分为三类，按照系统重要性程度实施分类监管。

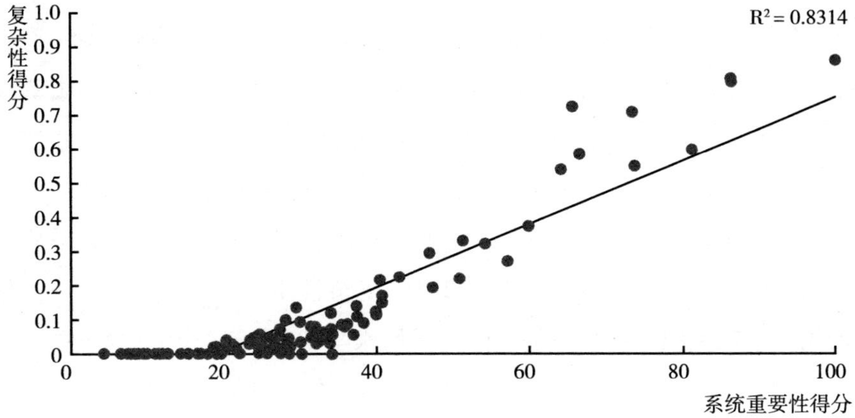

图 5　系统重要性与复杂性得分分布

资料来源：证券公司年报、山东省亚太资本市场研究院。

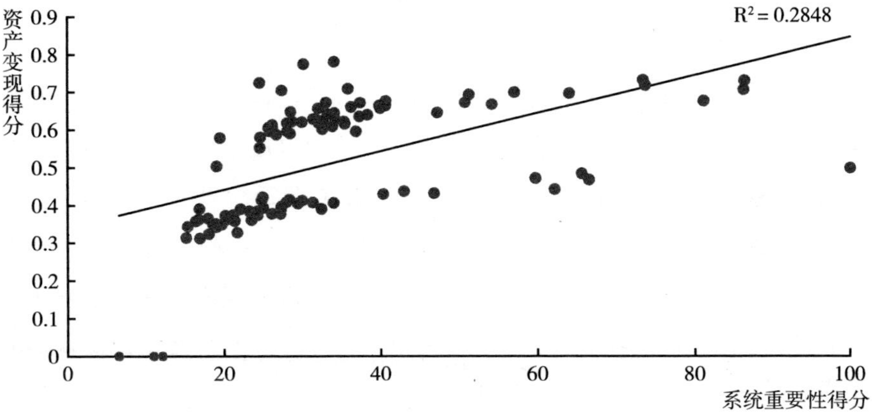

图 6　系统重要性与资产变现得分分布

资料来源：证券公司年报、山东省亚太资本市场研究院。

第一类是系统重要性极高的证券公司，包括中信证券、国泰君安、海通证券、华泰证券、广发证券、申万宏源 6 家，较 2018 年减少 4 家，说明系统重要性的头部集中程度有大幅提升。换算成百分制后，第一类证券公司的系统重要性得分在 70～100 分，平均得分为 83. 46 分，特点是系统重要性的

5 项指标得分都较高，任何一家证券公司发生风险都会对整个行业产生重要影响。这 6 家证券公司的机构规模平均得分为 0. 91 分，营业收入总和、总资产总和与净资产总和分别占行业总额的 32. 83% 、37. 10% 和 34. 15% ；关联度平均得分为 0. 53 分，远远高出行业 0. 13 分的均值，其中中信证券关联度全行业最高，且与第 2 名存在明显差距；可替代性平均得分为 0. 63 分，第一类证券公司的经纪业务收入、投资银行业务收入、资产管理业务收入分别占行业总额的 30. 05% 、25. 38% 和 36. 72% ；复杂性平均得分为 0. 72 分，是与行业均值差距最大的一项，高出行业平均水平 70 多倍；第一类证券公司的资产变现平均得分为 0. 68 分，高于行业 0. 43 分的平均水平。

第二类是系统重要性证券公司，出现了相对稀释的情况，包括招商证券、银河证券、国信证券等 15 家证券公司，较 2018 年减少 11 家，这可能是因为行业系统重要性集中度上升，也可能是中小证券公司因竞争力下降，而出现规模、收入、可替代性方面的下降。第二类证券公司的系统重要性得分在 40 ~ 70 分，平均得分为 52. 72 分，特点是有一项或两项得分较高。例如，招商证券的机构规模和关联度得分较高，但在资产变现方面得分较低。

第三类是系统重要性相对较低的证券公司，包括东北证券、华西证券等 107 家证券公司，较 2018 年增加了 12 家。系统重要性得分在 0 ~ 40 分，平均得分为 23. 30 分，同比下降 14. 90% 。其特点是除资产变现外，其他系统重要性分项指标没有任何一项表现得较为突出，在关联度较低的情况下，一家机构出现风险对行业的影响较小。例如，华泰证券的资产管理公司，其资产变现得分为 0. 78 分，该单项指标在全部证券公司中位列第一，但其在关联度、可替代性和复杂性方面的得分都较低。

四　证券公司系统性风险与宏观审慎监管

从系统重要性评价结果来看，至少需要对 3 种引发金融系统性风险的问题制定有针对性的宏观审慎监管措施，3 种风险分别为“太大而不能倒”、“太关联而不能倒”和“太多而不能倒”。

受2008年金融危机的影响，各国金融监管机构已经将“太大而不能倒”列入宏观审慎监管框架。规模大的证券公司如果与其他金融机构资产负债方面的关联度足够低，发生风险产生的影响就可能会局限在某一地区或相关产业范围内，能够给监管当局留有充分的时间应对风险。基于关联度形成的风险传染通道是系统性风险发生的另一重要途径，甚至比“太大而不能倒”的影响更深。若证券公司与其他金融机构的关联度过强，即使这家证券公司规模不是特别大，也很有可能因风险传染而迅速引发全国金融系统性危机，由于风险传染的速度过快，监管机构在发生危机之前采取有效解决措施相对困难。中金公司的系统重要性综合得分在全行业排名第10，但关联度在全行业排名第2，仅次于中信证券，如果发生重大风险，与中金公司相关联的其他金融机构和非金融机构都有可能受到严重影响。

将证券公司的系统重要性分为3类，并不意味着单个证券公司的系统重要性排名较低就不需要宏观审慎监管或可以放松监管。实际上，随着我国金融体系不断深化发展，金融机构之间的关联度日益提升，彼此之间形成了相互影响的风险链条，如果一家规模较小的证券公司出现流动性问题，其他与之有密切资产、负债关联的小规模证券公司也将出现一定程度的风险。结果是一家证券公司发生的风险将蔓延至多家证券公司，这可能比一家大型证券公司发生风险对金融体系造成的冲击还要严重。本报告将这种多家系统重要性相对较低的证券公司同时发生风险所引发的系统性金融危机称为“太多而不能倒”风险或群体性风险。事实上，任何一家证券公司都具有一定程度的系统重要性，监管部门在对系统重要性排名较高的证券公司有针对性地实施宏观审慎监管之外，也要注重对系统重要性排名较低的证券公司开展宏观审慎监管，防范“太多而不能倒”风险，除此之外，由几家小型金融机构组成的群体组织同时发生风险也可能引发严重的系统性金融危机。

五　结论

本报告根据我国证券公司的发展现实和《意见》的指导构建了面向全

国证券公司的系统重要性评价指标体系，首次对全国128家证券公司的系统重要性进行了计算和排名，从总体层面、结构层面和类型层面分析和检验了评价结果，为金融监管部门和投资者提供决策参考和识别依据。根据对证券公司系统重要性评价结果的分析，本报告总结了3种同等重要且应纳入我国宏观审慎监管框架的系统性风险，即“太大而不能倒”、“太关联而不能倒”和“太多而不能倒”风险。《意见》规定证券业参评机构不少于10家，表内外资产总额不低于上年末行业总资产的75%，而实际达到这一比例需要至少26家证券公司参评，由此判断行业还远未达到“太大而不能倒”状态，行业和监管机构应推动证券公司并购重组。

评价结果显示证券公司系统重要性得分分布呈先上升后下降再趋于平稳的趋势，评价得分较高的证券公司仅有中信证券、海通证券、华泰证券、广发证券、国泰君安等少数几家，85%的证券公司的得分在50分以下，系统重要性具有头部集中特征，排名前10的证券公司的系统重要性远高于中部单个证券公司，存在“太大而不能倒”风险。在结构分析中，经过分项指标和系统重要性相关性检验同样得出了机构规模是影响系统重要性最重要因素的结论。这与FSB指出的“评价系统重要性金融机构的最关键特征是规模”一致，监管机构需加强对高资产和高收入证券公司的监管。

《意见》通过构建系统重要性金融机构评价机制，主要从两个方面防范重大金融风险。一是增强证券公司的经营能力，从内部降低风险发生的可能性；二是建立特别处置机制，利用监管等外部力量快速有效处置发生风险的机构，防范“太大而不能倒”风险。根据本报告对证券公司系统重要性评价结果的结构分析和聚类分析可知，引发重大金融危机的因素还包括“太关联而不能倒”和“太多而不能倒”，应将上述两种风险也纳入宏观审慎监管。我国建立宏观审慎监管体系最主要的目的是防范系统性金融风险以及减少金融危机对实体经济带来的负面冲击。

构建系统重要性金融机构评价机制是我国“双支柱调控”的必然要求，对于建立和完善宏观审慎监管体系具有里程碑意义。如今，互联网、人工智能、区块链等新型技术被证券业和其他金融机构大范围应用，面对金融互联互通背景下我国证券业进一步开放的战略要求，以及与经济全球化相悖的贸易保护主义势力带来的市场冲击，必须加快推进我国宏观审慎监管，完善金融机构系统重要性评价及相应的逆周期监管调控机制，确保我国金融体系在日益复杂的内外部环境中能够稳定运行和避免系统性金融风险，持续增强金融服务实体经济的能力。

附表1　中国证券公司系统重要性排名（2020年）

公司名称	系统重要性排名	机构规模排名	关联度排名	可替代性排名	复杂性排名	资产变现排名	系统重要性得分
中信证券	1	1	1	1	1	56	100.00
国泰君安	2	4	5	2	3	4	86.34
海通证券	3	2	3	6	2	8	86.23
华泰证券	4	3	4	4	6	14	81.13
广发证券	5	5	10	3	8	6	73.69
申万宏源	6	7	7	10	5	3	73.39
招商证券	7	6	6	8	7	59	66.53
中国银河	8	10	8	11	4	57	65.63
国信证券	9	12	15	9	9	11	64.11
中金公司	10	11	2	7	15	60	62.13
中信建投	11	9	11	5	10	58	59.86
东方证券	12	8	9	15	14	10	57.13
光大证券	13	13	17	12	12	18	54.30
安信证券	14	15	22	17	11	12	51.32
平安证券	15	17	13	13	17	15	50.82
方正证券	16	18	19	16	19	25	47.31
中泰证券	17	16	12	14	13	62	46.93
兴业证券	18	14	16	19	16	61	43.00
东兴证券	19	20	48	22	21	13	40.70
东吴证券	20	32	27	24	20	20	40.64
长江证券	21	19	29	18	18	63	40.43
东北证券	22	21	20	34	26	23	39.97
华西证券	23	23	26	25	24	19	39.86

续表

公司名称	系统重要性排名	机构规模排名	关联度排名	可替代性排名	复杂性排名	资产变现排名	系统重要性得分
财通证券	24	25	36	21	30	28	38.34
国海证券	25	28	37	39	27	17	37.43
国元证券	26	26	42	35	22	29	37.36
山西证券	27	29	14	36	47	48	36.92
国金证券	28	33	93	20	31	21	36.24
华融证券	29	27	59	67	36	7	35.89
华福证券	30	38	24	40	33	41	35.41
华安证券	31	34	33	41	32	35	35.39
民生证券	32	40	41	33	45	31	34.22
华泰证券（上海）资产管理	33	57	70	38	87	1	34.13
东莞证券	34	58	38	32	38	26	34.11
浙商证券	35	24	21	26	25	70	33.96
开源证券	36	66	18	28	64	42	33.89
渤海证券	37	37	55	47	57	27	33.27
江海证券	38	44	75	55	41	16	33.03
南京证券	39	49	45	51	43	33	32.78
第一创业	40	53	34	29	61	43	32.65
恒泰证券	41	46	35	42	58	46	32.50
天风证券	42	22	23	23	48	75	32.50
国盛证券	43	54	49	54	40	36	32.06
东海证券	44	41	50	53	63	39	32.04
国联证券	45	65	69	58	35	22	32.02
财达证券	46	62	47	49	42	32	31.85
长城证券	47	30	31	27	34	69	31.37
国都证券	48	52	58	71	53	30	31.37
上海光大资产管理	49	93	103	48	87	2	30.15
华龙证券	50	60	73	68	61	37	30.00

续表

公司名称	系统重要性排名	机构规模排名	关联度排名	可替代性排名	复杂性排名	资产变现排名	系统重要性得分
西南证券	51	36	40	43	29	67	29.96
中银国际	52	39	43	69	23	71	29.42
国融证券	53	80	61	62	72	34	28.78
上海证券	54	63	78	108	87	24	28.55
华林证券	55	70	52	76	73	50	28.46
西部证券	56	35	54	37	54	65	28.36
华鑫证券	57	78	57	75	66	49	28.20
东方财富	58	43	30	110	28	68	28.09
华金证券	59	73	74	79	74	38	28.07
华创证券	60	48	46	50	39	72	27.42
财通证券资产管理	61	111	91	56	87	9	27.37
信达证券	62	50	51	44	37	78	27.26
中原证券	63	45	39	52	46	82	27.22
联储证券	64	86	71	96	64	51	26.64
申港证券	65	91	85	84	82	40	26.19
华宝证券	66	94	81	88	75	45	26.16
中航证券	67	67	28	63	51	84	26.12
财信证券	68	59	128	107	87	47	25.78
大通证券	69	82	104	95	77	44	25.70
万联证券	70	56	67	64	55	73	25.10
国开证券	71	51	89	70	62	64	24.99
太平洋	72	55	77	65	50	74	24.89
红塔证券	73	42	112	80	44	66	24.83
九州证券	74	96	97	83	83	52	24.67
国盛证券资产管理	75	121	121	104	87	5	24.57
大同证券	76	89	90	90	79	54	24.57
新时代	77	61	60	77	60	80	24.31

续表

公司名称	系统重要性排名	机构规模排名	关联度排名	可替代性排名	复杂性排名	资产变现排名	系统重要性得分
金元证券	78	64	53	85	49	85	24.30
湘财证券	79	68	82	60	52	81	23.86
首创证券	80	79	44	66	56	93	23.51
德邦证券	81	74	66	61	62	83	23.47
五矿证券	82	69	76	73	65	79	23.25
上海国泰君安资产管理	83	87	96	31	87	77	22.10
宏信证券	84	76	56	72	81	101	21.71
中山证券	85	75	119	45	68	94	21.34
中邮证券	86	81	84	94	69	86	21.17
粤开证券	87	84	79	109	67	87	21.10
长城国瑞	88	97	92	86	59	90	20.29
世纪证券	89	101	62	93	80	91	20.28
万和证券	90	88	88	100	76	88	20.23
北京高华	91	99	65	87	87	96	19.78
爱建证券	92	127	95	97	84	53	19.56
摩根大通	93	123	115	111	87	55	19.11
银泰证券	94	90	98	99	78	99	19.04
英大证券	95	92	123	78	70	97	18.99
中天证券	96	106	87	98	71	98	18.62
瑞银证券	97	110	80	74	87	102	18.12
中天国富	98	102	107	111	87	89	17.93
中金财富	99	31	32	106	87	106	17.07
中泰证券（上海）资产管理	100	103	108	81	87	104	16.95
恒泰长财	101	120	111	111	87	76	16.85
银河金汇资产管理	102	113	117	111	87	92	16.80
方正证券承销保荐	103	115	120	111	87	95	16.40

续表

公司名称	系统重要性排名	机构规模排名	关联度排名	可替代性排名	复杂性排名	资产变现排名	系统重要性得分
华菁证券	104	124	116	103	87	100	15.33
川财证券	105	125	106	89	85	105	15.19
东证融汇资产管理	106	119	118	101	87	103	15.13
中信证券华南	107	47	63	102	87	106	14.35
中信证券(山东)	108	71	64	111	87	106	12.66
广发证券资产管理(广东)	109	72	125	46	87	106	12.06
申万宏源西部	110	83	68	111	87	106	11.78
华英证券	111	116	25	111	87	106	11.53
华泰联合	112	77	83	111	87	106	11.48
招商证券资产管理	113	95	99	57	87	106	11.20
上海海通资产管理	114	85	122	59	87	106	11.00
上海东方证资产管理	115	100	126	30	87	106	10.96
申万宏源承销保荐	116	98	94	111	87	106	9.94
长江证券承销保荐	117	112	72	111	87	106	9.70
东方证券承销保荐	118	105	86	111	87	106	9.56
长江证券(上海)资产管理	119	104	101	82	87	106	9.54
浙商证券资产管理	120	108	109	92	87	106	8.90
高盛高华	121	107	100	111	87	106	8.83
兴证证券资产管理	122	109	114	91	87	106	8.67
中德证券	123	114	102	111	87	106	8.34
第一创业承销保荐	124	118	110	111	87	106	7.89
渤海汇金证券资产管理	125	117	124	111	87	106	7.49
网信证券	126	126	113	105	86	106	6.57
瑞信方正	127	122	127	111	87	106	6.56
金通证券	128	128	105	111	87	106	4.26

资料来源：山东省亚太资本市场研究院。

附表 2　中国证券公司重要指标汇总（2019 年）

公司简称	系统重要性排名	机构规模			关联度			可替代性			复杂性		资产变现		系统重要性得分	百分制
		营业收入排名	总资产排名	净资产排名	杠杆率排名	金融机构间资产排名	金融机构间负债排名	经纪业务收入排名	投资银行业务收入排名	资产管理业务收入排名	股权质押业务利息收入排名	融资融券业务利息收入排名	净资本排名	净资本与净资产比例排名		
中信证券	1	1	1	1	4	1	1	2	1	1	2	1	1	57	0.83	100.00
国泰君安	2	4	3	4	23	3	3	1	5	8	3	2	2	29	0.72	86.34
海通证券	3	2	2	3	6	2	2	9	4	4	1	8	3	52	0.72	86.23
华泰证券	4	3	4	2	2	4	5	6	6	3	11	3	4	57	0.67	81.13
广发证券	5	5	5	5	21	9	8	5	9	2	9	6	5	36	0.61	73.69
申万宏源	6	10	7	7	15	8	9	8	12	11	5	5	6	56	0.61	73.39
招商证券	7	8	6	6	13	6	6	7	7	17	7	7	7	15	0.55	66.53
中国银河	8	11	8	14	17	7	10	3	29	24	4	4	8	57	0.54	65.63
国信证券	9	13	13	10	33	11	13	4	8	41	6	9	9	57	0.53	64.11
中金公司	10	14	10	9	1	5	4	10	3	20	17	14	10	28	0.52	62.13
中信建投	11	6	11	11	12	10	11	11	2	19	10	10	11	53	0.50	59.86
东方证券	12	9	9	8	9	12	7	19	15	5	8	21	12	27	0.47	57.13
光大证券	13	12	15	16	31	14	12	16	10	12	14	11	13	25	0.45	54.30
安信证券	14	15	18	19	32	20	18	15	19	34	13	12	14	57	0.43	51.32
平安证券	15	18	16	18	8	17	16	14	11	25	18	17	15	37	0.42	50.82
方正证券	16	21	19	15	25	16	14	12	28	32	35	15	16	57	0.39	47.31
中泰证券	17	17	17	17	10	13	17	13	14	30	12	13	17	54	0.39	46.93
兴业证券	18	16	14	13	22	15	15	18	22	36	15	18	18	57	0.36	43.00
东兴证券	19	19	25	32	65	33	26	27	13	31	22	22	19	57	0.34	40.70

续表

公司简称	系统重要性排名	机构规模			关联度			可替代性			复杂性		资产变现		系统重要性得分	百分制
		营业收入排名	总资产排名	净资产排名	杠杆率排名	金融机构间资产排名	金融机构间负债排名	经纪业务收入排名	投资银行业务收入排名	资产管理业务收入排名	股权质押业务利息收入排名	融资融券业务利息收入排名	净资本排名	净资本与净资产比例排名		
东吴证券	20	39	22	34	41	18	21	22	24	46	16	24	20	30	0. 34	40. 64
长江证券	21	20	20	20	39	21	19	17	17	28	21	16	21	49	0. 34	40. 43
东北证券	22	23	21	23	11	23	30	28	37	43	30	27	22	57	0. 33	39. 97
华西证券	23	22	27	36	24	24	31	21	27	64	29	25	23	14	0. 33	39. 86
财通证券	24	38	23	21	35	45	32	25	33	14	43	29	24	19	0. 32	38. 34
国海证券	25	24	34	42	57	25	20	41	36	35	20	37	25	6	0. 31	37. 43
国元证券	26	29	26	27	56	37	23	31	35	54	26	19	26	50	0. 31	37. 36
山西证券	27	34	29	28	5	22	22	48	26	48	59	39	27	57	0. 31	36. 92
国金证券	28	33	28	37	107	32	53	20	16	61	39	32	28	57	0. 30	36. 24
华融证券	29	26	37	24	78	27	28	60	52	79	23	58	29	18	0. 30	35. 89
华福证券	30	42	39	38	14	64	39	34	58	33	54	28	30	57	0. 29	35. 41
华安证券	31	32	38	29	30	43	33	30	59	58	32	35	31	20	0. 29	35. 39
民生证券	32	41	43	39	43	35	27	45	21	85	44	45	32	57	0. 28	34. 22
华泰证券（上海）资产管理	33	64	49	60	71	47	90	90	90	9	87	88	33	5	0. 28	34. 13
东莞证券	34	68	54	54	27	80	54	24	40	73	58	33	34	57	0. 28	34. 11
浙商证券	35	28	24	25	18	19	35	23	39	39	24	30	35	57	0. 28	33. 96
开源证券	36	74	65	66	3	58	73	62	18	37	45	75	36	34	0. 28	33. 89
渤海证券	37	36	36	40	66	36	47	52	31	55	53	55	37	8	0. 28	33. 27

续表

公司简称	系统重要性排名	机构规模			关联度			可替代性			复杂性		资产变现		系统重要性得分	百分制
		营业收入排名	总资产排名	净资产排名	杠杆率排名	金融机构间资产排名	金融机构间负债排名	经纪业务收入排名	投资银行业务收入排名	资产管理业务收入排名	股权质押业务利息收入排名	融资融券业务利息收入排名	净资本排名	净资本与净资产比例排名		
江海证券	38	37	59	50	84	44	44	59	34	56	38	42	38	57	0. 27	33. 03
南京证券	39	46	52	57	38	63	57	43	42	71	41	40	39	48	0. 27	32. 78
第一创业	40	51	50	72	28	55	43	55	32	21	68	53	40	47	0. 27	32. 65
恒泰证券	41	48	45	51	26	62	56	29	57	84	72	43	41	57	0. 27	32. 50
天风证券	42	25	31	22	19	26	29	36	20	23	47	44	42	43	0. 27	32. 50
国盛证券	43	62	57	52	55	40	40	38	62	65	31	54	43	57	0. 27	32. 06
东海证券	44	27	58	53	47	57	49	44	41	78	87	47	44	7	0. 27	32. 04
国联证券	45	67	64	65	72	60	55	46	48	76	27	49	45	57	0. 27	32. 02
财达证券	46	69	56	68	44	52	51	37	56	100	36	46	46	55	0. 26	31. 85
长城证券	47	31	32	30	29	28	34	32	25	45	78	23	47	41	0. 26	31. 37
国都证券	48	52	62	35	63	49	45	57	61	86	51	48	48	57	0. 26	31. 37
上海光大资产管理	49	83	100	98	102	110	99	90	90	13	87	88	49	9	0. 25	30. 15
华龙证券	50	76	53	48	68	86	76	47	67	96	56	60	50	57	0. 25	30. 00
西南证券	51	35	30	44	40	42	25	33	45	80	52	26	51	46	0. 25	29. 96
中银国际	52	40	40	43	46	30	48	90	90	22	19	31	52	57	0. 24	29. 42
国融证券	53	80	82	93	64	41	69	76	30	69	63	78	53	23	0. 24	28. 78
上海证券	54	65	63	62	79	50	74	90	90	90	87	88	54	11	0. 24	28. 55
华林证券	55	71	80	61	42	83	78	56	71	67	77	65	55	26	0. 24	28. 46

续表

公司简称	系统重要性排名	机构规模			关联度			可替代性			复杂性		资产变现		系统重要性得分	百分制
		营业收入排名	总资产排名	净资产排名	杠杆率排名	金融机构间资产排名	金融机构间负债排名	经纪业务收入排名	投资银行业务收入排名	资产管理业务收入排名	股权质押业务利息收入排名	融资融券业务利息收入排名	净资本排名	净资本与净资产比例排名		
西部证券	56	44	35	26	67	34	42	26	38	94	73	41	56	57	0. 24	28. 36
华鑫证券	57	86	77	80	51	54	84	50	78	93	82	52	57	21	0. 23	28. 20
东方财富	58	54	41	41	20	51	71	90	90	103	67	20	58	57	0. 23	28. 09
华金证券	59	61	86	78	73	75	68	85	51	92	71	76	59	12	0. 23	28. 07
华创证券	60	43	46	69	52	38	37	42	50	50	28	59	60	33	0. 23	27. 42
财通证券资产管理	61	115	105	115	87	119	99	90	90	15	87	88	61	45	0. 23	27. 37
信达证券	62	63	48	33	60	39	38	35	47	70	46	34	62	57	0. 23	27. 26
中原证券	63	47	47	45	36	48	36	39	54	75	61	38	63	51	0. 23	27. 22
联储证券	64	97	81	87	69	68	65	82	74	97	50	70	64	57	0. 22	26. 64
申港证券	65	95	93	91	88	76	82	88	55	98	64	88	65	57	0. 22	26. 19
华宝证券	66	94	88	104	77	87	64	64	88	88	66	84	66	57	0. 22	26. 16
中航证券	67	72	70	63	16	61	62	58	46	59	40	56	67	35	0. 22	26. 12
财信证券	68	56	66	49	120	121	99	90	90	83	87	88	68	57	0. 21	25. 78
大通证券	69	60	99	99	106	78	98	70	85	101	85	67	69	57	0. 21	25. 70
万联证券	70	58	61	55	70	72	41	49	66	57	55	51	70	44	0. 21	25. 10
国开证券	71	50	51	47	95	65	46	84	43	47	42	81	71	57	0. 21	24. 99
太平洋	72	59	55	59	83	46	52	51	68	49	37	61	72	57	0. 21	24. 89
红塔证券	73	45	44	46	120	31	61	63	75	62	25	79	73	31	0. 21	24. 83

续表

公司简称	系统重要性排名	机构规模			关联度			可替代性			复杂性		资产变现		系统重要性得分	百分制
		营业收入排名	总资产排名	净资产排名	杠杆率排名	金融机构间资产排名	金融机构间负债排名	经纪业务收入排名	投资银行业务收入排名	资产管理业务收入排名	股权质押业务利息收入排名	融资融券业务利息收入排名	净资本排名	净资本与净资产比例排名		
九州证券	74	96	101	86	97	90	83	86	60	77	76	82	74	57	0. 20	24. 67
国盛证券资产管理	75	119	130	130	119	118	99	90	90	68	87	88	75	57	0. 20	24. 57
大同证券	76	57	109	106	89	94	87	66	83	95	81	77	76	57	0. 20	24. 57
新时代	77	70	60	58	50	79	75	54	80	74	69	50	77	2	0. 20	24. 31
金元证券	78	53	73	64	48	53	80	71	77	87	33	69	78	24	0. 20	24. 30
湘财证券	79	66	67	79	81	77	59	40	69	60	79	36	79	39	0. 20	23. 86
首创证券	80	89	75	76	37	66	58	69	53	42	48	57	80	57	0. 20	23. 51
德邦证券	81	75	71	88	62	59	91	78	49	29	49	71	81	16	0. 19	23. 47
五矿证券	82	78	68	70	75	85	50	83	44	51	60	64	82	17	0. 19	23. 25
上海国泰君安资产管理	83	103	78	81	94	93	96	90	90	7	87	88	83	57	0. 18	22. 10
宏信证券	84	55	96	82	45	88	70	61	64	52	87	74	84	57	0. 18	21. 71
中山证券	85	85	69	75	120	56	63	67	23	72	75	62	85	57	0. 18	21. 34
中邮证券	86	73	90	95	85	81	79	80	79	66	57	83	86	42	0. 18	21. 17
粤开证券	87	87	85	90	74	73	81	90	90	91	62	63	87	10	0. 18	21. 10
长城国瑞	88	111	94	83	92	67	77	81	70	63	34	86	88	57	0. 17	20. 29
世纪证券	89	93	102	107	49	95	89	65	89	107	83	73	89	57	0. 17	20. 28
万和证券	90	100	89	74	90	74	72	79	82	105	65	85	90	57	0. 17	20. 23

续表

公司简称	系统重要性排名	机构规模			关联度			可替代性			复杂性		资产变现		系统重要性得分	百分制
		营业收入排名	总资产排名	净资产排名	杠杆率排名	金融机构间资产排名	金融机构间负债排名	经纪业务收入排名	投资银行业务收入排名	资产管理业务收入排名	股权质押业务利息收入排名	融资融券业务利息收入排名	净资本排名	净资本与净资产比例排名		
北京高华	91	109	95	97	54	92	99	73	72	112	87	88	91	40	0.16	19.78
爱建证券	92	127	113	133	93	99	94	74	81	99	80	80	92	22	0.16	19.56
摩根大通	93	124	131	131	113	121	99	90	90	113	87	88	93	57	0.16	19.11
银泰证券	94	82	104	89	96	101	97	75	84	108	86	72	94	57	0.16	19.04
英大证券	95	101	87	92	120	71	67	68	63	81	74	66	95	57	0.16	18.99
中天证券	96	116	97	113	86	84	98	72	87	110	70	68	96	57	0.15	18.62
瑞银证券	97	118	103	117	76	69	99	53	65	111	87	88	97	13	0.15	18.12
中天国富	98	112	98	101	105	103	99	90	90	113	87	88	98	32	0.15	17.93
中金财富	99	30	33	31	34	29	24	90	90	82	87	88	99	4	0.14	17.07
中泰证券（上海）资产管理	100	84	121	124	108	116	99	90	90	26	87	88	100	57	0.14	16.95
恒泰长财	101	125	125	122	110	121	99	90	90	113	87	88	101	57	0.14	16.85
银河金汇资产管理	102	121	111	103	116	111	99	90	90	113	87	88	102	57	0.14	16.80
方正证券承销保荐	103	122	106	119	118	115	99	90	90	109	87	88	103	1	0.14	16.40
华菁证券	104	130	116	121	115	102	99	89	76	104	87	88	104	38	0.13	15.33
川财证券	105	131	114	108	104	104	92	77	73	89	87	87	105	57	0.13	15.19
东证融汇资产管理	106	120	124	123	117	112	99	90	90	44	87	88	105	3	0.13	15.13

续表

公司简称	系统重要性排名	机构规模			关联度			可替代性			复杂性		资产变现		系统重要性得分	百分制
		营业收入排名	总资产排名	净资产排名	杠杆率排名	金融机构间资产排名	金融机构间负债排名	经纪业务收入排名	投资银行业务收入排名	资产管理业务收入排名	股权质押业务利息收入排名	融资融券业务利息收入排名	净资本排名	净资本与净资产比例排名		
中信证券华南	107	49	42	56	59	70	66	90	90	53	87	88	105	57	0.12	14.35
中信证券（山东）	108	77	72	73	53	96	86	90	90	113	87	88	105	57	0.10	12.66
广发证券资产管理（广东）	109	81	74	71	120	89	88	90	90	10	87	88	105	57	0.10	12.06
申万宏源西部	110	92	79	85	58	97	99	90	90	113	87	88	105	57	0.10	11.78
华英证券	111	114	123	120	7	117	99	90	90	113	87	88	105	57	0.10	11.53
华泰联合	112	88	84	67	80	91	99	90	90	113	87	88	105	57	0.10	11.48
招商证券资产管理	113	102	92	96	98	106	99	90	90	16	87	88	105	57	0.09	11.20
上海海通资产管理	114	91	83	94	120	82	60	90	90	18	87	88	105	57	0.09	11.00
上海东方证资产管理	115	117	91	84	120	108	99	90	90	6	87	88	105	57	0.09	10.96
申万宏源承销保荐	116	79	112	105	91	113	99	90	90	113	87	88	105	57	0.08	9.94
长江证券承销保荐	117	108	120	110	61	120	99	90	90	113	87	88	105	57	0.08	9.70

续表

公司简称	系统重要性排名	机构规模			关联度			可替代性			复杂性		资产变现		系统重要性得分	百分制
		营业收入排名	总资产排名	净资产排名	杠杆率排名	金融机构间资产排名	金融机构间负债排名	经纪业务收入排名	投资银行业务收入排名	资产管理业务收入排名	股权质押业务利息收入排名	融资融券业务利息收入排名	净资本排名	净资本与净资产比例排名		
东方证券承销保荐	118	110	110	102	82	114	99	90	90	113	87	88	105	57	0.08	9.56
长江证券（上海）资产管理	119	107	108	100	101	107	99	90	90	27	87	88	105	57	0.08	9.54
浙商证券资产管理	120	98	117	116	109	98	99	90	90	40	87	88	105	57	0.07	8.90
高盛高华	121	99	115	112	99	121	99	90	90	113	87	88	105	57	0.07	8.83
兴证证券资产管理	122	104	118	111	114	100	85	90	90	38	87	88	105	57	0.07	8.67
中德证券	123	113	119	109	100	120	99	90	90	113	87	88	105	57	0.07	8.34
第一创业承销保荐	124	106	127	128	111	120	99	90	90	113	87	88	105	57	0.07	7.89
渤海汇金证券资产管理	125	105	128	127	120	105	95	90	90	113	87	88	105	57	0.06	7.49
网信证券	126	129	132	129	112	109	93	87	86	106	84	88	105	57	0.05	6.57
瑞信方正	127	128	126	125	120	121	99	90	90	113	87	88	105	57	0.05	6.56
金通证券	128	132	133	132	103	121	99	90	90	113	87	88	105	57	0.04	4.26

资料来源：山东省亚太资本市场研究院。

参考文献

[1] Tarashev, N., Borio, C., Tsatsaronis, K., "The Systemic Importance of Financial Institutions", *BIS Quarterly Review*, 2009.

[2] Tarashev, N., Borio, C., Tsatsaronis, K., "Attributing Systemic Risk to Individual Institutions", *Bank for International Settlements*, *BIS Working Papers*, 2010.

[3] Tarashev, N., Tsatsaronis, K., Borio, C., "Risk Attribution Using the Shapley Value: Methodology and Policy Applications", *Review of Finance* 20 (3), 2016, pp. 1189 ~ 1213.

[4] 范小云、王道平：《巴塞尔Ⅲ在监管理论与框架上的改进：微观与宏观审慎有机结合》，《国际金融研究》2012 年第 1 期。

[5] 张天顶、张宇：《宏观审慎监管、系统性风险及国内外金融监管实践及启示》，《证券市场导报》2018 年第 4 期。

[6] 黄孝武、唐毅：《宏观审慎监管理论研究新进展》，《财经问题研究》2012 年第 5 期。

[7] 马理、葛斌：《基于宏观审慎的系统重要性商业银行评价与监管》，《金融监管研究》2014 年第 9 期。

[8] 宋丽：《我国系统重要性金融机构研究综述》，《海南金融》2016 年第 2 期。

[9] 周强、杨柳勇：《论中国系统重要性银行识别——市场模型法还是指标法》，《国际金融研究》2014 年第 9 期。

[10] 贾彦东：《金融机构的系统重要性分析——金融网络中的系统风险衡量与成本分担》，《金融研究》2011 年第 10 期。

[11] 梁琪、李政、郝项超：《我国系统重要性金融机构的识别与监管——基于系统性风险指数 SRISK 方法的分析》，《金融研究》2013 年第 9 期。

[12] 杨子晖、陈雨恬、谢锐楷：《我国金融机构系统性金融风险度量与跨部门风险溢出效应研究》，《金融研究》2018 年第 10 期。

专题篇

Special Topic Reports

B.7

证券市场监管体制改革（2020）

姚丽婷　王大雷*

摘　要： 2019年我国资本市场稳步发展，科创板设立并试点注册制，以信息披露为核心的注册制运行良好，各项监管改革举措加快落实，科创板试点注册制相关法规及配套制度不断完善。防范系统性金融风险是资本市场监管的重要方向，监管部门宏观审慎监管能力不断加强，党的十九大提出的货币政策和宏观审慎政策双支柱调控框架逐步健全。第十三届全国人大常委会审议通过了《中华人民共和国证券法》的修订并顺利实施，是证券市场法治化进程的里程碑。新证券法全面推行证券发行注册制，进一步强化了证券市场各主体的信息披露

* 姚丽婷，西北民族大学区域经济学硕士，山东省亚太资本市场研究院高级研究员，研究领域为中小企业、公司金融；王大雷，山东省亚太资本市场研究院研究员，研究领域为市值管理、普惠金融。

要求，加大证券违法违规处罚力度，大幅提升违法违约成本，投资者保护取得重大突破。随着各项监管体制改革的推进，证券监管部门的监管执法和风险防控能力逐步提升，为我国证券市场的健康发展营造了良好环境。

关键词： 宏观审慎监管　证券市场监管　新证券法

2019年2月，习近平总书记在主持中央政治局第十三次集体学习时指出，要打造一个规范、透明、开放、有活力、有韧性的资本市场，完善资本市场基础性制度，把好市场入口和市场出口两道关，加强对交易的全程监管。为了贯彻落实党中央、国务院对资本市场发展的要求，2019年中国证监会针对资本市场延续从严监管态势，提出“四个必须”，资本市场重点领域风险得到有效化解。其一，资本市场是金融体系的基础，全方位地影响国家的金融治理能力，同时反映实体经济的发展状况。在借由资本市场的融资功能实现更快发展的同时，上市公司质量的高低也关系到千家万户的生活。因此，必须敬畏市场，尊重、遵循市场规律，提高上市公司质量，推进资本市场健康发展。其二，切实保护投资者的合法权益。中国证监会始终坚持依法监管、全程监管，把好资本市场入口和出口两道关，坚持市场化原则，充分发挥并购重组的渠道作用，切实履行保护投资者权益的责任。其三，从宏观战略出发，按照市场监管的法治导向加强顶层设计，全面深化资本市场改革与开放，加快推进市场重点关注问题的改革，保障科创板并试点注册制顺利推行。其四，坚持底线思维，利用资本市场逆周期调节机制，着重化解股票质押、私募基金、场外配资等重点领域的金融风险；运用大数据等金融科技手段加强对上市公司的监管，及时反映风险波动，提升监管的专业性；坚持全程监管原则，监管端口前移，平衡事前、事中、事后关系，提高证券监管成效，推进资本市场持续健康发展。2019年，以信息披露为核心的注册制运行良好，科创板顺利实施助力经济转型，创新成为发展驱动力。修订后的《中华人民共和国证券法》（以下称新证券法）审议通过并顺利实施，投资者保护取得重大突破，资本市场服务实体经济能力增强，证券市场法治化进程加快推进。

一　证券市场监管框架与政策

（一）我国金融市场监管框架

2018 年 3 月 13 日，《国务院机构改革方案》整合中国银监会和中国保监会的职责，组建中国银保监会，“一委一行两会”的新监管框架形成。在新监管格局下，统筹协调金融稳定和改革发展重大问题是国务院金融稳定发展委员会（以下简称“金融委”）的主要职责；中国人民银行主要承担货币政策制定实施、宏观审慎监管、金融基础设施建设等工作，按照“健全货币政策和宏观审慎政策双支柱调控框架”的要求，中国人民银行的监管工作围绕“完善货币政策框架，强化价格型调控和传导，继续深化利率和汇率市场化改革，发挥金融价格杠杆在优化资源配置中的决定性作用”，以及“进一步完善宏观审慎政策框架，组织实施好宏观审慎评估，逐步探索将更多金融活动和金融市场纳入宏观审慎监管框架”展开，宏观审慎监管的地位进一步提升，监管空白与短板得到填补，国家金融治理能力增强，金融治理体系的现代化进程加快。将银监会与保监会合并后，银保监会统筹监管银行和保险领域，具体负责宏观审慎监管目标的落地与执行，更加突出微观审慎监管和行为监管职能，体现了“监管姓监”的原则，有效解决了原来银监会以及保监会在行业发展和监管职能方面的冲突，适应了金融业发展新需要。当前，中国证监会统一监管证券业，实施统一的证券期货监管体系，按照《证券法》《证券公司监督管理条例》等法律法规，对证券期货监管机构实行垂直管理，防范和化解证券期货市场的金融风险。进一步研究制定有关证券市场的方针、政策和规章，对各地区、各有关部门与证券市场有关的事项开展指导、协调、监督和检查等工作。各地金融监管管理局在金融委和各监管机构的统一指导下，勇于担责，提升金融监管的专业性和积极性，维护地区内金融市场的稳定。

（二）证券市场监管政策

2018 年底中央经济工作会议提出，资本市场在金融运行中具有牵一发而动全身的作用，要通过深化改革，打造一个规范、透明、开放、有活力、有韧性的资本市场，提高上市公司质量，完善交易制度。经过 30 多年的发展，我国资本市场从无到有、从小到大、从弱到强，制度基础不断完善，《证券法》《公司法》等与证券市场相关的法律法规体系逐渐健全，资本市场治理能力提升，金融资源配置作用日益彰显。本报告通过对中国证监会 2019 年发布的证监会令以及公告的梳理，研究证券市场的监管重点以及监管方向的变化。

2019 年中国证监会共发布证监会令 8 项、证监会公告 28 项，主要涉及科创板注册与管理、上市公司重大资产管理以及期货公司监督管理等方面。从 2019 年发布的证监会令数量上看，比 2018 年减少了 5 项。其中，3 月中国证监会发布了《科创板首次公开发行股票注册管理办法（试行）》以及《科创板上市公司持续监管办法（试行）》两项证监会令（见表 1、表 2）。

表 1　中国证监会令（2019 年）

序号	发文日期	名　称	文号
1	3 月 1 日	《科创板首次公开发行股票注册管理办法(试行)》	第 153 号令
2	3 月 1 日	《科创板上市公司持续监管办法(试行)》	第 154 号令
3	6 月 4 日	《期货公司监督管理办法》	第 155 号令
4	7 月 5 日	《证券公司股权管理规定》	第 156 号令
5	7 月 25 日	《境外证券期货交易所驻华代表机构管理办法》	第 157 号令
6	7 月 26 日	《公开募集证券投资基金信息披露管理办法》	第 158 号令
7	10 月 18 日	关于修改《上市公司重大资产重组管理办法》的决定	第 159 号令
8	11 月 18 日	《关于〈期货交易管理条例〉第七十条第五项“其他操纵期货交易价格行为”的规定》	第 160 号令

资料来源：中国证监会官网、山东省亚太资本市场研究院。

表 2　中国证监会公告（2019 年）

序号	发文日期	名　称	公告文号
1	1 月 15 日	《公开募集证券投资基金投资信用衍生品指引》	〔2019〕1 号
2	1 月 28 日	《关于在上海证券交易所设立科创板并试点注册制的实施意见》	〔2019〕2 号
3	1 月 29 日	《关于中国证监会启用政府信息依申请公开在线申请平台的公告》	〔2019〕3 号
4	2 月 1 日	《关于聘任中国证券监督管理委员会第十八届发行审核委员会委员的公告》	〔2019〕4 号
5	2 月 15 日	《关于修改〈期货公司分类监管规定〉的决定》	〔2019〕5 号
6	3 月 1 日	《公开发行证券的公司信息披露内容与格式准则第 41 号——科创板公司招股说明书》	〔2019〕6 号
7	3 月 1 日	《公开发行证券的公司信息披露内容与格式准则第 42 号——首次公开发行股票并在科创板上市申请文件》	〔2019〕7 号
8	3 月 7 日	《公开发行证券的公司信息披露编报规则第 24 号——科创板创新试点红筹企业财务报告信息特别规定》	〔2019〕8 号
9	3 月 21 日	《关于取消部分行政许可事项申请材料、压缩部分行政许可事项承诺办理时限的公告》	〔2019〕9 号
10	4 月 17 日	《关于修改〈上市公司章程指引〉的决定》	〔2019〕10 号
11	4 月 23 日	《中国证券监督管理委员会公告》	〔2019〕11 号
12	4 月 3 日	《关于设立“5·15 全国投资者保护宣传日”的决定》	〔2019〕12 号
13	6 月 5 日	《关于聘任中国证券监督管理委员会第七届上市公司并购重组审核委员会委员的公告》	〔2019〕13 号
14	9 月 12 日	《证券交易所风险基金监管指引》	〔2019〕14 号
15	6 月 14 日	《公开募集证券投资基金参与转融通证券出借业务指引（试行）》	〔2019〕15 号
16	7 月 5 日	《关于实施〈证券公司股权管理规定〉有关问题的规定》	〔2019〕16 号
17	7 月 26 日	《关于实施〈公开募集证券投资基金信息披露管理办法〉有关问题的规定》	〔2019〕17 号
18	7 月 26 日	《公开募集证券投资基金信息披露 XBRL 模板第 5 号〈基金产品资料概要〉》	〔2019〕18 号
19	8 月 23 日	《科创板上市公司重大资产重组特别规定》	〔2019〕19 号
20	9 月 30 日	《证券期货业软件测试规范》	〔2019〕20 号
21	10 月 18 日	《〈上市公司重大资产重组管理办法〉第十四条、第四十四条的适用意见——证券期货法律适用意见第 12 号》	〔2019〕21 号

续表

序号	发文日期	名　称	公告文号
22	11 月 14 日	《H 股公司境内未上市股份申请“全流通”业务指引》	〔2019〕22 号
23	11 月 14 日	《中国证券监督管理委员会公告》	〔2019〕23 号
24	11 月 18 日	《证券期货业数据模型　第 1 部分:抽象模型设计方法》	〔2019〕24 号
25	12 月 6 日	《证券期货经营机构管理人中管理人(MOM)产品指引(试行)》	〔2019〕26 号
26	12 月 12 日	《上市公司分拆所属子公司境内上市试点若干规定》	〔2019〕27 号
27	12 月 12 日	《证券期货业统计指标标准指引(2019 年修订)》	〔2019〕28 号
28	12 月 25 日	《证券投资者保护基金实施流动性支持管理规定》	〔2019〕29 号

注：中国证监会官网缺失 25 号公告。

资料来源：中国证监会官网、山东省亚太资本市场研究院。

2019 年中国证监会发布的 28 项监管公告，主要内容聚焦于企业在科创板上市以及公开募集证券投资基金等方面，反映出监管层加快完善注册制各项监管制度以及防范重点领域金融风险的监管意图。其中，2019 年 1 月 28 日，中国证监会发布《关于在上海证券交易所设立科创板并试点注册制的实施意见》，旨在推进设立科创板并试点注册制工作；3 月，证监会连发《公开发行证券的公司信息披露内容与格式准则第 42 号——首次公开发行股票并在科创板市上市申请文件》《公开发行证券的公司信息披露编报规则第 24 号——科创板创新试点红筹企业财务报告信息特别规定》，明确了科创板上市公司的信息披露要求；8 月，证监会通过《科创板上市公司重大资产重组特别规定》，对科创公司重大资产重组认定标准、发行定价机制、创新试点红筹企业并购重组等重点问题做出规定。

二　证券市场监管分析

（一）宏观审慎监管持续推进

党的十九大提出要健全货币政策和宏观审慎政策双支柱调控框架，加强宏观审慎监管。资本市场联通千行百业，牵系千家万户，在金融运行中具有牵一发而动全身的作用，防范系统性金融风险成为资本市场监管的首要目标。近年来，我国高度重视宏观审慎监管体系的完善，金融监管框架不断优化，建立了系统性金融风险评估体系，宏观审慎监管政策工具箱更加充实。从 2009 年开始，中国人民银行就针对宏观审慎监管体系进行了系统研究，2011 年研究出台了差别准备金动态调整制度，在此基础上，于 2015 年形成了宏观审慎评估体系（MPA），并将外汇流动性和跨境资金流动纳入宏观审慎监管范畴。为有效防范系统性风险，完善我国系统重要性金融机构监管框架，维护金融体系稳健运行，2018 年 11 月，中国人民银行联合中国银保监会、中国证监会印发《关于完善系统重要性金融机构监管的指导意见》（银发〔2018〕301 号，以下简称《指导意见》）。在充分借鉴国际成熟经验的基础上，《指导意见》从我国金融行业健康发展的现实需要出发，补足金融监管空白与短板，重视监管实践，统筹监管系统重要性金融机构，引导大型金融机构稳健经营，将宏观审慎监管与微观审慎监管有机结合，体现了“服务实体经济、防控金融风险、深化金融改革”的监管取向，有效降低了发生系统性金融风险的可能性，维护了金融体系的稳健运行。在认定对金融体系具有系统性影响的金融机构方面，《指导意见》通过制定系统重要性金融机构的评估流程和方法明确了系统重要性金融机构的定义和范围。在系统重要性金融机构监管方面，《指导意见》通过制定特别监管要求，采取相应审慎监管措施，增强系统重要性金融机构的持续经营能力，完善系统性风险监测评估体系，确保相关机构合理承担风险，降低系统性风险的发生概率。同时，《指导意见》建立了系统重要性金融机构特别处置机制，确保能够安全、快速、有效处置重大金融风险，缓解风险对金融体系和实体经济的溢出效应，有效阻隔不同金融市场间的风险传染，限制破坏程度和范围。

2019 年 2 月，为强化宏观审慎监管职能，完善跨部门、跨机构的信息交流和政策协调机制，中央机构编制委员会办公室公布《中国人民银行职能配置、内设机构和人员编制规定》，设立宏观审慎监管局。宏观审慎监管局下设综合处、宏观审慎处、系统重要性金融机构处、金融控股公司处、跨境人民币业务处、货币合作处。在职能方面，宏观审慎监管局一是要负责各项宏观审慎基本制度和政策框架的建立与完善；二是要协同各系统重要性金融机构，对系统重要性金融机构进行评估，准确识别、检测和评估系统性金融风险，尽早提出相应的处置机制；三是要在研究、评估人民币汇率政策的基础上，实施外汇市场的宏观审慎监管，拟定实施人民币跨境市场业务制度，推进人民币市场的发展与国际化。

金融业混业经营成为近年来金融业的发展趋势，各金融市场之间相互联动，单个金融市场的金融风险一旦发生，容易扩散形成区域性甚至是系统性的风险。资本市场的天然特征是具有高度的风险性和不确定性。从历史上看，资本市场的波动往往与经济周期有关，不仅具有明显的顺周期性，而且会强化整个金融市场的风险，资本市场作为直接融资市场有其特殊性，宏观审慎监管需要从宏观经济背景、市场情绪、市场估值等多方面出发，着重关注股票质押、债券违约等重点领域的风险，评估风险发生的阶段，避免系统性风险的发生以及进一步扩散，保障多层次资本市场的健康运行。

（二）注册制下的监管改革

2013 年 11 月，党的十八届三中全会首次提出要推进股票发行注册制改革。2018 年 11 月，习近平总书记在首届进口博览会上宣布，将在上海设立科创板并试点注册制。2019 年 1 月，中国证监会公布《关于在上海证券交易所设立科创板并试点注册制的实施意见》。2019 年 7 月，首批 25 家企业在科创板上市交易。设立科创板并试点注册制，完善支持科技创新的资本形成以及成果转化机制，是我国资本市场深化金融供给侧改革的重要举措，对于服务实体经济、促进经济高质量发展有重要的战略意义。从核准制到注册制，监管部门不再设任何行政性限制，股票发行的价格、规模等均由发行人、保荐人等市场参与主体通过询价、定价、配售等市场机制来确定。目前我国资本市场尚未成熟，证券市场各项基本制度依然需要完善，注册制处于起步阶段，相关制度安排亟须细化。注册制是以信息披露为核心的发行制度，发行人、中介机构的信息披露质量将成为监管重点，加强投资者教育和保护将成为重要的监管方向。

1. 科创板试点注册制相关法规及配套制度日益完善

我国在借鉴境外市场成熟做法的基础上进一步优化科创板注册条件，审核标准、审核程序和问询回复等证券发行全过程公开，体现了注册制以信息披露为核心的基本特征。根据注册制要求，证券发行人作为信息披露的第一负责人，应该、准确、完整地披露有助于投资者进行价值判断和投资决策的相关信息；对于以保荐人为主的中介机构，应充分了解发行人的经营情况和经营风险，核查发行人信息披露的准确性，并运用专业知识和经验，做出专业判断，帮助投资者做出投资决策；发行上市审核部门应利用问询等多种形式切实推进审核工作，督促发行人完善信息披露内容。

2019 年 3 月，为确保科创板试点注册制改革平稳启动与顺利实施，中国证监会连续发布了《科创板首次公开发行股票注册管理办法（试行)》（以下简称《注册管理办法》）和《科创板上市公司持续监管办法（试行)》（以下简称《持续监管办法》)。《注册管理办法》第七章第六十条到六十三条明确了中国证监会的监管职能：第六十条明确证监会“负责建立健全以信息披露为中心的注册制规则体系，制定股票发行注册并上市的规章规则，依法批准交易所制定的上市条件、审核标准、审核程序、上市委员会制度、信息披露、保荐、发行承销等方面的制度规则，指导交易所制定与发行上市审核相关的其他业务规则”；第六十一条强调中国证监会应该“建立对交易所发行上市审核工作和发行承销过程监管的监督机制，持续关注交易所审核情况和发行承销过程监管情况；发现交易所自律监管措施或者纪律处分失当的，可以责令交易所改正”。修订完善后的《持续监管办法》共九章三十六条，在明确适用原则的基础上，对科创板上市公司在公司治理、信息披露制度、股份减持制度、重大资产重组制度、退市制度和法律责任等方面做出了详细的规定，并提出中国证监会应该加强对科创公司等市场主体的诚信信息共享，完善联合惩戒机制。为做好设立科创板并试点注册制具体实施工作，2019 年 3 月中国证监会一并发布了《公开发行证券的公司信息披露内容与格式准则第 41 号——科创板公司招股说明书》和《公开发行证券的公司信息披露内容与格式准则第 42 号——首次公开发行股票并在科创板上市申请文件》。上海证券交易所根据征求意见情况对涉及上市条件、审核标准等6项配套业务规则做了修改完善；中国结算对证券登记规则做了适应性修订，并对科创板股票股份登记制定了相应细则。

2019年7月，中国证监会联合中国人民银行、中国银保监会等八部门发布了《关于在科创板注册制试点中对相关市场主体加强监管信息共享 完善失信联合惩戒机制的意见》（以下简称《意见》），在监管信息查询、失信信息推送、信用记录应用以及联合惩戒等方面提出了具体的意见，旨在加强特定金融领域的信息共享，联合惩戒注册制试点中相应的失信行为，为科创板的顺利推进打造良好的市场生态与诚信环境。2019年8月，为规范科创板上市公司的并购重组行为，落实科创板注册制试点并购重组的制度要求，中国证监会发布了《科创板上市公司重大资产重组特别规定》（以下简称《特别规定》）。《特别规定》明确科创公司实施重大资产重组时，按照《上市公司重大资产重组管理办法》的第十二条予以认定，但其中营业收入指标执行“购买、出售的资产在最近一个会计年度所产生的营业收入占科创公司同期经审计的合并财务会计报告营业收入的比例达到50%以上，且超过5000万元人民币”的标准，突出科创板制度的包容性和适应性。同时，《特别规定》明确上海证券交易所对科创公司发行股份购买资产进行审核，并对信息披露、中介机构督导等进行自律管理。另外，《特别规定》对科创板上市公司进行重大重组的发行定价机制以及创新试点红筹企业进行并购重组的适用标准也进行了规范。随着并购重组体制机制改革不断深化，中国证监会逐渐完善科创板上市公司并购重组制度，注册制下企业并购重组效率提高，服务实体经济发展能力增强。

2. 出台《证券公司股权管理规定》

2019年7月，中国证监会发布了《证券公司股权管理规定》（以下简称《股权规定》）以及《关于实施〈证券公司股权管理规定〉有关问题的规定》，加强证券公司股权监管，强化证券公司股东责任。《股权规定》从“分类管理、资质优良、权责明确、结构清晰、变更有序、公开透明”的原则出发，进行了三个方面的制度安排。一是根据所从事业务的复杂程度以及业务间是否存在交叉风险对证券公司进行分类监管，对不同类证券公司的股东条件、股东风险管控能力以及风险补偿能力提出了不同的要求，细化了证券公司分类管理，推动证券公司差异化发展。二是核查股权结构、资金来源，厘清股东背景和关联关系，防止规避监管的现象出现，禁止非自有资金入股，限制股东股权质押，以维持证券公司股权的稳定性。三是明确证券公司股权管理职责，强化内部管理，落实管理责任，建立证券公司内部责任追究机制，记录公司治理失信行为，对擅自变更股权、虚假出资等违法违规行为从严处罚，完善外部追责机制。在《股权规定》发布的同时，中国证监会重启了内资证券公司的设立审批，引入新的优质股东，增设证券公司，壮大机构投资者队伍，丰富资本市场交易组织者，拓宽市场投资资金来源，引导证券公司专业化发展，提升证券公司的服务水平，打造国际一流的投资银行和财富管理机构，助力资本市场的长期健康发展。

3. 新三板改革全面深化

2019 年 12 月，为充分发挥新三板市场的融资功能，提升新三板市场的活力和服务实体经济能力，中国证监会发布《关于修改〈非上市公众公司监督管理办法〉的决定》（以下简称《公众公司办法》）和《非上市公众公司信息披露管理办法》（以下简称《信息披露办法》），全面深化新三板改革。《公众公司办法》本次做了 61 项内容的修改，主要涉及四大方面。第一，新三板引入公开发行制度，规定挂牌公司可以向不特定合格投资者公开发行股票，挂牌公司公开发行的股票应当由证券公司进行承销，挂牌公司可以选择直接定价、竞价以及询价等方式，证监会授权全国股转系统制定发行承销业务规则。第二，增加了对 200 人以下挂牌公司定向发行的规范要求，取消了新三板挂牌公司定向发行投资者数量限制，统一定向发行的规则体系，同时增加挂牌公司自办发行方式以降低融资成本。第三，借鉴科创板注册制改革经验，简政放权，优化公司申请股票公开转让和挂牌公司发行审核程序。第四，强化监督管理，针对挂牌公司在规模、发展阶段、公众化程度等方面的差异，证监会创新监管方式，明确信息披露的具体要求，确立差异化信息披露原则，明确公司治理违规的法律责任，压实中介机构责任和主办证券公司的持续督导责任，提高挂牌公司的治理能力。

《信息披露办法》进一步明确了挂牌公司的信息披露义务，同时结合新三板分层挂牌公司特点，确立了差异化信息披露体系。《信息披露办法》一方面对挂牌公司的信息披露提出了基本要求，保障挂牌公司的信息披露质量；另一方面从中小企业实际情况和投资者实际信息需求出发，从披露形式、披露内容和信息披露事务管理方面建立了差异化信息披露体系。同时，《信息披露办法》将中国证监会的行政监管与全国股转系统的自律监管有机结合起来，以《证券法》为监管依据，提高了证券监管效率。

4.《上市公司重大资产重组管理办法》修改

2019 年 10 月，中国证监会发布《关于修改〈上市公司重大资产重组管理办法〉的决定》（以下简称《重组办法》），这是落实全面深化资本市场改革总体方案的重要举措，对建设规范、透明、开放、有活力、有韧性的资本市场，优化重组上市监管制度，完善资本市场多元化退出方式，提高上市公司质量，发挥资本市场服务实体经济作用具有重要意义。

修订后的《重组办法》从资本市场的发展实际出发，在重大资产重组的财务指标约束、期限约束、创业板重组上市等方面进行了一定程度的松绑。一是取消重组上市认定标准中的净利润指标。与 2016 年修订版本相比，此次修订将净利润指标删除，将资产总额、营业收入、净利润、资产净额和发行股份 5 个指标简化为 4 个指标，有利于上市公司进行资源整合和产业升级。二是为了加速上市公司控制权变更后优质资产注入的节奏，缩短“累计首次原则”计算期间至 36 个月。三是为促进国家战略性高新技术产业和战略性新兴产业的发展，支持深圳建设中国特色社会主义先行示范区，允许相关高新产业资产在创业板进行重组上市，创业板重组上市制度改革与科创板形成相互促进发展的关系，畅通高新科技产业直接融资渠道，助力其做大做强。四是随着融资以及监管体系的逐步完善，重组上市配套融资具备了放松条件，《重组办法》恢复了 2016 年修订版中取消的重组上市配套融资的规定，有助于引导社会资金向高科技企业集聚，提高资金利用效率。五是继续严格规范重组上市行为，持续从严监管，加大问责力度，打击恶意炒壳、内幕交易、操纵市场等违法违规行为，遏制“忽悠式”重组、盲目跨界重组等乱象，丰富重大资产重组业绩补偿协议和承诺等监管措施，完善“全链条”监管机制。通过上述几个方面的措施，引导优质资产注入，提升上市公司质量，促进多层次资本市场稳定健康发展。

5. 加速资本市场对外开放

2019 年我国资本市场对外开放程度加速提高。2019 年 7 月，国务院金融稳定发展委员会发布《关于进一步扩大金融业对外开放的有关举措》（以下简称《对外开放举措》），将原定于 2021 年取消证券公司、基金管理公司和期货公司外资股比限制的时点提前到 2020 年。为落实《对外开放举措》要求，中国证监会决定从 2020 年 4 月起取消基金管理公司外资股比限制，从 2020 年 12 月起取消证券公司外资股比限制，资本市场对外开放政策加速落实。2019 年 9 月证监会召开全面深化资本市场改革工作座谈会，会议进一步把加快推进资本市场高水平开放，抓紧落实已公布的对外开放举措作为资本市场深化改革的重大任务。全方位推进资本市场高水平对外开放应该从机构、市场、产品等多个维度切入，一方面，逐步放宽银行、保险公司、证券公司、基金公司、信用评级机构等金融服务机构的外资持股、参股比例限制，促进外资持股金融机构的数量稳步增长，拓宽外资业务开展范围；另一方面，要提高股票、债券、期货等多种金融市场的开放水平，扩大投资者范围，促进金融资源互联互通，通过引入海外机构投资者，优化我国目前尚不合理的市场投资者结构，培养长期投资理念，形成资本市场价值投资生态。

（三）完善《证券法》修订

新证券法按照顶层制度设计要求，立足于我国证券市场发展现状，系统总结了在市场改革、监管执法和风险防控等方面的经验，做出一系列新的制度改革，进一步完善了我国证券市场基本制度，为全面推行证券发行注册制提供了法律基础，有利于改善资本市场运行的生态环境，防控市场风险，提高上市公司质量，有利于证券市场充分发挥服务实体经济功能，有利于加强投资者保护，增强市场信心，是我国资本市场向市场化、法治化、国际化方向改革的里程碑。

新证券法共十四章，在证券发行、证券交易、上市公司收购、信息披露、投资者保护、证券交易场所、证券公司、证券登记结算机构、证券服务机构等方面对相关主体做出了明确的规定和要求。全面落实新证券法相关制度和措施有助于维护市场秩序，充分发挥市场功能，切实保障投资者合法权益。新证券法在以下几个方面进行了调整，包括：取消核准制，全面推行证券发行注册制；净化市场环境，大幅提高对证券违法违规的处罚力度；加强投资者保护，完善各项投资者保护制度；进一步强化信息披露要求，提高信息披露质量；从上市和退市等环节入手，优化完善证券交易制度；调整证券服务机构的监管方式，落实“放管服”要求并取消相关行政许可；明确相关中介责任主体所承担的过程推定和连带赔偿责任，压实中介机构的法律职责；按照国务院规定设立不同证券交易市场层次，建立健全多层次资本市场体系；明确证监会的职责与权力，强化监管执法和风险防控；将资产支持证券、资产管理产品定义为法定证券，扩大了证券法的适用范围，同时增加长臂管辖机制。以下将对几个修订重点进行具体分析。

1. 取消核准制，全面推行证券发行注册制

新证券法按照党的十八届三中全会提出的“推进股票发行注册制改革”要求，全面总结科创板试点注册制的成功经验，从调整证券发行程序出发，对证券发行系统进行全面改革，取消核准制，推行证券发行注册制。注册制全面取代核准制并非一蹴而就，为了完成从核准制到注册制的顺利过渡，新证券法第二章第九条在定义公开发行的基础上，明确了“证券发行注册制的具体范围、实施步骤，由国务院规定”，为注册制分阶段实施提供了法律基础。新证券法放宽企业上市的财务指标要求，第十二条将原来“具有持续盈利能力，财务状况良好”修改成“具有持续经营能力”，更加注重企业的持续经营能力，有利于支持财务数据暂时不佳，但具备良好前景的企业上市融资。在注册制下，监管思路转变，提高了资本市场的包容性，有助于形成新生态。另外，在科创板注册制稳步实行的基础上，新证券法为创业板改革并实施注册制提供了保障。在公司债券公开发行条件方面，新证券法删除

了原来证券法对股份有限公司净资产不低于300亿元、有限责任公司净资产不低于600亿元、公司累计债券余额不超过公司净资产40%以及筹集资金投向和债券利率等方面的相关限制，有利于质量较好的轻资产公司发行公司债券，减少对债券融资行为的干预，体现了融资行为市场化的精神。

2. 净化市场环境，大幅提高对证券违法违规的处罚力度

近年来因为证券违法违规成本较低，我国资本市场欺诈发行、内幕交易等违法违规事件频繁出现，提升证券违法违规成本势在必行。在新证券法中，详细规定并大幅提高了欺诈发行、虚假陈述、操纵市场、内幕交易等行为的罚款额度，在提升证券违法违规行为成本方面取得了阶段性的成果。从证券违法违规行为处罚金额来看，无论是违法所得的处罚标准还是定额处罚金额均出现了大幅提高，其中定额处罚金额最高可至2000万元，对于各项违法违规行为起到了更强的约束和震慑作用。比如在欺诈发行方面，新证券法第二十四条明确，如果发现企业在证券发行过程中存在不符合法定条件和程序，可以撤销其发行资格，同时可以追究企业控股股东、实际控制人以及保荐人的连带责任。在欺诈发行处罚金额方面，新证券法针对证券发行的不同阶段，在不同程度提高了处罚金额。尚未发行证券的，对发行人的罚款标准提高到200万元以上2000万元以下；已经发行证券的，提高罚款至非法所募资金金额的10%以上一倍以下；主管人员等直接责任人员的罚款最高可至1000万元。内幕交易是我国资本市场最常见的违法犯罪现象之一，据统计，2019年证监会进行的行政处罚中，关于内幕交易的有55件，占处罚总数的一半左右。新证券法明确了内幕信息知情人、内幕信息的定义和范围，消除了定义模糊导致的执法难题，同时在第一百九十一条规定中提高了内幕交易的罚款倍数，对从事内幕交易当事人的罚款标准提高到一倍以上十倍以下，证监会严惩内幕交易，有助于公平、公正市场风气的建立，预计内幕交易行为将大幅减少。另外，新证券法增加长臂管辖条款，在资本市场开放的趋向下，我国资本市场与海外的联系日益密切，明确证券法域外使用效力非常必要，可以避免跨境违法违规行为发生，有助于在开放格局下维护境内资本市场的稳定及保护境内投资者利益。

3. 加强投资者保护，完善各项投资者保护制度

新证券法是投资者保护专法，加大了投资者保护力度。第一，新证券法确立投资者适当性管理制度，对投资者做了普通投资者和专业投资者的区分，并要求证券公司等金融服务机构针对投资者的不同类别提供与其风险承受能力相匹配的金融服务。第二，通过上市公司股东权利代为行使和征集制度，明确投资者保护机构由证监会设立，提高股东对上市公司决策的参与率，实行受托协议先行赔付并随后向发行人及其他连带责任人追偿，从而让投资者受侵害的利益及时获得补偿。第三，将先行赔付制度写入新证券法，第九十三条规定“发行人因欺诈发行、虚假陈述或者其他重大违法行为给投资者造成损失的，发行人的控股股东、实际控制人、相关的证券公司可以委托投资者保护机构，就赔偿事宜与受到损失的投资者达成协议，予以先行赔付”。第四，新证券法探索建立符合国情的证券方面的代表人诉讼制度，一般涉嫌侵害中小投资者利益的证券民事案件中，由于中小投资者人数众多，单个股东起诉成本高，小股东的起诉意愿不强烈，代表人诉讼制度可降低中小投资者的起诉成本，提高投资者的维权意愿，提高司法效率。第五，明确了上市公司进行现金分红的制度安排，依法保障了各股东的资产收益权利。

4. 进一步强化信息披露要求，提高信息披露质量

新证券法新增了信息披露专章，对信息披露内容做了大幅扩充和修改，提高了对股东权益变化等的披露频次要求，信息披露制度的完善对于投资者保护有直接积极作用。为了真正发挥信息披露的作用，新证券法在要求上市公司披露信息真实、准确、完整的同时，首次提出“简明清晰、通俗易懂”的要求，以便于投资者进行理解和决策并首次明确了信息披露的公平原则。在信息披露违规处罚方面，将原证券法对信息披露义务人最高罚款 60 万元大幅提高至 1000 万元，处罚额度大幅提升，对虚假记载、误导性陈述等违法违规信息披露行为的震慑力度加大。另外，新证券法明确控股股东等信息披露直接责任人信息披露违法时应承担的民事和刑事责任，信息披露义务人的违法责任加重。

注册制以信息披露为核心，通过向市场充分披露信息，将价值判断交回市场，体现了监管思路向“由市场配置资源”转变，有利于优质公司获得更多资金，提升上市公司整体质量，实现上市企业的优胜劣汰，吸引并留住中长期资金，促进资本市场形成良性循环。

5. 明确证监会的职责与权力，强化监管执法和风险防控

注册制下监管制度转型，监管部门成为资本市场的中立裁判，依法进行各项监管。新证券法强化监管执法和风险防控，证券监管部门以监测、评估各证券市场主体的行为为手段，以防范证券市场风险为目的，尽早发现和处置资本市场中的风险，防止风险传染扩散。为支持证监会各项职能的有效发挥，新证券法第一百七十条规定了证监会的检查权与调查权，第二百一十八条增加了证监会对拒绝、阻碍检查、调查的直接处罚权，丰富了证监会的行政监管措施。证监会将用足用好新证券法规定的各项执法手段和法律责任规定，依法治市，提高上市公司质量，确保不发生系统性风险，加快资本市场改革，探索新时代的资本市场发展之路。

参考文献

[1] 聂庆平：《对实行股票发行注册制的几点认识》，《清华金融评论》2019 年第 10 期。

[2] 孙宏涛、裴健博：《我国先行赔付制度存在的问题及其完善》，《证券法律评论》2020 年第 00 期。

[3] 邓建平：《新证券法的五大亮点》，《财会月刊》2020 年第 6 期。

[4] 黄江东：《新证券法强化放管结合兼顾投融资平衡》，《中国证券报》2020 年 1 月。

[5] 范小云、王道平：《巴塞尔Ⅲ在监管理论与框架上的改进：微观与宏观审慎有机结合》，《国际金融研究》2012 年第 1 期。

[6] 孙国茂：《使命、责任与证券公司的命运（代后记）》，《中国投资银行竞争力研究报告（2017）》，中国金融出版社，2017。

[7] 郭锋、邢会强、缪因知、杜晶：《中国证券法学研究会对〈证券法〉修改草案的意见》，《金融服务法评论》2016 年第 1 期。

[8] 刘春长：《证券发行管制、退出机制与创业板市场的发展》，《中国金融》2010 年第 16 期。

[9] 尹振涛：《全球金融监管框架调整与中国的路径选择》，《中国银行业》2018 年第 5 期。

[10] 桂祥：《宏观审慎监管背景下证券市场宏观调控的法律思考》，《现代经济探讨》2016 年第 10 期。

[11] 张彩虹、万华林：《关于 IPO 注册制下证监会行政监管机制的思考——中美两国制度比较及其启示》，《中国注册会计师》2018 年第 12 期。

[12] 施东辉：《探索构建资本市场的宏观审慎政策》，《清华金融评论》2018 年第 5 期。

B.8

证券行业监管处罚研究报告（2020）

孙国茂　李宗超*

摘　要： 新证券法获得审议通过，标志着我国资本市场在市场化、法治化的道路上又迈出至关重要的一步。新证券法为打造一个规范、透明、开放、有活力、有韧性的资本市场提供了法律支持，完善了监管执法手段，强化了监管执法威慑，弱化了监管执法阻力，降低了监管执法成本，提升了监管执法效率与效能。2019 年证券监管部门延续“强监管”态势，严厉打击违法违规行为。中国证监会对违规对象做出多次行政处罚和市场禁入处罚，对证券、基金、期货等经营机构及其相关责任人采取多项行政监管措施。2019 年，对证券公司实施行政监管措施和行政处罚超百次，合计罚没金额过亿元；对 2 家律师事务所及多名律师采取行政监管措施，对 1 家会计师事务所及多名注册会计师采取行政监管措施。新证券法对证券公司提出了新的合规要求，证券公司应该重视日常合规管理，提高员工的法律意识，使其对工作勤勉尽责，牢固树立法律红线不能触碰、法律底线不能逾越的观念。

关键词： 资本市场　监管处罚　行政处罚　市场禁入

---

* 孙国茂，青岛大学经济学院特聘教授、博士生导师，山东工商学院金融学院特聘教授、金融服务转型升级协同创新中心首席专家，研究领域为公司金融、资本市场、制度经济学；李宗超，山东省亚太资本市场研究院高级研究员，研究领域为证券投资、商业银行。

2019年中央经济工作会议指出，当前我国正处在转变发展方式、优化经济结构、转换增长动力的攻关期，结构性、体制性、周期性问题相互交织，“三期叠加”影响持续深化，经济下行压力加大。当前世界经济增长持续放缓，全球动荡源和风险点显著增多。面对众多挑战，我们必须强化风险意识，牢牢守住不发生系统性风险的底线。防范系统性金融风险，对于维护我国金融市场的稳定和健康发展至关重要。

为了完善证券市场基础制度，深化证券市场改革，有效防控市场风险，提高上市公司质量，维护投资者合法权益，促进证券市场服务实体经济功能的发挥，打造规范、透明、开放、有活力、有韧性的资本市场，2019年12月，第十三届全国人大常委会第十五次会议审议通过了修订后的《中华人民共和国证券法》（下称新证券法），于2020年3月1日起施行。新证券法完善了监管执法手段，强化了监管执法威慑，弱化了监管执法阻力，降低了监管执法成本，提升了监管执法效率与效能。2019年金融监管部门延续了上一年的“强监管”态势，对违法违规行为采取零容忍态度。中国证监会全年共做出行政处罚决定296个，罚没金额41.83亿元，市场禁入66人。对上市公司、非上市公众公司分别采取行政监管措施247家次和115家次。加强对证券、基金、期货等经营机构的监管，全年对证券、基金、期货等经营机构采取289项行政监管措施，对120名责任人员采取行政监管措施。加大对中介服务机构的监管力度，全年对2家律师事务所及12名律师采取行政监管措施，对1家会计师事务所及6名注册会计师采取行政监管措施。强有力的监管执法手段，成为切实有效追究法律责任、严肃市场纪律、维护市场秩序的基本保障。

中国证监会持续对从业人员违规买卖股票、进行内幕交易、操纵市场和信息披露违规违法等传统违法案件进行高压监管处罚。2019年，中国证监会查处从业人员违规买卖股票14起，主要是证券公司从业人员；内幕交易类案件55起，与上年持平；操纵市场类案件14起，同比下降74.55%；信息披露违法类案件29起，同比增长38.10%。全年中国证监会及其派出机构披露针对证券公司的行政监管措施和行政处罚共106次，合计罚没金额为

10633.54 万元，其中没收违法所得 4877.54 万元，对单位罚款 5625 万元，对个人罚款 131 万元。从处罚的形式来看，主要包括出具警示函、责令改正、限制业务范围、没收违法所得、罚款、取消任职资格等。这在一定程度上说明了中国证监会对各类从业人员、上市企业、证券公司行政处罚的力度够大，对其起到了威慑作用，处罚效果明显。

一 资本市场法治建设情况

（一）加强资本市场基础法律制度建设，完善制度体系

夯实资本市场法律制度基础，围绕资本市场重大改革事项加大制度供给。新证券法为资本市场改革提供了坚实的法治保障，修改后的《刑法》重点提高了欺诈发行和信息披露造假等罪名的刑期上限和罚金数额。为更好地推动资本市场改革和法治建设，相关部门加快《公司法》《企业破产法》的修改和《期货法》《私募投资基金管理暂行条例》的制定。

推进资本市场增量改革，实现在上海证券交易所设立科创板并试点注册制。出台以《关于在上海证券交易所设立科创板并试点注册制的实施意见》为主干，包括规章、规范性文件、自律规则的制度体系。多部门发布加强监管信息共享、完善失信联合惩戒机制的意见。2019 年，科创板运行总体平稳，以信息披露为核心的注册制效果良好，发行、交易等环节的创新制度经受住了市场的初步检验。

加快建设多层次资本市场体系，全面深化新三板改革，规范发展区域性股权市场。新证券法完善了多层次资本市场体系的法律基础。新三板改革各项措施加快落地，同时在区域性股权市场定位、分类管理、业务开展、风险防范、政策支持等方面也提出了明确要求。

完善资本市场重要制度规则，补齐制度短板。加强资本市场顶层设计和改革的统筹协调，中国证监会全年出台规章 10 个、规范性文件 23 个，重点推进发行审核和并购重组改革，修改《上市公司证券发行管理办法》《上市

公司重大资产重组管理办法》，制定《上市公司分拆所属子公司境内上市试点若干规定》，完善上市公司利用并购重组做优做强的制度基础。

完善规章、规范性文件清理长效机制，完善证券期货法规数据库，实现文件目录和文本的信息化、动态化管理，并从内部试运行转为向社会开放。

（二）依法治理资本市场

中国证监会加强日常检查监督，促进证券公司、基金公司、期货公司、第三方中介服务机构等市场主体依法规范运作。

从严打击违法行为，净化资本市场生态。比较典型的案例是重拳打击康得新（002450. SZ）、康美药业（600518. SH）等信息披露违法重大案件。

强化一线自律监管，发挥行业自律优势。沪深交易所完善重点领域制度供给，修订股票上市规则、会员管理规则等基础业务规则，优化营商环境，强化对会员等市场主体的管理。2019 年，沪深证券交易所共做出纪律处分 330 余次，全国股转公司做出纪律处分 751 次。

（三）坚持严格规范公正执法

健全监管执法制度机制，加强稽查执法规范化建设，优化行政处罚工作机制。加强与中国人民银行、国家发改委的联络，明确债券跨市场统一执法标准。健全细化听证相关制度规则，充分保障当事人查阅卷宗、陈述申辩的权利。推进资本市场诚信建设，探索监管新方式。持续完善诚信数据库，加强严重违法失信主体专项公示工作，开展特定严重失信主体“限乘限飞”联合惩戒。

（四）加强对行政权力的监督和制约

对行政权力的监督是权力监督的重心。行政权力天生具有自我膨胀的特性：行政权力在运作过程自发产生扩大权力的本能冲动，而行政权力的扩张无疑会使行政机关违法侵权的机会大大增加。因此，必须加强对行政权力的监督和制约。

第一，用制度约束行政权力，强化权力运行监督。坚持制度管理，探索建立廉政风险登记监控机制，健全针对违纪违法行为的信访投诉和举报登记制度，持续完善来信、来访、来电、网站“四位一体”的举报平台。第二，推进政务公开，提高监管透明度。第三，接受监督，提升依法行政水平。第四，接受司法监督，做好行政应诉工作。第五，发挥复议监督功能，有效化解监管矛盾。

（五）健全多元化纠纷解决机制，保护投资者合法权益

当前，我国资本市场发展迅速，规模不断扩大，市场的健康发展离不开广大投资者的参与。因此，必须加大保护投资者尤其是中小投资者合法权益的力度。综合来看，证监会全年采取多项措施保护投资者利益。一是发挥投诉、信访工作功能，妥善处理投资者诉求。优化投诉热线工作机制，妥善处理广大投资者的诉求，推动解决资本市场的各种矛盾。二是稳步推进行政和解工作，有效化解行政资源与行政效率的矛盾。三是完善证券期货专业调解体系，有效化解市场矛盾。会同司法机构建立对接机制，推动调解平台互联互通。四是推动完善证券期货民事诉讼制度，助力投资者进行民事维权。五是加强投资者教育工作。将投资者教育纳入国民教育体系统筹规划，开展投资者教育专项活动。

二　对证券公司的监管处罚

2019 年，中国证监会对证券公司及从业人员共计开出 106 张罚单（包括 4 张 2018 年做出处罚但在 2019 年披露的罚单），共计没收违法所得 4877.54 万元，对单位罚款 5625 万元，对个人罚款 2212 万元。被处罚的对象包括证券公司总部、分公司和营业部。其中对总部的罚单为 78 张，对分公司的罚单为 3 张，对营业部的罚单为 25 张。在 106 张罚单中，有 49 张涉及多项违法事实，57 张仅针对单一违法事实。与 2018 年相比，罚单减少 8 张，没收违法所得增加 108.22%，针对单位的罚款金额增加 28.46%，针对

个人的罚款金额减少96.33%。可以发现，尽管证券公司被处罚的次数有所减少，但单次处罚力度有所加大。整体来说，2019年的处罚力度较2018年有所加大①。

（一）处罚情况维度统计

1. 沿海发达地区监管措施和行政处罚次数偏多

根据粤开证券发布的《2019年证券公司监管处罚数据统计报告》，2019年中国证监会对证券公司（包含总部、分公司、营业部）采取的监管措施和做出的行政处罚共计17次，占证监系统全部数量的16.04%，在整个系统中开出的罚单数量最多。中国证监会36个派出机构中有25个对证券公司开出罚单，共计89张，其中，上海证监局和江苏证监局开出的罚单数量均为14张，在派出机构中并列第一，在整个系统中并列第二，两家开出的罚单数量合计占全年罚单总数的26.42%。

由于中国证监会各派出机构所处的地区不同，各地证监局的监管力度也能在一定程度上反映监管形势的地区差异。从各地证监局所开罚单数量及其所在地区来看，2019年的监管措施和行政处罚主要来自上海、江苏、广东等经济发达地区，3个地区的证监局所开罚单数量占全证监系统的36.79%。由此可以看出，经济发达地区的证券公司面临的监管压力相对较大。不过，该分析仅在整体形势上适用。例如在西部地区的陕西，辖内证券公司被处罚次数达到了5次，同样面临较大的监管压力。

2. 处罚时间没有明显偏向

根据粤开证券发布的《2019年证券公司监管处罚数据统计报告》，从证监系统披露时间来看，2019年的监管和行政处罚主要集中在4月、8月和9月，数量均在11次以上。这3个月的合计次数占到了全年数量的37.74%，其中9月高达17次，远超其他月份。此外，其他月份的监管和行政处罚数

① 本节数据来源于中国证监会官网有关“行政处罚”和“市场禁入”的数据统计和粤开证券发布的《2019年证券公司监管处罚数据统计报告》。数据由人工汇总，可能存在不准确之处。

量同样处于较高水平，除 1 月和 2 月外，均在 7 ~ 10 次。结合 2018 年的时间分布可以发现，证监系统实施监管和做出行政处罚的时间偏好并不强，但是年末的监管查处频率相对较高。

3. 处罚金额分布

根据对中国证监会官网“行政处罚”一栏数据的统计，2019 年证监系统对证券公司及其从业人员共计没收违法所得 6686. 89 万元，罚款金额 7837. 00 万元，其中对证券公司罚款 5625. 00 万元，对从业人员罚款 2212. 00 万元，相关处罚均由中国证监会做出。2019 年中国证监会对新时代证券、金元证券、德邦证券和华信证券做出了行政处罚，处罚金额最大的是金元证券未勤勉尽责、虚假记载一案，共计罚没 4000 万元，其中没收金元证券持续督导业务收入 1000 万元，罚款 3000 万元。全年中国证监会对 22 名证券公司从业人员做出了处罚，这些人员中不乏一些交易部投资经理、投资银行总部董事总经理、营销总监、合规管理部总经理、职工监事等高级管理人员。德邦证券共有 5 名从业人员被处罚，成为全年罚没人数最多的证券公司。对证券公司员工处罚金额最大的是东吴证券（601555. SH）苏州滨河路营业部时任总经理辛宏文作为从业人员违法买卖股票一案，共计罚没 2187. 86 万元，其中没收违法所得 1093. 93 万元，罚款 1093. 93 万元。此外，对证券公司经纪人这一职务罚没金额最大的是时任国泰君安（601211. SH）证券经纪人的周海波违法买卖股票一案，没收违法所得 566. 33 万元，罚款 566. 33 万元，该案也是 2019 年中国证监会对证券经纪人因违法而加以处罚的唯一案例（见表 1、表 2）。

表 1　中国证监会对证券公司的行政处罚统计（2019 年）

单位：万元

处罚决定书名称	行政处罚文号	发文日期	证券公司	没收金额	罚款金额	处罚内容
《中国证监会行政处罚决定书（新时代证券股份有限公司、严琦、董晓瑜）》	〔2019〕52 号	6 月 3 日	新时代证券	2020. 10	2450. 00	责令改正，给予警告

续表

处罚决定书名称	行政处罚文号	发文日期	证券公司	没收金额	罚款金额	处罚内容
《中国证监会行政处罚决定书(金元证券股份有限公司、陈绵飞、李喜)》	〔2019〕70号	7月5日	金元证券	1000.00	3000.00	—
《中国证监会行政处罚决定书(德邦证券、周丞玮、曹榕等6名责任人员)》	〔2019〕121号	11月11日	德邦证券	1857.44	55.00	责令改正,给予警告
《中国证监会行政处罚决定书(华信证券)》	〔2019〕122号	11月14日	华信证券	—	120.00	责令改正,给予警告,撤销业务许可

资料来源：中国证监会官网、山东省亚太资本市场研究院。

表2　中国证监会对证券公司员工的行政处罚统计（2019年）

单位：万元

处罚决定书名称	行政处罚文号	发文日期	姓名	没收金额	罚款金额	处罚内容	所在单位
《中国证监会行政处罚决定书(赵敏)》	〔2019〕1号	1月2日	赵　敏	—	60.00	—	中航证券
《中国证监会行政处罚决定书(辛宏文)》	〔2019〕39号	5月27日	辛宏文	1093.93	1093.93	责令依法处理非法持有的剩余股票	东吴证券苏州滨河路营业部
《中国证监会行政处罚决定书(新时代证券股份有限公司、严琦、董晓瑜)》	〔2019〕52号	6月3日	严　琦	—	8.00	给予警告	新时代证券
			董晓瑜	—	8.00	给予警告	
《中国证监会行政处罚决定书(刘文聪)》	〔2019〕53号	6月4日	刘文聪	—	10.00	—	方正证券
《中国证监会行政处罚决定书(肖洪彬)》	〔2019〕59号	6月17日	肖洪彬	4.87	14.62	责令依法处理非法持有的剩余股票	中信建投

续表

处罚决定书名称	行政处罚文号	发文日期	姓名	没收金额	罚款金额	处罚内容	所在单位
《中国证监会行政处罚决定书（金元证券股份有限公司、陈绵飞、李喜）》	〔2019〕70号	7月5日	陈绵飞	—	10.00	给予警告	金元证券
《中国证监会行政处罚决定书（金元证券股份有限公司、陈绵飞、李喜）》	〔2019〕70号	7月5日	李　喜	—	10.00	给予警告	金元证券
《中国证监会行政处罚决定书（周海波）》	〔2019〕104号	9月17日	周海波	566.33	566.33	责令依法处理非法持有的剩余股票	国泰君安上海天山路营业部
《中国证监会行政处罚决定书（邓建华）》	〔2019〕106号	10月12日	邓建华	—	6.00	—	东莞证券东坑营业部
《中国证监会行政处罚决定书（袁月明）》	〔2019〕107号	10月12日	袁月明	1.82	3.00	—	东莞证券东坑营业部
《中国证监会行政处罚决定书（郭兆纲）》	〔2019〕116号	10月31日	郭兆纲	72.36	217.08	—	财达证券
《中国证监会行政处罚决定书（德邦证券、周丞玮、曹榕等6名责任人员）》	〔2019〕121号	11月11日	周丞玮	—	25.00	给予警告，撤销证券从业资格	德邦证券
《中国证监会行政处罚决定书（德邦证券、周丞玮、曹榕等6名责任人员）》	〔2019〕121号	11月11日	曹　榕	—	25.00	给予警告，撤销证券从业资格	德邦证券
《中国证监会行政处罚决定书（德邦证券、周丞玮、曹榕等6名责任人员）》	〔2019〕121号	11月11日	林　燕	—	15.00	给予警告	德邦证券
《中国证监会行政处罚决定书（德邦证券、周丞玮、曹榕等6名责任人员）》	〔2019〕121号	11月11日	吴皓炜	—	15.00	给予警告	德邦证券
《中国证监会行政处罚决定书（德邦证券、周丞玮、曹榕等6名责任人员）》	〔2019〕121号	11月11日	罗　健	—	15.00	给予警告	德邦证券
《中国证监会行政处罚决定书（华信证券）》	〔2019〕122号	11月14日	李　勇	—	—	另案处理	华信证券
《中国证监会行政处罚决定书（华信证券）》	〔2019〕122号	11月14日	陈灿辉	—	—	另案处理	华信证券
《中国证监会行政处罚决定书（华信证券）》	〔2019〕122号	11月14日	陈新华	—	—	另案处理	华信证券
《中国证监会行政处罚决定书（金瑜）》	〔2019〕130号	11月20日	金　瑜	—	40.00	—	浙商证券三门南山路证券营业部
《中国证监会行政处罚决定书（綦韬）》	〔2019〕144号	12月5日	綦　韬	70.04	70.04	—	东北证券

资料来源：中国证监会官网、山东省亚太资本市场研究院。

金元证券因在两个项目中存在违法违规行为被中国证监会采取行政处罚措施。2015 年，金元证券担任山东雅百特科技股份有限公司（下称雅百特）借壳中联电气的财务顾问，重组完成后，雅百特虚构巴基斯坦木尔坦项目，虚增当期营业利润 14967.52 万元，占当期利润总额的 47.09%，而金元证券在 2016 年 4 月出具的《2015 年持续督导意见》中称："经核查，本独立财务顾问认为：本次重大资产重组完成后，上市公司主营业务发展势头良好，超额完成本次重组的盈利预期。"这与事实不符。另外，雅百特虚构国内建材贸易并虚构当期利润，而金元证券未发现雅百特存在虚构建材销售收入的情况，其出具的《2015 年持续督导意见》存在虚假记载。2016 年 6 月，金元证券向江苏证监局报送的《关于山东雅百特科技有限公司的专项核查意见》称："独立财务顾问获取了《木尔坦地铁公交工程建设工程施工合同》、发包人项目经理访谈纪要、《工程量确认单》、相关询证函，并对会计师的审核工作进行了复核，未发现重大异常情况，雅百特收入、成本真实、合理。"金元证券未勤勉尽责，发表的意见与实际情况不符，存在虚假记载。根据金元证券违法行为的事实、性质、情节与社会危害程度，中国证监会罚没金元证券 4000 万元，对直接负责的主管人员陈绵飞、李喜给予警告，并分别处以 10 万元罚款。

根据相关处罚决定书的内容可知，处罚主要是根据《证券法》第一百九十一条、第二百二十一条、第二百二十二条、第二百二十三条、第二百二十四条做出。同时，观察处罚金额可以发现，在可依法罚没违法业务收入同时处以一倍以上五倍以下罚金时，证监系统实际确定的最终罚金数额为没收金额的 3 倍，而在适用固定额罚金处罚的情况下，对单位和个人的罚金处罚最终落在法定罚金范围的 50% ~100% 范围内，主要集中于 50% ~80%。

4. 监管措施类型分布

从监管措施看，根据对中国证监会官网"行政处罚"一栏数据的统计，2019 年中国证监会对证券公司及其员工采用警示监管措施的频率远大于其他行政处罚措施，具体情况见表 3。

表 3　中国证监会对证券公司及其员工监管措施统计（2019 年）

处罚决定书名称	行政处罚文号	监管措施	所在单位
《中国证监会行政处罚决定书(辛宏文)》	〔2019〕39 号	责令依法处理非法持有的剩余股票(员工)	东吴证券苏州滨河路营业部
《中国证监会行政处罚决定书(新时代证券股份有限公司、严琦、董晓瑜)》	〔2019〕52 号	责令改正,给予警告(公司)	新时代证券
		给予警告(员工)	
		给予警告(员工)	
《中国证监会行政处罚决定书(肖洪彬)》	〔2019〕59 号	责令依法处理非法持有的剩余股票(员工)	中信建投
《中国证监会行政处罚决定书(金元证券股份有限公司、陈绵飞、李喜)》	〔2019〕70 号	给予警告(员工)	金元证券
		给予警告(员工)	
《中国证监会行政处罚决定书(周海波)》	〔2019〕104 号	责令依法处理非法持有的剩余股票(员工)	国泰君安上海天山路营业部
《中国证监会行政处罚决定书(德邦证券、周丞玮、曹榕等 6 名责任人员)》	〔2019〕121 号	责令改正,给予警告(公司)	德邦证券
		给予警告,撤销证券从业资格(员工)	
		给予警告,撤销证券从业资格(员工)	
		给予警告(员工)	
		给予警告(员工)	
		给予警告(员工)	
《中国证监会行政处罚决定书(华信证券)》	〔2019〕122 号	责令改正,给予警告,撤销证券业务许可(公司)	华信证券
		另案处理(员工)	
		另案处理(员工)	
		另案处理(员工)	

资料来源：中国证监会官网、山东省亚太资本市场研究院。

在针对证券公司的监管措施中，中国证监会对华信证券采取了撤销证券业务许可的措施。2017 年、2018 年，华信证券以 6 亿元自有资金为股东提供融资、以购买和租赁房产名义向股东关联方提供 3.9 亿元融资、以证券资产管理客户的资产向股东提供融资等违法违规行为被中国证监会立案调查，最终中国证监会责令华信证券改正，给予其警告，并处以 120 万元的罚款，撤销其证券业务许可。对直接负责的三名主管人员另案处理。同时，中国证监会委托国泰君安（601211. SH）对华信证券的证券经纪等涉及客户的业务进行托管。对华信证券撤销业务许可并实施风险处置，维护了法律法规的严肃性，整肃了行业纪律，打击了损害投资者合法权益的行为。为保护投资者合法权益，维护证券业健康发展，中国证监会在国务院金融稳定发展委员会的领导下，会同多部门加强市场监测，发现并处置证券行业风险，维护证券市场平稳运行。

5. 处罚案由分类

（1）违规经营。2019 年，中国证监系统采取的各项监管措施和做出的行政处罚中，涉及违规经营的案例最多。具体包括：未有效分离投资决策程序与交易执行程序；未充分验证客户资料的真实性、准确性，未有效跟踪客户情况；未有效管理员工私自炒股、借用客户名义炒股等行为，未有效管理员工私自进行收益承诺的行为；合规人员从事与合规职能冲突的事务；股票质押超过公司风险管理委员会设置的限额；证券公司财务报告被审计机构出具无法表示审计意见的审计结论；等等。

（2）未依法履行职责。2019 年的监管措施和行政处罚中多项涉及“未依法履行职责”。“未依法履行职责”包括多个类型的违法行为，主要内容包括：第一，投资银行项目中证券公司未勤勉尽责，对发行人名下项目状况、财务状况、发行人各关联方状况未核查彻底，进而导致相关文件未披露或做出误导陈述、前后矛盾的陈述等问题；第二，未勤勉尽责，对发行人的监督不到位，导致募集资金被挪用或其他重大情况未及时披露；第三，从事相关交易、系统管理没有履行重大事项审议程序；第四，证券公司发现员工违法行为、系统问题未及时向证监会地方监管局报告；第五，合规管理部门、业务部门、分支机构未依法配置合规人员或合规人员薪酬设置偏低；第六，未对证券公司的子公司形成有效管理。

（3）内部制度不完善。内部制度不完善的问题涉及多个方面，既包括业务领域的制度建设问题，也包括证券公司日常运营的制度问题。具体包括：未建立有效的岗位隔离、人员隔离、业务隔离制度；未建立有效的印章管理、合同文本管理、员工从业资格管理制度；未建立有效的子公司管理制度；等等。

6. 对证券公司的处罚情况

根据粤开证券发布的《2019 年证券公司监管处罚数据统计报告》，2019 年共有 60 家证券公司受到了证监系统的处罚，其中 34 家证券公司受到一次处罚，16 家证券公司受到了 2 次处罚，剩余 10 家证券公司受到了 3 次及以上的处罚，受处罚次数最多的是东海证券（832970. OC），共计 6 次。根据编者对 133 家证券公司年报的统计，2019 年 37 家上市证券公司中有 20 家被证监系统采取了行政处罚措施，占上市证券公司数量的 54. 05%[①]。这 20 家证券公司被采取了 60 次行政监管措施，其中，广发证券（000776. SZ）受处罚次数最多，达 8 次（见图 1），但被处罚程度较轻，以责令改正、监管谈话、出具警示函为主。

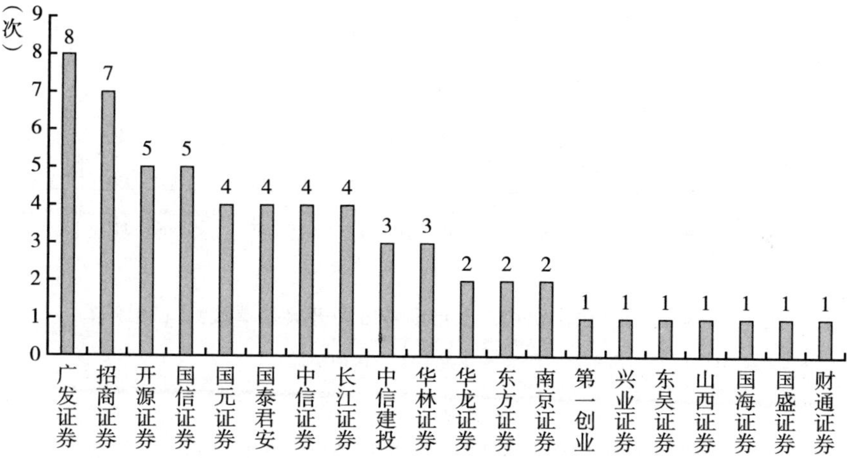

图 1　上市证券公司被处罚次数（2019 年）

资料来源：证券公司年报、山东省亚太资本市场研究院。

① 未上市证券公司年报内容中不包含年度违法违规内容，因此未上市证券公司违法违规资料难以获取。在 20 家证券公司中，国盛证券由于其控股股东国盛金控（002670. SZ）为上市公司，故在统计时把国盛证券统计在内。

2019 年共有 17 家中国证监会派出机构对 20 家上市证券公司的违法违规行为开出了罚单，其中，上海证监局共做出 9 次行政监管处罚（见图 2），仅对长江证券（000783. SZ）子公司及员工就做出 3 次处罚。除了中国证监会派出机构外，中国人民银行苏州市中心支行、南京分行营业管理部、绵阳市中心支行、兰州中心支行和呼和浩特中心支行也针对未按照规定识别客户身份履行反洗钱义务、未按照规定呈送可疑交易报告等违规行为开具了行政处罚决定书（见表 4）。此外，香港证监会、香港税务局、中国证券业协会也针对证券公司的违规行为开出了罚单（见表 5）。

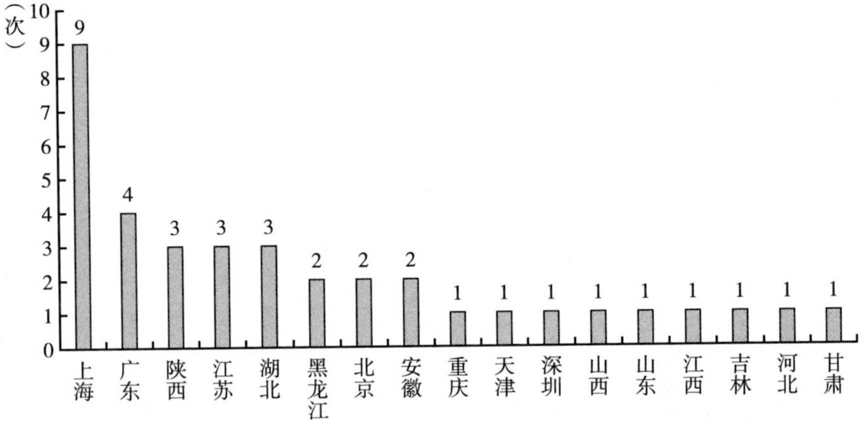

图 2　中国证监会派出机构对上市证券公司开具罚单次数（2019 年）

资料来源：证券公司年报、山东省亚太资本市场研究院。

表 4　中国人民银行分支机构对上市证券公司的行政处罚（2019 年）

处罚机构	公司简称	处罚时间	处罚文号	处罚文件
南京分行营业管理部	南京证券	12 月 23 日	南银营罚字〔2019〕14 号	《行政处罚决定书》
呼和浩特中心支行	国信证券	4 月 17 日	蒙银罚字〔2019〕第 4 号	《行政处罚决定书》
绵阳市中心支行	国信证券	9 月 27 日	绵银罚字〔2019〕第 2 号	《行政处罚决定书》
苏州市中心支行	招商证券	7 月 23 日	—	《行政处罚决定书》
兰州中心支行	招商证券	11 月 13 日	—	《行政处罚决定书》

资料来源：证券公司年报、山东省亚太资本市场研究院。

表 5　其他监管机构对上市证券公司的行政处罚（2019 年）

处罚机构	公司简称	处罚时间	处罚原因
香港税务局	兴业证券	7 月 26 日	兴证国际资产管理有限公司未在指定期限内递交 2013/14 课税年度及 2016/17 课税年度的报税表，违反了《税务条例》，被处以 3000 港币罚款
香港证监会	中信证券	12 月 30 日	在进行预先安排的交易时，中信里昂证券、中信证券经纪（香港）及其持牌人的行为不符合其在《公司收购、合并及股份回购守则》下理应达到的标准，以及北京控股的股东被剥夺就重要的企业行动做出投票的机会
香港证监会	国信证券	2 月 18 日	因国信证券（香港）经纪有限公司于 2014 年 11 月至 2015 年 12 月期间未遵守有关打击洗钱及恐怖分子资金筹集的监管规定，对其做出公开谴责及罚款 1520 万港元
香港证监会	招商证券	5 月 29 日 6 月 1 日	因全资子公司招证香港在担任中国金属再生资源（控股）有限公司上市申请的联席保荐人时没有履行其应尽的尽职审查责任，对招证香港采取纪律行动，包括处以罚款 2700 万元港币
中国证券业协会	招商证券	12 月 3 日	由于截至 2017 年 12 月 1 日风控人员配备不到位等问题，被中国证券业协会采取谈话提醒的自律监管措施

资料来源：证券公司年报、山东省亚太资本市场研究院。

从处罚的严厉程度来看，2019 年遭受处罚最重的是上海华信证券和新时代证券。华信证券违法为股东及关联方提供融资、违规开展资产管理业务、净资本等风险控制指标已不符合持续经营证券业务的规定，中国证监会依法吊销其全部业务许可。新时代证券在 2015 年 3 月担任美丽生态（原北京深华新股份有限公司）收购江苏八达园林有限责任公司股权的财务顾问，以及美丽生态再融资时的主承销商，但新时代证券在服务过程中未能勤勉尽责，被中国证监会罚没合计 4470. 10 万元，成为 2019 年证券公司单笔金额最大罚单（见表 1）。

7. 被处罚领域分布

按照中国证监会对案例汇编的口径分类，相关处罚涉及经纪业务、投资银行业务、债券交易业务、资产证券化业务、资产管理业务、信用业务、子公司管理、员工管理、合规管理、公司治理、托管外包及信息保障等。根据粤开证券发布的《2019 年证券公司监管处罚数据统计报告》，合规管理、投资银行业务、经纪业务、信用业务、资产证券化业务等领域分别被处罚 25 次、25 次、14 次、8 次和 4 次。

（1）合规管理。除业务方面的问题外，证券公司的日常合规管理问题也比较突出，因合规管理问题被处罚的数量累计有 25 次。从 2019 年的处罚情况来看，日常合规管理问题相对分散，但总数较大，包括业务部门或分支机构未配置足够数量的合规人员、合规人员薪酬低于公司同级岗位平均水平、无有效的印章管理制度或相关制度没有得到执行、合同没有入库管理或领用合同未经过登记、分支机构营业执照相关事项变更未及时报告、员工兼任职能冲突的岗位等。对此，要全面强化合规意识，加强合规制度建设，让问题从制度执行层面得到解决。

（2）投资银行业务。2019 年与投资银行业务相关的处罚为 25 次，占全部处罚的 23.58%。证券公司投资银行业务被处罚原因主要是未能尽到核查义务，其中最为突出的是对客户名下工程状况的核查问题。除此之外，证券公司其他常见未有效核查被处罚事项还包括实控人、股东、其他关联方的对外投资情况，应收账款形成原因，投资性房地产，以及重大合同履行情况等。总体来看，监管系统对投资银行业务核查义务的要求较高，证券公司应当在开展相关业务时，更加深入地进行相关事项的核查。

除未尽核查义务外，证券公司的监督义务履行情况也是被处罚的重点。其中，最重要的就是对募集资金使用情况的监督。例如，东海证券“15 顺风 01”债券项目，国海证券“16 锡洲 01”、“16 锡洲 02”、“17 锡洲 01”债券项目，国信证券“16 亭公投”债券项目，相关证券公司对募集资金的使用情况均存在监督不力的违法行为。由于发行人挪用募集资金一般会通过虚构经济关系进行，因此，对发行人经济活动进行实质性的监督显得尤为必要。

除以上情况外，相关被处罚证券公司还存在发行文件前后表述不一致、相关信息未及时披露等问题。

（3）经纪业务。经纪业务领域的问题集中在违规炒股、代客理财、产品推介等方面，总计处罚 14 次。此类问题实质上是对证券公司员工的行为缺乏监督造成的，而非制度缺失。因此，解决此类问题必须依靠合理配置合规人员，加强员工行为管理等措施。

（4）信用业务。信用业务被处罚的总体数量较少，为 8 次，问题类型单一且比较集中，即股票质押业务尽职调查不完善、股票质押融资用途管理不严格及证券公司相关制度缺失或执行不严格。除此之外，还有个别证券公司因未持续跟踪融入方情况而被处罚。

（5）资产证券化业务。2019 年资产证券化业务被查处数量累计有 4 次，违法行为主要是对基础资产尽职调查不完善以及独立基础资产现金流归集制度未建立。

（二）市场禁入统计

1. 市场禁入人数增加

根据对中国证监会官网“市场禁入”一栏的统计，2019 年共有 45 人被中国证监会做出了市场禁入的处罚决定，比 2018 年增加 3 人。其中，上市公司高管共计 34 人，占 75.56%；证券公司从业人员 3 人，占 6.67%；其他被实施市场禁入的人员包括证券监管机构从业人员、会计师事务所从业人员和基金公司从业人员等（见图 3）。

从所在证券公司看，3 名被证券市场禁入人员分别是时任东吴证券（601555.SH）苏州滨河路营业部总经理辛宏文和时任德邦证券债券融资部董事副总经理、五洋建设债券项目负责人周丞玮、时任德邦证券固定收益联席总经理兼债券融资部总经理曹榕。辛宏文作为证券从业人员，借用他人名义违规炒股，被中国证监会采取 3 年市场禁入措施。周丞玮、曹榕因在五洋建设集团股份有限公司（下称五洋建设）中违法违规承销债券而被实施市场禁入措施。2015 年 7 月，五洋建设获准发行票面总金额不超过 13.6 亿元的公司债券，德邦证券是该债券的主承销商。五洋建设发行“15 五洋债”和“15 五洋 02”两期公募债，发行总额分别为 8 亿元、5.6 亿元，债券期限分别为 3 年和 5 年，附投资者回售选择权。此时五洋债的主体和债项评级均为 AA 级。2016 年 12 月，德邦证券就五洋债提示风险称，五洋建设已被

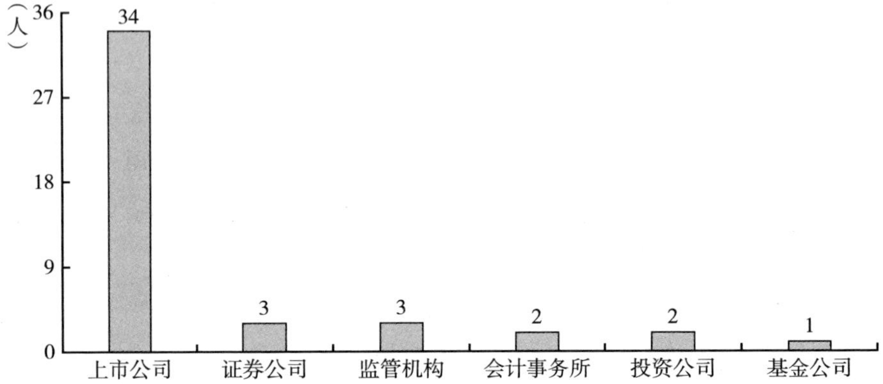

图 3 证券市场禁入人员单位分布数量统计（2019 年）

资料来源：中国证监会官网、山东省亚太资本市场研究院。

列入全国法院失信被执行人名单。此后，两只债券历经长期停牌，复牌后价格暴跌。2017 年 8 月，“15 五洋债”发生实质性违约，“15 五洋 02”触发交叉违约。随后，中国证监会对五洋建设立案调查。2018 年 7 月，中国证监会开出首张债券欺诈发行罚单。2019 年 11 月，中国证监会公布《中国证监会市场禁入决定书（周丞玮、曹榕）》（〔2019〕19 号），对该案中当事人周丞玮、曹榕分别采取 5 年证券市场禁入措施。

上述 3 名原证券从业人员在禁入期间，除不得继续在原机构从事证券业务或者担任原上市公司、非上市公众公司董事、监事、高级管理人员职务外，也不得在其他任何机构从事证券业务或者担任其他上市公司、非上市公众公司董事、监事、高级管理人员职务。

2. 终身禁入占据多数

从 2019 年被实施的证券市场禁入人员禁入期限来看，被处以终身禁入的共计 16 人，占全年实施禁入人数的 35.56%。禁入期限 10 年的人员共计 14 名，禁入期限 5 年的人员共计 13 名，而禁入期限 3 年的仅 2 名（见图 4）。在被终身禁入的人员中，以上市公司董事长、实际控制人为主，除了上市公司外，基金公司、监管机构等证券从业人员的违法违规行为也被实施终身禁入措施（见表 6）。

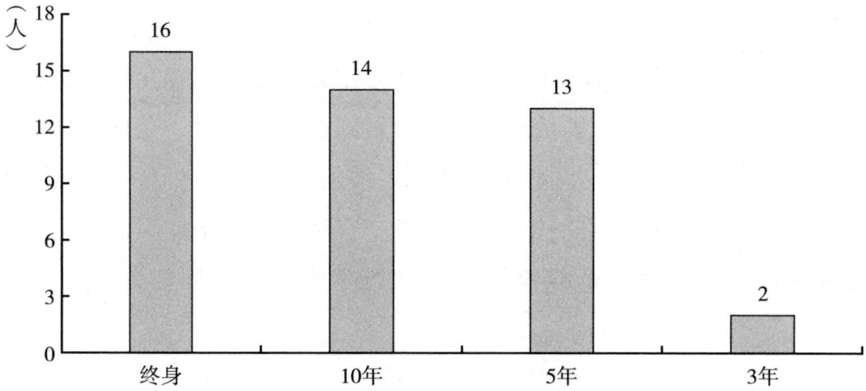

图 4　证券市场禁入人员期限分布数量统计（2019 年）

资料来源：中国证监会官网、山东省亚太资本市场研究院。

表 6　证券市场终身禁入人员名单（2019 年）

禁入者姓名	所在单位	时任职务
毛凤丽	北京丰利	董事长
陈　思	新绿股份	实际控制人
宋　强	上交所	上市部高级经理
江作良	易方达基金	投资管理部总经理
李京真	上交所	员工
张郁达	奔腾集团	董事长
张晓敏	奔腾集团	副董事长
曾昭秦	天业股份	董事长
龚东升	宁波中百	董事长、总经理
庄　敏	保千里	董事长
赵明远	抚顺特钢	董事长
董　事	抚顺特钢	董事长
孙　启	抚顺特钢	董事长、董事
单志强	抚顺特钢	总经理
张晓军	抚顺特钢	总经理
林　军	明利股份	实际控制人

资料来源：中国证监会官网、山东省亚太资本市场研究院。

3. 禁入案由分类

2019 年 4 月召开的中央政治局会议提出，要以关键制度创新促进资本市场健康发展，科创板要真正落实以信息披露为核心的证券发行注册制。因此，实行注册制，发行人的信息披露能否做到准确、及时、完整就显得尤为重要。2019 年 7 月我国设立科创板并试点注册制，这是改革完善以信息披露为核心的股票发行制度的一个重要举措，有利于进一步提高企业发行上市的可预期性。2019 年，证券市场的信息披露成为中国证监会的重要监管事项。

根据中国证监会官网数据，2019 年单纯由于信息披露违法违规行为而被采取市场禁入措施的达 12 次，成为主要禁入案由。虚假记载、财务造假也是重要的禁入案由。2019 年中国证监会对上市公司财务造假施以重拳，对欺诈、造假行为零容忍。全年由于上市公司虚假记载、财务造假而被市场禁入 8 次。由信息披露违法违规和虚假记载、财务造假行为而被实施市场禁入的共计 20 次，占全年总次数的 44.44%。可见，上述行为已成为中国证监会的重点打击对象。由于拒绝、阻碍证券执法，从业人员违法买卖股票而遭到市场禁入的情况均发生 5 次，此外，因挪用基金财产、内幕交易、财务造假而遭到市场禁入的情况均发生 2 次（见图 5）。

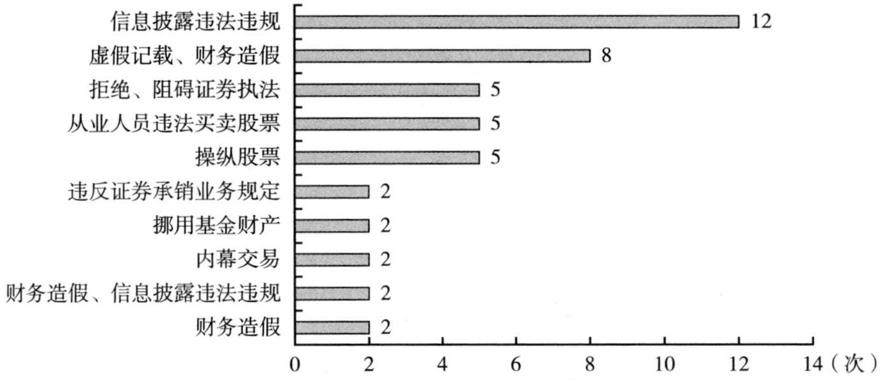

图 5　证券市场禁入案由统计（2019 年）

资料来源：中国证监会官网、山东省亚太资本市场研究院。

需要指出的是，深大通（000038. SZ）由于暴力抗法，多名高管遭到市场禁入。2018 年 7 月至 2019 年 6 月期间，中国证监会在多次前往该公司实际办公地、分公司办公场所等地调查时，相关人员拒绝接受询问，拒绝提供文件资料，存在辱骂、威胁检查、调查人员等拒绝、阻碍证券执法的行为。对此，中国证监会决定对深大通（000038. SZ）给予警告，并处以 60 万元罚款。此外，深大通（000038. SZ）相关责任人姜剑、李雪燕、黄卫华、牛超和员工李洁 5 人，被证监会采取证券市场禁入措施，其中姜剑为 10 年，李雪燕、黄卫华等 4 人为 5 年。

三　证监稽查典型违法案例

根据 2019 年证券市场违法违规情况，本报告列出了中国证监会官网筛选出的 17 起具有代表性的违规违法案例。这些案例不仅涉及证券公司，还涉及基金公司、第三方评价机构和个人等①。

（一）财务造假类

1. 财务长期造假

抚顺特钢（600399. SH）财务造假案（行政处罚决定书〔2019〕147 号、33 号）。本案是一起国有上市企业长期系统性造假的典型案件。2010 ~ 2017 年，抚顺特钢（600399. SH）伪造“返回钢”入库凭证虚增库存，虚增利润约 19 亿元。2019 年，公司未按期披露 2017 年年报、2018 年季报被行政处罚。本案表明，证监会将持续加大对各类信息披露违法行为的打击力度，督促上市公司严格依法履行各项信息披露义务，促进上市公司规范运作，推动上市公司质量不断提高。

2. 财务造假

盈方微（000670. SZ）财务造假案（行政处罚决定书〔2019〕114 号）。

---

① 中国证监会：《2019 年证监稽查 20 起典型违法案例》，http：//www. csrc. gov. cn/pub/newsite/jcj/aqfb/202005/t20200511_ 376138. html。

本案是一起上市公司利用境外业务实施财务造假的典型案件。盈方微（000670. SZ）以在境外开展数据中心业务为名，在不具备业务开展条件的情况下确认收入，虚增 2015 年度利润 2300 余万元。本案的查处表明，中国证监会将持续加强跨境监管合作，严厉打击利用境外业务掩饰财务造假规避监管调查的行为，强化信息披露的严肃性。

3. 对赌承诺连续造假

新绿股份（834632. OC）财务造假案（行政处罚决定书〔2019〕55 号）。本案是一起新三板公司为了兑现挂牌前的业绩对赌承诺连续造假的典型案件。新绿股份（834632. OC）2013 ~ 2015 年账外设账、虚开发票，累计虚增收入 9. 3 亿元，虚增利润 1. 4 亿元。本案表明，超越企业盈利能力的业绩对赌不但容易形成资产泡沫，而且可能引发舞弊动机，公众公司参与市场活动时，应当保持高度警惕。

（二）信息披露类

1. "忽悠式"重组

美丽生态（000010. SZ）信息披露违法违规及新时代证券未勤勉尽责案（行政处罚决定书〔2019〕69 号）。本案是一起以不实盈利预测信息"忽悠式"重组的典型案件。2015 年，美丽生态（000010. SZ）在收购江苏八达园林有限责任公司股权的过程中未能如实描述有关项目情况，对相关项目收入预测、框架协议描述不准确；作为项目财务顾问的新时代证券未能勤勉尽责，出具误导性陈述报告。本案表明，上市公司财务信息的真实、准确和完整是市场功能发挥的重要基础，大股东、实际控制人、董事、监事、高级管理人员和中介机构要依法履行法定义务，切实提升信息披露质量。

2. 并购欺诈和信息披露违法违规

中安消（600654. SH）借壳欺诈及银信评估未勤勉尽责案（行政处罚决定书〔2019〕40 号，44 ~ 46 号）。本案是一起上市公司重大资产重组中并购欺诈和信息披露违法违规的典型案件。中安消（600654. SH）在借壳中安科股份有限公司上市过程中虚增置入资产，虚增营业收入 5515 万元。上海银信资产评估有限公司未能勤勉尽责，对评估资产未予充分关注，收益预测和评估值严重虚增。本案表明，对于重大资产重组中的舞弊行为，上市公司重组参与各方、中介机构都要承担相应的法律责任。

3. 误导性陈述

海印股份（000861）信息披露违法违规案（广东证监局行政处罚决定书〔2019〕9号）。本案是一起上市公司信息披露存在误导性陈述的典型案件。2019年6月，海印股份（000861）披露的关于防治非洲猪瘟的注射液预防有效率、专利技术及业绩预测等缺乏依据，存在虚假记载和误导性陈述。本案表明，上市公司蹭热点、炒概念严重破坏信息披露制度的严肃性，严重误导投资者，依法应予严处。

4. 实际控制人占用资金

天翔环境（300362. SZ）信息披露违法违规案（四川证监局行政处罚决定书〔2019〕2号）。本案是一起实际控制人违规占用上市公司巨额资金的典型案件。2018年1～7月，天翔环境（300362. SZ）实际控制人通过签订虚假采购合同、民间过桥拆借等方式，非经营性占用资金20. 9亿元未依法披露。本案表明，上市公司大股东、实际控制人漠视中小股东权利，通过资金占用、违规担保等方式损害上市公司利益，必将受到严惩。

（三）操纵市场类

1. 滥用信息优势操纵股价

赵坚操纵市场案（行政处罚决定书〔2019〕128号）。本案是一起实际控制人滥用信息优势操纵上市公司股价的典型案件。2015～2018年，时任金利华电（300069. SZ）董事长与财务总监赵坚在筹划实施重大资产重组和股权转让过程中人为控制股票停牌时点，操纵股价。本案的查处表明，以“市值管理”之名行操纵股价之实，严重违反证券法规，大股东、实际控制人及市场机构相关各方应远离“伪市值管理”。

2. 股市“黑嘴”操纵市场

吴某某团伙操纵市场案。本案是一起股市“黑嘴”跨境操纵市场的重大典型案件。吴某某团伙于2016年起利用新加坡等境外网络服务器开设多个网站推荐“盘后票”，该团伙提前通过私募机构、场外配资大量买入相关股票，引诱散户买入的同时卖出获利。2019年3月，该团伙主要成员被公安机关抓捕归案。股市“黑嘴”严重破坏信息传播秩序，严重破坏公平交易原则，是监管执法的重点领域，证监会严肃查处各类操纵行为，推动市场坚持价值投资理念。

3. 虚构信息操纵股价

张郁达、张晓敏操纵市场案（行政处罚决定书〔2019〕97号）。本案是一起新三板挂牌公司实际控制人虚构利好信息操纵本公司股价的典型案例。2016～2017年，奔腾集团（832650. OC）实际控制人及配偶通过发布虚假收购信息等方式，集中资金优势、持股优势和信息优势操纵市场。本案的查处表明，证监会密切监控全市场各类异常交易，对于恶性操纵市场行为，一经查实严惩不贷。

4. 实际控制人操纵股价

林军操纵市场案（行政处罚决定书〔2019〕149号）。本案是一起新三板挂牌公司实际控制人操纵本公司股价的典型案件。2015～2016年，广西明利创新实业股份有限公司实际控制人林军为减持定增认购的股票，通过操纵本公司股价吸引投资者、做市商跟进购买。林军等人减持7329万股，获利2.9亿元。操纵股价破坏新三板市场的定价功能，误导投资者决策，是证券法规明令禁止的严重违法行为。监管部门严肃查处新三板市场各类操纵行为，切实维护新三板市场正常秩序。

（四）未勤勉尽责类

1. 未关注重要事项

众华会计师事务所未勤勉尽责案（行政处罚决定书〔2019〕110号）。本案是一起审计机构未充分关注重要事项受到处罚的典型案例。2015年，众华会计师事务所在为宁波圣莱达电器股份有限公司（2018年被行政处罚）提供审计服务的过程中，未对圣莱达虚构财政补助等事项予以必要关注，出具的审计报告存在虚假记载。2019 年 5 月，众华会计师事务所在为江苏雅百特科技股份有限公司（2017 年被行政处罚）提供审计服务的过程中，未审慎核查工程项目的真实性被行政处罚。本案表明，中介机构要发挥好“看门人”作用，做到勤勉履职，为投资者提供真实可信的鉴证意见。监管部门将突出强化中介机构检查验证、专业把关的职责定位，切实提升中介机构的服务水平，保护投资者合法权益。

2. 未充分履行核查程序

德邦证券未勤勉尽责案（行政处罚决定书〔2019〕121 号）。本案是一起主承销商未充分履行核查程序的典型案件。2015 年，德邦证券作为五洋建设集团股份有限公司（2018 年被行政处罚）的债券主承销商，未充分核查募集文件的真实性，对应收账款回收风险和投资性房地产情况未充分履行核查程序。本案的依法查处，对推动证券经营机构及其从业人员在债券市场业务活动中归位尽责、勤勉尽责，更好地保护债券持有人的合法权益具有积极意义。

（五）内幕交易类

1. 高管内幕交易

孙洁晓等人内幕交易案（行政处罚决定书〔2019〕19 号）。本案是一起并购重组过程中上市公司高管人员内幕交易的典型案件。2016 年 6 月至 2017 年 2 月，春兴精工（002547. SZ）董事长、实际控制人孙洁晓及董事郑海燕等内幕信息知情人利用内幕信息非法买入春兴精工股票合计 2. 75 亿元。本案表明，并购重组仍是内幕交易高发领域，证监会始终保持高压执法态势。

2. 实际控制人内幕交易

袁志敏等人内幕交易案（行政处罚决定书〔2019〕63 号）。本案是一起上市公司实际控制人内幕交易的典型案件。金发科技（600143. SH）董事长、实际控制人袁志敏联合他人，在公司依法披露员工持股计划前非法买入金发科技（600143. SH）股票合计 1500 万元。本案表明，上市公司大股东、实际控制人应当依法参与公司治理，推动公司聚焦主业，远离内幕交易等违法红线。

（六）其他违规类

1. 违反信义义务

丰利财富（北京）国际资本管理股份有限公司挪用基金财产案（行政处罚决定书〔2019〕43 号）。本案是一起私募基金管理人违反信义义务的典型案件。2015 年 9 月，私募基金管理人丰利财富发行的私募产品“长安丰利 24 号”跌破止损线。为恢复交易，丰利财富伪造文件和印章，挪用其他两只私募产品共 4240 万元为“长安丰利 24 号”补资。本案表明，基金管理人应公平对待其所管理的不同基金产品，保护持有人利益，私募基金也不例外。

2. 私募基金“老鼠仓”

上海熙玥投资管理有限公司利用未公开信息交易案（行政处罚决定书〔2019〕93 号）。本案是一起私募基金“老鼠仓”典型案例。经上海熙玥投委会集体决策，2015 年 1 ~ 3 月，上海熙玥实际控制人邓二勇使用“竺某英”证券账户与公司担任咨询顾问的“熙玥 1 号”资产管理计划进行趋同交易，获利 495 万元。本案件警示私募基金管理人及其从业人员应受人之托忠人之事，高度自律，恪守诚信操守。

四　对证券公司典型处罚案由的分析

（一）日常合规问题

1. 营业部日常合规管理

综合观察 2019 年关于证券公司营业部的监管措施和行政处罚，发现较为常见且对证券公司损害较大的问题是印章和合同文本的管理问题。《关于加强证券经纪业务管理的规定》（证监会公告〔2010〕11 号）第五条第

（二）项规定“证券营业部应当建立健全印章管理制度，对各类印章登记造册，建立各类印章的使用、保管、交接等内控流程”。2019 年 6 月，国泰君安唐山建华西道证券营业部因印章保管未实行双人双锁管理制，未有效执行公司内部控制制度，被河北证监局采取责令限期改正的行政监管措施。2019 年 2 月，辽宁证监局指出大通证券抚顺新华大街证券营业部存在使用未经公司审批和备案的开户专用章开展业务、个别员工在使用印章过程中未履行审批和登记程序等情况，责令其限期改正，增加内部合规检查次数［《关于对大通证券股份有限公司抚顺新华大街证券营业部实施责令改正等行政监管措施的决定》（辽宁局〔2019〕4 号）］。

《证券公司融资融券业务管理办法》（证监会令〔2015〕第 117 号）第三章第十二条规定“证券公司在向客户融资、融券前，应当办理客户征信，了解客户的身份、财产与收入状况、证券投资经验和风险偏好、诚信合规记录等情况，做好客户适当性管理工作，并以书面或者电子方式予以记载、保存……”2019 年 7 月，重庆证监局指出国元证券重庆观音桥步行街证券营业部在开展融资融券业务过程中存在未充分验证客户资料的真实性、准确性等适当性管理工作不到位的违规行为，对营业部采取出具警示函的措施［《关于对国元证券股份有限公司重庆观音桥步行街证券营业部采取出具警示函措施的决定》（重庆局〔2019〕12 号）］。

同时，合同管理混乱的情况也时有发生。2019 年 4 月，中信建投（601066. SH）哈尔滨新阳路证券营业部被黑龙江证监局发现部分合同入库及领用没有进行登记，而盗用印章和空白合同往往会对证券公司造成严重的损失［《关于对中信建投证券股份有限公司哈尔滨新阳路证券营业部采取责令改正监管措施的决定》（黑龙江局〔2019〕6 号）］。因此类似印章、合同管理需要证券公司在总结自身经验教训的基础上，结合行业内外相关管理经验，探索采取电子章等措施加强管控。

2. 合规人员管理

通过对 2019 年证券公司年报的统计发现，较为常见的日常合规问题是合规人员的配置问题和合规人员的薪酬问题。《证券公司合规管理实施指引》（中证协发〔2017〕208号）第二十七条规定："证券公司总部合规部门中具备3年以上证券、金融、法律、会计、信息技术等有关领域工作经历的合规管理人员数量占公司总部工作人员比例应当不低于1.5%，且不得少于5人。"因此，证券公司日常经营中应当配备拥有足够从业经验的合规人员。部分证券公司在合规人员配置上未达到该标准，如2019年4月，深圳证监局指出第一创业（002979.SZ）存在部分业务部门合规管理人员配备不到位，部分合规管理人员薪酬水平不符合监管要求等问题，决定对公司采取出具警示函的行政监管措施［《深圳证监局关于对第一创业证券股份有限公司采取出具警示函措施的决定》（深圳局〔2019〕51号）］。

2019年4月，江苏证监局发布的监管措施决定书指出东海证券股份有限公司总部合规人员配置比例低于《证券公司合规管理实施指引》第二十七条规定要求的1.5%的比例，并要求东海证券股份有限公司进行改正［《关于对东海证券股份有限公司采取责令改正措施的决定》（江苏局〔2019〕35号）］。

对合规人员的考核不符合相关法律法规的要求。《证券公司和证券投资基金管理公司合规管理办法》（中国证券监督管理委员会令〔2017〕第133号）第二十七条规定："合规部门及专职合规管理人员由合规负责人考核。对兼职合规管理人员进行考核时，合规负责人所占权重应当超过50%。证券基金经营机构应当制定合规负责人、合规部门及专职合规管理人员的考核管理制度，不得采取其他部门评价、以业务部门的经营业绩为依据等不利于合规独立性的考核方式……"2019年12月，中国证监会发现西南证券（600369.SH）存在以下问题：一是部分资产管理业务、投行业务异地团队未配备专职合规人员；二是部分专职合规人员并非100%由合规总监考核，合规总监对个别兼职合规管理人员的考核权重低于50%；三是部分合规人员薪酬低于公司同级别平均水平；四是合规负责人未参加部分专门委员会会议；五是未明确合规有效性评估范围包括另类、私募子公司等。因此，中国证监会对西南证券（600369.SH）采取责令改正的行政监管措施。

《证券公司合规管理实施指引》第十九条规定："证券公司在对高级管

理人员和下属各单位进行考核时，应当要求合规总监出具书面合规性专项考核意见，合规性专项考核占绩效考核结果的比例不得低于15%；对于重大合规事项，可制定一票否决制度。”2019年12月，中国证监会发现国元证券（000728. SZ）存在以下问题：一是债券部门异地团队未配备专职合规人员；二是公司合规专项考核占比仅为7.5%，低于15%；三是部分合规人员薪酬低于公司同级别平均水平；四是未将合规负责人列入总裁办公会常设委员，仅根据会议主题选择性通知合规负责人列席参会；五是自《证券公司和证券投资基金管理公司合规管理办法》实施以来，未对私募基金子公司进行合规检查；六是合规部出具合规审查意见，未见公司合规负责人书面签字确认，公司未采纳合规审查意见，未提交董事会会议审议；七是对于公司部分被行政处罚的责任人员，未进行相应问责。因此，中国证监会对国元证券（000728. SZ）采取责令改正的行政监管措施。

此外，合规人员薪酬过低的问题也比较常见。《证券公司和证券投资基金管理公司合规管理办法》第二十八条规定：“证券基金经营机构应当制定合规负责人与合规管理人员的薪酬管理制度。合规负责人工作称职的，其年度薪酬收入总额在公司高级管理人员年度薪酬收入总额中的排名不得低于中位数；合规管理人员工作称职的，其年度薪酬收入总额不得低于公司同级别人员的平均水平。”中国证监会2019年12月27日披露招商证券股份有限公司存在合规人员薪资水平低于公司同级别员工的问题［《关于对国元证券股份有限公司采取责令改正措施的决定》（证监会〔2019〕56号）］。

合规人员管理中存在的其他问题还包括合规人员从事销售业务活动、合规人员兼职与合规职能相冲突的岗位、内部控制不完善、工作人员合规意识薄弱、合规部门检查流于形式等。整体来看，合规人员的配置、考核及其他相关问题的管理都存在明确的法律法规，因此，证券公司要避免出现该类问题，必须严格执行监管规定，加强对合规人员管理情况的日常自查，同时，也有必要加强对合规人员的监测。

3. 其他日常合规问题

部分证券公司还出现了诸如风险揭示文件签署不规范、营业部员工私自承诺收益、营业部员工私自炒股、信息技术人员从事营销活动、营业部负责人参股或控股其他公司等明显的违规行为。对于此类传统且典型的违规行为，证券公司应当建立行之有效的员工行为管理制度，加强对员工行为的监测和管控，防范员工的道德风险。除此之外，部分证券公司存在对子公司管理不力的问题，例如未对子公司进行现场合规检查，对子公司高管离任未进行审计等。

（二）勤勉尽责义务

根据粤开证券（830899. OC）统计，从2019年全年监管情况来看，未尽到勤勉尽责义务是监管系统做出处罚的最主要依据之一。并且，依据勤勉尽责义务做出的处罚涉及范围很广，包括相关业务的尽职调查、业务督导以及分支机构的日常经营管理等。

在2019年的证监系统监管中，共计有4次包含金钱内容的行政处罚，除上海华信证券因股东挪用证券公司资金、业务资金而被吊销全部业务许可并处以高额罚款外，其余3次处罚均与证券公司未勤勉尽责有关。

2019年6月，中国证监会披露2019年第52号行政处罚决定书《中国证监会行政处罚决定书（新时代证券股份有限公司、严琦、董晓瑜）》，对新时代证券股份有限公司责令改正，给予警告，没收独立财务顾问业务收入800万元，并处以2400万元罚款；没收承销股票违法所得1220.1万元，并处以50万元罚款；对责任人严琦、董晓瑜给予警告，并分别处以8万元罚款。在该项处罚中，新时代证券未勤勉尽责，忽视了项目进展的不确定性，未对获取的财务数据保持应有的职业谨慎，仍然沿用《独立财务顾问报告》中的收入预测数据及结论，构成误导性陈述。

2019年7月，中国证监会披露对金元证券的行政处罚（中国证监会行政处罚决定书〔2019〕70号），决定没收持续督导业务收入1000万元，并处以3000万元罚款；对责任人陈绵飞、李喜给予警告，并分别处以10万元罚款。在该项处罚中，金元证券被指出在持续督导期间未勤勉尽责，没有对山东雅百特巴基斯坦木尔坦工程项目、2015年雅百特虚构国内建材贸易相关情况核查清楚，导致出具的《2015 年持续督导意见》《关于山东雅百特科技有限公司的专项核查意见》《关于山东雅百特科技有限公司木尔坦项目的专项核查意见》存在虚假记载。

2019 年 11 月，中国证监会披露 2019 年第 121 号行政监管措施决定书《中国证监会行政处罚决定书（德邦证券、周丞玮、曹榕等 6 名责任人员）》，对德邦证券股份有限公司处以没收违法所得 1857.44 万元、罚款 55 万元的处罚；对责任人周丞玮、曹榕给予警告，分别处以 25 万元罚款，撤销证券从业资格；对林燕、吴皓炜、罗健给予警告，并分别处以 15 万元罚款。德邦证券作为主承销商，未充分核查公开发行募集文件的真实性和准确性，在关注到五洋建设应收账款回收风险时，未充分履行核查程序，在公司质控部关注到投资性房地产占比过高时未进一步充分核查。

从以上案例来看，证监系统对证券公司的实质性核查义务要求较高，若证券公司没有充分的职责履行相关证据，将很容易由结果倒推认定为未勤勉尽责。上述三个案例的项目组在尽职调查过程中，核查工作部分流于形式，未能发现客户掩盖的事实，甚至在相关部门已经注意到项目存在问题的情况下，项目组也不积极履行职责，由此被认定为未勤勉尽责的风险大大提高。因此，有必要将项目组成员对项目的核查工作提到一个新的高度，对项目组的尽责情况进行监督也显得十分重要，尤其是在已发现问题的情况下，更应进行复查。

（三）反洗钱义务

2019 年证券行业的反洗钱形势依然严峻。对整个金融行业来讲，应加强行政处罚的惩戒性，增加反洗钱行政处罚的适用情形，提高行政处罚金额的上限，充分发挥反洗钱行政处罚的警示作用。鉴于央行数据获取困难，根据上市证券公司年报可以得知，2019 年所统计的 5 家证券公司由于未尽到反洗钱义务而受到央行或派出机构的行政处罚。受处罚原因主要如下：一是未按照规定履行识别客户身份的义务；二是未按照规定报送可疑交易报告；

三是未按规定对高风险客户采取强化识别措施。从处罚情况可以看出，在央行处理反洗钱问题上，“双罚”几乎成为例行规则，既对金融机构实施行政处罚，又对直接负责的董事、高级管理人员和其他直接责任人员给予行政处罚。2019 年 4 月，中国人民银行呼和浩特中心支行发现，国信证券（002736. SZ）内蒙古分公司未按规定识别客户身份和未按照规定报送可疑交易报告，对其分公司及合规风控总监分别处以 20 万元和 1 万元罚款。

五　总结与反思

在我国证券公司的市场化进程中，部分证券公司在商业利益的驱动下，审慎经营、合规管理意识缺失，合规风险不断增大。因此，实施符合市场和行业规律的合规管理尤为重要。目前，我国证券公司监管制度包括客户交易以诚信与资质为标准的市场准入制度、以净资本为核心的经营风险控制制度、合规管理制度、结算资金第三方存管制度、信息报送与披露制度等。其中，中国证监会把合规管理的有效性作为评价证券公司的重要指标，并据此决定对其违规行为的惩处方式和力度，以激励和加强自我管理。

在当前证券法修订、以注册制代替核准制、金融领域进一步对外开放的背景下，证券基金行业的发展面临难得的机遇，证券公司的业务发展必然迎来增长趋势。但是新证券法也加强了违规监管，监管要求更严格、监管措施更明确、执法手段更完善、违规成本更大。同时，随着我国金融领域对外资的进一步开放，证券基金行业面临的竞争进一步加剧。在业务扩张机会和监管高压挑战并存的情况下，各证券公司既要守住业务底线又要获得发展，合规风控能力更加受到考验。

因此，各证券公司应该借鉴历史经验并吸取教训，深刻认识证券市场面临的风险挑战不容忽视，正视自身问题，找准定位，切实做好合规内控管理工作，防范化解各项业务风险。

参考文献

[1]《2019年证券公司监管处罚数据统计报告》，粤开证券，2020.07。

[2]《中国证监会2019年法治政府建设情况》，中国证监会官网，2020.04.17。

[3]《2019年证监稽查20起典型违法案例》，中国证监会官网，2020.05.09。

[4] 各证券公司2019年年报。

[5] 王学峰：《中国证券公司内部控制体系研究》，《中央财经大学学报》2007年第10期。

[6] 封思贤：《我国证券公司风险管理体系研究》，《当代经济管理》2006年第1期。

附　　录

Appendix

B.9
2019年证券市场大事记

黄晓艳*

回顾2019年中国证券市场，依旧在变革中跋涉前行。新证券法历时四年多、历经全国人大常委会四次审议后，于12月28日在十三届全国人大常委会第十五次会议上表决通过，自2020年3月1日起施行。新证券法的出炉标志着我国资本市场在市场化、法治化道路上又迈出至关重要的一步。资本市场"深改12条"出炉，此轮全面改革在资本市场30多年发展历程中具有里程碑意义，必将推动股市从量变走向质变，从规模增长迈向高质量发展。6月13日，科创板正式开板，作为资本市场改革的"排头兵""试验田"，科创板在新股发行、注册制、并购重组、再融资等方面进行一系列改革和创新，形成可复制、可推广的经验，市场化定价功能初步显现。随着科

* 黄晓艳，山东大学经济学院金融学硕士，山东省亚太资本市场研究院高级研究员，研究领域为公司金融。

创板相关改革持续落实深化，资本市场全面深化改革新动能有望持续涌现。9 月 10 日，国家外汇管理局决定取消 QFII 和 RQFII 投资额度限制，2019 年以来，我国资本市场双向开放不断迎来新进展和突破。截至 12 月 30 日，年内上证指数上涨 21.90%，深证成指上涨 43.18%，创业板指数上涨 43.16%，沪深 300 指数上涨 35.57%，涨幅在全球主要股指中排名第二，仅次于纳斯达克指数。A 股公司退市走向常态化，2019 年，通过多种渠道实现退市的有 18 家公司，是近年退市家数最多的一年。

1月

1 月 8 日 ST 长油（601975. SH）在上海证券交易所重新上市交易，成为 A 股首只重新上市的个股。

1 月 15 日 中国证监会公布《公开募集证券投资基金投资信用衍生品指引》，自公布之日起施行。

1 月 17 日 中国银保监会批准中国银行（601881. SH）发行不超过 400 亿元无固定期限资本债券。这是我国商业银行获批发行的首单此类新的资本工具，有利于进一步充实资本，优化资本结构，扩大信贷投放空间，提升风险抵御能力。同时也有利于丰富债券市场投资品种，满足投资者多样化需求。

1 月 23 日 中央全面深化改革委员会第六次会议审议通过了《在上海证券交易所设立科创板并试点注册制总体实施方案》《关于在上海证券交易所设立科创板并试点注册制的实施意见》等。

1 月 26 日 中国工商银行原董事长易会满成为中国证监会第九任主席。

1 月 29 日 保险资产管理机构及其下属机构发起设立股权投资计划和保险私募基金，由中国保险资产管理业协会办理注册工作。

1 月 30 日 中国证监会发布了《关于在上海证券交易所设立科创板并试点注册制的实施意见》，在上交所新设科创板，坚持面向世界科技前沿、面向经济主战场、面向国家重大需求，主要服务于符合国家战略、突破关键核心技术、市场认可度高的科技创新企业。

2月

2 月 15 日 为打击《期货交易管理条例》第七十条第一款第五项规定的“其他操纵期货交易价格的行为”，规范期货市场秩序，中国证监会起草了《关于〈期货交易管理条例〉第七十条第一款第五项的规定（征求意见稿）》，向社会公开征求意见。

2 月 15 日 中国证监会公布《关于修改〈期货公司分类监管规定〉的决定》，自公布之日起施行。

2 月 18 日 中共中央、国务院印发《粤港澳大湾区发展规划纲要》，要求打造粤港澳大湾区，建设世界级城市群，有利于丰富“一国两制”的实践内涵，密切内地与港澳的交流合作，为港澳经济社会发展以及港澳同胞到内地发展提供更多机会。

2 月 22 日 中共中央政治局就完善金融服务、防范金融风险举行第十三次集体学习。中共中央总书记习近平在主持学习时强调，要深化对国际国内金融形势的认识，正确把握金融本质，深化金融供给侧结构性改革，平衡好稳增长和防风险的关系，精准有效处置重点领域风险，深化金融改革开放，增强金融服务实体经济能力，坚决打好防范化解包括金融风险在内的重大风险攻坚战，推动我国金融业健康发展。

2 月 22 日 为进一步规范公开募集证券投资基金销售行为，维护投资者合法权益，促进行业健康发展，中国证监会组织修订《证券投资基金销售管理办法》（证监会令第 91 号），形成了《公开募集证券投资基金销售机构监督管理办法（征求意见稿）》，并起草了《关于实施〈公开募集证券投资基金销售机构监督管理办法〉有关问题的规定（征求意见稿）》及《公开募集证券投资基金宣传推介材料管理暂行规定（征求意见稿）》两个配套规则，向社会公开征求意见。

2 月 22 日 为进一步促进证券基金经营机构资产管理业务创新发展，规范管理人中管理人产品运作，保护投资人合法权益，根据《证券法》《证券投资基金法》《关于规范金融机构资产管理业务的指导意见》及其他有关法律法规，证监会起草了《证券基金经营机构管理人中管理人（MOM）产品指引（征求意见稿）》，向社会公开征求意见。

2 月 25 日　为深入贯彻落实中共中央办公厅、国务院办公厅印发的《关于加强金融服务民营企业的若干意见》精神，进一步缓解民营企业融资难融资贵问题，切实提高民营企业金融服务的获得感，银保监会向各派出机构及银行保险机构下发《关于进一步加强金融服务民营企业有关工作的通知》。从持续优化金融服务体系、抓紧建立“敢贷、愿贷、能贷”的长效机制、公平精准有效开展民营企业授信业务、着力提升民营企业信贷服务效率、从实际出发帮助遭遇风险事件的民营企业融资纾困、推动完善融资服务信息平台、处理好支持民营企业发展与防范金融风险的关系、加大对金融服务民营企业的监管督查力度八个方面，对落实《关于加强金融服务民营企业的若干意见》精神提出了二十三条细化措施。

2 月 28 日　中国银保监会吹风会提出，要从五方面深入推进金融供给侧结构性改革，即改善金融供给、畅通供给渠道、优化金融机构、提高配置效率、降低供给成本。

3月

3 月 1 日　中国证监会发布《科创板首次公开发行股票注册管理办法（试行）》和《科创板上市公司持续监管办法（试行）》，自公布之日起实施。经证监会批准，上交所、中国结算相关业务规则随之发布。

3 月 1 日　中国证监会 2019 年第一次主席办公会议审议通过《科创板上市公司持续监管办法（试行）》，自公布之日起施行。

3 月 1 日　为了规范期货公司的经营活动，加强对期货公司的监督管理，保护客户合法权益，促进期货市场稳定健康发展，中国证监会对《期货公司监督管理办法》进行了修订，向社会公开征求意见。

3 月 7 日　中国证监会发布《公开发行证券的公司信息披露编报规则第 24 号——科创板创新试点红筹企业财务报告信息特别规定》，以规范在科创板公开发行证券并上市的创新试点红筹企业的财务信息披露行为。

3月13日 为深入贯彻习近平总书记在中共中央政治局第十三次集体学习中关于深化金融供给侧结构性改革、增强金融服务实体经济能力的重要讲话精神，落实中央经济工作会议要求，推动银行保险机构持续改进小微企业金融服务，进一步缓解小微企业融资难融资贵问题，中国银保监会印发了《关于2019年进一步提升小微企业金融服务质效的通知》。

3月15日 为促进上市公司科学制定公司章程，提升公司治理水平，保护投资者合法权益，进一步优化营商环境，中国证监会对《上市公司章程指引》（证监会公告〔2016〕23号）相关条款进行了修改，向社会公开征求意见。

3月18日 上交所科创板股票发行上市审核系统正式运行。

3月21日 为贯彻落实国务院“放管服”改革要求，深入推进行政审批服务便民化，中国证监会决定取消部分行政许可事项申请材料、压缩部分行政许可事项承诺办理时限，自公告之日起施行。

3月22日 科创板上市申请首批共9家受理企业名单正式出炉。

3月24日 中国人民银行行长易纲在中国发展高层论坛2019年年会上表示中国金融业开放取得突破性进展。全面实施准入前国民待遇加负面清单管理制度。推动落实“非禁即入”，中资机构和外资机构皆可依法平等进入负面清单之外的领域和业务。

3月25日 中国证监会发布《首发业务若干问题解答》，明确“三类股东”核查披露要求以及过会后企业业绩下滑监管要求。

3月29日 中国证监会新闻发言人表示，依法核准设立摩根大通证券（中国）有限公司、野村东方国际证券有限公司。这两家公司是《外商投资证券公司管理办法》发布后，首批获得核准的新设外资控股证券公司。

4月

4月3日 为进一步倡导理性投资文化，切实维护广大投资者合法权益，中国证监会决定将每年5月15日设立为“全国投资者保护宣传日”，在全国组织动员各方上下联动，积极开展形式多样的投资者保护活动，让投资者保护理念深入人心，成为大家的自觉行动。通过设立“全国投资者保护宣传日”，建立起监管部门主导推动、相关部门联动、行业主动尽责、公众积极参与的投资者保护工作长效机制，进一步提升投资者保护的渗透力、辐射力和影响力，打造更加健康、和谐、公平的资本市场生态系统，助力构建规范、透明、开放、有活力、有韧性的资本市场。

4月4日 上海证券交易所公布科创板第一届上市委员会、第一届咨询委员会和第一届自律委员会委员名单。

4月7日 中共中央办公厅、国务院办公厅印发《关于促进中小企业健康发展的指导意见》，提出营造良好发展环境、破解融资难融资贵问题、完善财税支持政策、提升创新发展能力等一系列政策措施。

4月11日 国务院办公厅日前发布关于调整中国人民银行货币政策委员会组成人员的通知。根据通知，易会满担任货币政策委员会委员。

4月16日 上海证券交易所发布《上海证券交易所科创板股票发行与承销业务指引》。

4月17日 上海证券交易所网站显示，映翰通、九号智能两家企业科创板上市申请获受理。其中，九号智能系科创板受理的首家红筹企业发行CDR申请的案例。

4月19日 中共中央政治局召开会议指出，要以关键制度创新促进资本市场健康发展，科创板要真正落实以信息披露为核心的证券发行注册制。以高水平对外开放促进深层次改革，扩大外资市场准入，落实国民待遇。

4月21日 中国证监会副主席方星海在第十三届中国期货分析师暨场外衍生品论坛上表示，要加大政策支持力度，大力推进符合条件的期货公司在A股上市。

4月22日 首批7只科创主题基金获批。分别是：华夏科技创新混合型证券投资基金、易方达科技创新混合型证券投资基金、嘉实科技创新混合型证券投资基金、南方科技创新混合型证券投资基金、工银瑞信科技创新3

年封闭运作混合基金、富国科技创新灵活配置混合型证券投资基金和汇添富科技创新灵活配置混合型证券投资基金。

5月

5月6日 中国人民银行宣布决定从2019年5月15日开始，对聚焦当地、服务县域的中小银行，实行较低的优惠存款准备金率。对仅在本县级行政区域内经营，或在其他县级行政区域设有分支机构但资产规模小于100亿元的农村商业银行，执行与农村信用社相同档次的存款准备金率，该档次目前为8%。中国人民银行有关负责人表示，此次实行较低存款准备金率的对象是聚焦当地、服务县域的中小银行，约有1000家服务县域的农村商业银行可以享受该优惠政策，将释放长期资金约2800亿元，并全部用于发放民营和小微企业贷款。此次定向降准着眼于建立政策框架，将明显增强服务县域中小银行的资金实力，促进其降低融资成本，更好地支持民营和小微企业发展。

5月15日 为促进保险资金服务实体经济发展，丰富保险资金运用工具，银保监会发布《关于保险资金参与信用风险缓释工具和信用保护工具业务的通知》。这是银保监会贯彻落实党中央、国务院支持民营企业融资的重要举措，有利于进一步丰富保险资金运用工具，为信用风险管理提供对冲手段；有利于充分调动保险资金的积极性，发挥保险资金长期稳健优势，加大对民企融资的支持力度；有利于改善民企债券投资者结构，提高民企债券的流动性并促进民企债券的发行。

5月20日 中国人民银行、中国证监会联合发布《关于做好开放式债券指数证券投资基金创新试点工作的通知》，拟推出以跨市场债券品种为投资标的，可在交易所上市交易或在银行间市场协议转让的债券指数公募基金。该通知发布后，中国证监会将推动试点债券指数基金的注册审核工作。此次试点是债券市场互联互通的重要举措，有助于更好地满足境内外投资者投资债券指数型产品的需求，有助于促进债券市场长远健康发展。

6月

6月5日 根据《证券法》和《中国证券监督管理委员会上市公司并购重组审核委员会工作规程（2018年修订）》（证监会公告〔2018〕24号）的规定，决定聘任以下20人为中国证券监督管理委员会第七届上市公司并购重组审核委员会委员，现公告如下（按姓氏笔画排序）：丁明明、尹文泽、邓志钦、孙磊、杨光、汪超涌、沙骎、陈长松、陈帅、金雪军、周长青、相晖、夏文贤、徐萍、唐章奇、梅建平、常乐、蒋学跃、童益恭、訾磊。

6月5日 经国务院批准，人民币合格境外机构投资者（RQFII）试点地区扩大到荷兰，投资额度为500亿元人民币。RQFII试点地区扩大到荷兰，是两国在金融领域深化合作的重要体现，有利于拓宽境外投资者人民币资产配置渠道，扩大境内资本市场对外开放，也有利于促进双边贸易和投资便利化。

6月13日 “第十一届陆家嘴论坛”在上海举行，中国证监会主席易会满在论坛发表讲话，谈到七大要点内容，对当前资本市场推进对外开放工作做出重要阐述，对加强科创板监管工作提出明确的发力方向，提醒投资者在科创板上市初期要关注五个方面的新变化，表示将积极支持资本市场各类产品及机制创新在上海先行先试等。易会满还特别提出，设立科创板并试点注册制是全新探索，在这个过程中可能会遇到各种各样的困难和挑战。他提醒市场参与方尤其是投资者，在科创板上市初期尤其要重点关注退市“出口”将更加常态化、市场化定价导致企业高估值发行现象增多、可能出现短期炒作和涨跌幅较大情形、科创板企业更需投资者理性研判、初期实践磨合中可能引发一些市场风险五个方面的新变化。

6月14日 中国证监会公布《公开募集证券投资基金参与转融通证券出借业务指引（试行）》，自公布之日起施行。

6月17日 沪伦通在英国伦敦正式启动。华泰证券（601688.SH）于伦敦证券交易所举行了GDR发行上市仪式，标志着沪伦通首单登陆伦交所，华泰证券（601688.SH）成为国内首家“A+H+G”上市公司。沪伦通，即上海证券交易所与伦敦证券交易所互联互通机制，是指符合条件的两地上市公司，依照对方市场的法律法规，发行存托凭证（DR）并在对方市场上市交易。同时，通过存托凭证与基础证券之间的跨境转换机制安排，实现两地市场的互联互通。

6月24日 为了全面总结2018年小微企业金融服务的新政策、新做法、新成效，系统阐述小微企业金融服务工作思路，更好回答社会关切，中国人民银行会同中国银保监会等部门编写了《中国小微企业金融服务报告(2018)》，作为我国政府相关部门首次公开发布的小微企业金融服务白皮书。

7月

7月1日 为进一步加强保险机构投资集合资金信托业务管理，规范投资行为，防范资金运用风险，根据《关于规范金融机构资产管理业务的指导意见》的精神，中国银保监会修订并发布了《中国银保监会办公厅关于保险资金投资集合资金信托有关事项的通知》。

7月10日 中国证监会、国家发改委、央行等八部门联合发布《关于在科创板注册制试点中对相关市场主体加强监管信息共享 完善失信联合惩戒机制的意见》，这是首个专门聚焦特定金融领域信息共享与失信联合惩戒的信用监管文件。

7月12日 上海证券交易所发布实施《科创板上市公司信息披露工作备忘录》及配套公告格式指引。

7月13日 国家发改委发布的《关于对房地产企业发行外债申请备案登记有关要求的通知》明确，房地产企业发行外债只能用于置换未来一年内到期的中长期境外债务。

7月17日 中国银保监会、财政部、中国人民银行、国务院扶贫办联合印发了《关于进一步规范和完善扶贫小额信贷管理的通知》，对当前和今后一个时期的扶贫小额信贷重点工作做出安排部署。该通知从坚持和完善扶贫小额信贷政策、切实满足建档立卡贫困户信贷资金需求、稳妥办理续贷和展期、妥善应对还款高峰期、进一步完善风险补偿机制、分类处置未直接用于贫困户发展生产的扶贫小额信贷、强化组织保障等方面提出了规范健康发展扶贫小额信贷的具体措施。

7 月 19 日　为进一步疏通商业银行资本补充渠道，促进商业银行提升资本充足水平，增加信贷投放空间，更好地支持实体经济发展，中国银保监会、中国证监会对《中国银监会　中国证监会关于商业银行发行优先股补充一级资本的指导意见》（银监发〔2014〕12 号）进行了修订，并正式发布实施《中国银保监会　中国证监会关于商业银行发行优先股补充一级资本的指导意见（修订）》。

7 月 22 日　科创板首批企业上市仪式在上交所举行。科创板的快速推进，是各界对科创板的期许，显示出科创板所肩负的重大的历史使命。科创板所担负的职责至少涵盖两个方面：一是全面深化改革，特别是资本市场自身基础性制度改革；二是培育创新，推动科技与资本深度融合。从募集资金投向来看，科创板重点支持新一代信息技术、高端装备、新材料、新能源、节能环保以及生物医药等高新技术产业和战略性新兴产业，这为科技创新明示方向。

7 月 23 日　为落实《商业银行股权管理暂行办法》有关要求，加强商业银行股权管理，提升商业银行股权信息透明度，做好商业银行股权穿透式监管工作，中国银保监会印发《商业银行股权托管办法》。

7 月 25 日　《境外证券期货交易所驻华代表机构管理办法》通过中国证监会 2019 年第一次委务会议审议，自公布之日起施行。

7 月 26 日　央行会同相关部门起草了《金融控股公司监督管理试行办法（征求意见稿）》，对金控公司严把市场准入关，强化关联交易管理。

7 月 26 日　中国证监会公布《公开募集证券投资基金信息披露 XBRL 模板第 5 号〈基金产品资料概要〉》，自 2019 年 9 月 1 日起施行。

7 月 26 日　中国证监会公布《关于实施〈公开募集证券投资基金信息

披露管理办法〉有关问题的规定》，自2019年9月1日起施行。

7月26日 为进一步规范证券经纪业务活动，防范金融风险，中国证监会起草了《证券经纪业务管理办法（征求意见稿）》，向社会公开征求意见。

7月30日 国家发改委、央行、财政部、银保监会四部门联合印发《2019年降低企业杠杆率工作要点》。

7月30日 中共中央政治局召开会议，分析研究当前经济形势，部署下半年经济工作。其中提出科创板要坚守定位，落实好以信息披露为核心的注册制，提高上市公司质量。

8月

8月5日 上海证券交易所科创板上市审核中心向证券公司下发《关于切实提高招股说明书（申报稿）质量和问询回复质量相关注意事项的通知》。

8月9日 根据《证券公司风险控制指标管理办法》相关规定，结合市场情况和证券公司发展需要，中国证监会对《证券公司风险控制指标计算标准》（证监会公告〔2016〕10号）进行了修订，向社会公开征求意见。

8月11日 中国证监会指导沪深交易所修订的《融资融券交易实施细则》正式出台。为进一步丰富公募基金流动性风险管理工具，保护投资者合法权益，借鉴境外市场成熟经验，中国证监会起草了《公开募集证券投资基金侧袋机制指引》，向社会公开征求意见。

8月11日 为进一步丰富公募基金流动性风险管理工具，保护投资者合法权益，借鉴境外市场成熟经验，中国证监会起草了《公开募集证券投资基金侧袋机制指引》，向社会公开征求意见。

8月18日 《中共中央 国务院关于支持深圳建设中国特色社会主义先行示范区的意见》发布，指出要提高金融服务实体经济能力，研究完善创业板发行上市、再融资和并购重组制度，创造条件推动注册制改革。支持在深圳开展数字货币研究与移动支付等创新应用。促进与港澳金融市场互联互通和金融（基金）产品互认。在推进人民币国际化上先行先试，探索创新跨境金融监管。

8月20日 新LPR（贷款市场报价利率）亮相。新的LPR改为按公开市场操作利率加点形成，解决了原来多参考贷款基准利率进行报价，市场化程度不高，不能及时反映市场利率变动的问题。央行货币政策委员会委员马骏认为，新的利率定价机制由商业银行参考LPR，自主加点定价，有利于疏通货币政策传导机制，降低企业融资成本。

8月20日 中国（上海）自由贸易试验区临港新片区揭牌。

8月23日 中国证监会发布《科创板上市公司重大资产重组特别规定》。同日，上海证券交易所发布《上海证券交易所科创板上市公司重大资产重组审核规则（征求意见稿）》，向市场公开征求意见。

8月23日 中国证监会会同司法部研究起草了《律师事务所从事首次公开发行股票并上市法律业务执业细则（试行）》，向社会公开征求意见。

8月23日 为充分发挥资本市场的功能优势、拓宽企业融资渠道、大力培育战略新兴产业，中国证监会起草了《上市公司分拆所属子公司境内上市试点若干规定》，向社会公开征求意见。

8月26日 国务院印发《中国（山东）、（江苏）、（广西）、（河北）、（云南）、（黑龙江）自由贸易试验区总体方案》，提出了各有侧重的差别化改革试点任务。

8月30日 为加强对期货公司董事、监事和高级管理人员的任职备案管理，中国证监会对《期货公司董事、监事和高级管理人员任职资格管理办法》进行了修订，向社会公开征求意见。

9月

9月6日 为支持实体经济发展，降低社会融资成本，中国人民银行宣布，于9月16日全面下调金融机构存款准备金率0.5个百分点（不含财务公司、金融租赁公司和汽车金融公司）。此外，为促进加大对小微、民营企业的支持力度，再额外对仅在省级行政区域内经营的城市商业银行定向下调存款准备金率 1 个百分点，于 10 月 15 日和 11 月 15 日分两次实施到位，每次下调 0.5 个百分点。

9 月 10 日　财政部、人力资源和社会保障部、国资委、税务总局、证监会联合印发《关于全面推开划转部分国有资本充实社保基金工作的通知》，中央和地方划转部分国有资本充实社保基金工作于 2019 年全面推开，并于 2020 年底前基本完成。

9 月 12 日　中国证监会公布《证券交易所风险基金监管指引》，自公布之日起施行。

9 月 20 日　中国银保监会发布《商业银行理财子公司净资本管理办法（试行）（征求意见稿）》，理财子公司净资本不得低于 5 亿元，且不得低于净资产的 40%。

9 月 23 日　标普道琼斯指数纳 A、富时罗素 A 股扩容决定生效后的第一个交易日。此后，A 股在标普道琼斯指数“标普新兴市场指数”中的纳入因子为 25%，在富时罗素全球股票指数系列中的纳入因子为 15%。至此，MSCI、富时罗素、标普道琼斯指数三大指数公司均已将 A 股纳入。

9 月 26 日　国务院常务会议决定，对尚未实现市场化交易的燃煤发电电量，从 2020 年 1 月 1 日起，取消煤电价格联动机制，将现行标杆上网电价机制，改为“基准价 + 上下浮动”的市场化机制。

9 月 26 日　财政部公布修订后的《金融企业财务规则（征求意见稿）》，提出银行业金融机构超过监管机构要求 150% 的拨备覆盖率两倍以上，即超过 300%，应视为存在隐藏利润的倾向，要将超额计提部分还原成未分配利润进行分配。

9 月 30 日　中国证监会公布金融行业推荐性标准《证券期货业软件测试规范》（JR/T 0175—2019），自公布之日起施行。

10月

10 月 8 ~ 9 日　中国证监会党委书记、主席易会满赴深圳调研。他指出，全力推进深圳资本市场改革发展，尽快取得阶段性成效，切实提升资本市场服务实体经济的质量和效率。

10月9日 国务院印发《实施更大规模减税降费后调整中央与地方收入划分改革推进方案》，提出要保持增值税“五五分享”比例稳定。

10月11日 中国证监会2019年第三次常务会议审议通过了《关于修改〈上市公司重大资产重组管理办法〉的决定》。该规定有助于建设一个规范、透明、开放、有活力、有韧性的资本市场，支持深圳建设中国特色社会主义先行示范区，优化重组上市监管制度，完善符合中国国情的资本市场多元化退出渠道和出清方式，提高上市公司质量。

10月12日 中国人民银行会同银保监会、证监会、国家外汇局发布《标准化债权类资产认定规则（征求意见稿）》，明确标准化债权类资产与非标准化债权类资产的界限、认定标准及监管安排。

10月16日 为进一步便利境外机构投资，体现高水平开放要求，中国人民银行会同国家外汇局制定了《关于进一步便利境外机构投资者投资银行间债券市场有关事项的通知》，允许同一境外主体QFII/RQFII和直接入市渠道下的债券进行非交易过户，资金账户之间可以直接划转，同时同一境外主体通过上述渠道入市只需备案一次。经国务院批准，人民银行和外汇局已取消了RQFII试点国家和地区，以及QFII/RQFII额度限制。境外机构投资者不同渠道投资银行间市场的政策原则上基本趋同。

10月18日 中国证监会公布《〈上市公司重大资产重组管理办法〉第十四条、第四十四条的适用意见——证券期货法律适用意见第12号》，自公布之日起施行。

10月24日 世界银行发布的《全球营商环境报告2020》显示，中国营商环境在全球190个经济体中排第31位，较上年的第46位大幅提升。

10月25日 中国证监会新闻发言人表示，证监会将重点推进新三板五方面改革，包括设立精选层、建立挂牌公司转板上市机制等。

10月25日 为贯彻落实国务院《规章制定程序条例》要求，进一步完善证券期货规章制定工作机制，更好地为资本市场法治建设提供基础性制度保障，中国证监会拟对《证券期货规章制定程序规定》进行修订，向社会公开征求意见。

10 月 27 日　第八届中国公司金融论坛在青岛大学国际学术交流中心举办，论坛主旨为“金融供给侧改革与自贸区建设中的金融支持”。论坛由山东省地方金融监管局、青岛大学主办，青岛大学经济学院、青岛大学资本市场研究院、山东省亚太资本市场研究院（筹）以及齐鲁财富网承办。同时，论坛还发布了《中国证券公司竞争力研究报告（2019）》《山东上市经营公司绩效及市值管理研究报告（2019）》《山东省金融科技发展报告（2019）》《山东省普金融发展报告（2019）》《山东省中小企业发展报告（2019）》等研究成果。

11月

11 月 5 日　第二届中国国际进口博览会在上海国家会展中心开幕。

11 月 8 日　中国证监会就修改《上市公司证券发行管理办法》《创业板上市公司证券发行管理暂行办法》等再融资规则公开征求意见，并公布《科创板上市公司证券发行注册管理办法（试行）》（征求意见稿）。

11 月 14 日　中国证监会公布《H 股公司境内未上市股份申请“全流通”业务指引》。

11 月 15 日　经国务院批准，中国证监会全面推开 H 股“全流通”改革。符合条件的 H 股公司和拟申请 H 股首发上市的公司，可依法依规申请“全流通”。

11 月 18 日　中国证监会印发《推动提高上市公司质量行动计划》，力争通过三年至五年的努力，使上市公司整体面貌有较大改观。该行动计划的出台，标志着上市公司监管领域专项改革从蓝图规划走向施工建设。

11 月 21 日　中国证监会主席易会满会见了到访的国际货币基金组织（IMF）总裁克里斯塔利娜·格奥尔基耶娃一行。双方就中国资本市场改革发展与扩大开放、深化中国证监会与 IMF 合作等议题交流了看法。

11 月 22 日　为进一步加强信托公司股权管理，规范信托公司股东行为，促进信托公司完善公司治理机制建设，中国银保监会制定了《信托公司股权管理暂行办法（征求意见稿）》，向社会公开征求意见。

11月26日 《信用评级业管理暂行办法》正式发布。信用评级在金融市场运行中发挥着揭示信用风险、辅助市场定价、提高市场效率、改善融资环境等积极作用。规范信用评级业发展是贯彻落实习近平总书记关于“优化结构，完善金融市场、金融机构、金融产品体系”重要讲话内容的重大举措。国际金融危机以来，各国就加强信用评级监管达成广泛共识，监管规则和制度框架不断完善。

11月29日 中国证监会表示，积极推动打造航母级头部证券公司，支持各类符合条件的民营企业发行上市融资和再融资，促进多层次资本市场互联互通。

11月29日 上海证券交易所制定《上海证券交易所科创板上市公司重大资产重组审核规则》。

12月

12月1日 中共中央、国务院印发《长江三角洲区域一体化发展规划纲要》。

12月10～12日 中央经济工作会议在北京举行。会议指出，积极的财政政策要大力提质增效，更加注重结构调整。稳健的货币政策要灵活适度，保持流动性合理充裕。要加快金融体制改革，完善资本市场基础制度，提高上市公司质量。

12月12日 国务院常务会议通过了《中华人民共和国外商投资法实施条例（草案）》，实化促进和保护外商投资的措施，部署推动进一步降低小微企业综合融资成本。

12月12日 中国证监会发布《上市公司分拆所属子公司境内上市试点若干规定》，自公布之日起施行。近年来，上市公司的经营战略更加多元，借助分拆实现业务聚焦和均衡发展的需求逐步凸显。允许符合一定条件的上市公司分拆在境内上市，是我国资本市场发展的必然要求，对更好地服务科技创新和经济高质量发展具有积极意义。

12 月 12 日 中国证监会公布《证券期货业统计指标标准指引（2019年修订)》，自 2020 年 1 月 1 日起施行。

12 月 13 日 经过中美两国经贸团队的共同努力，双方在平等和相互尊重原则的基础上，已就中美第一阶段经贸协议文本达成一致。

12 月 16 日 第 24 期《求是》杂志发表重要文章《推动形成优势互补高质量发展的区域经济布局》。文章强调，要根据各地区的条件，走合理分工、优化发展的路子，落实主体功能区战略，完善空间治理，形成优势互补、高质量发展的区域经济布局。

12 月 18 日 中国证监会发布《关于修改〈非上市公众公司监督管理办法〉的决定》《非上市公众公司信息披露管理办法》，全面深化新三板改革各项措施加快落地。

12 月 22 日 《中共中央　国务院关于营造更好发展环境支持民营企业改革发展的意见》对外发布。该意见提出，完善股票发行和再融资制度，提高民营企业首发上市和再融资审核效率。

12 月 24 日 中国证监会主席易会满在全国法院审理债券纠纷案件座谈会上表示，证监会将积极履行监管职责，压实债券发行人和中介机构责任，加大对违法违规行为的惩戒力度，改善债券市场发展环境、提升资本市场治理能力。

12 月 25 日 为建立健全证券行业流动性支持长效机制，充分发挥证券投资者保护基金作用，根据国务院同意的扩大投保基金使用范围相关方案精神，中国证监会发布《证券投资者保护基金实施流动性支持管理规定》，自发布之日起施行。

12 月 27 日 2019 年以来新成立基金的发行份额达 14144. 12 亿份，创历史新高；新成立基金数量达 1040 只，首次突破千只。

12 月 27 日 全国股转公司发布实施新三板全面深化改革第一批 7 项业务规则，标志着新三板全面深化改革正式落地实施，改革“蓝图”进入“施工”阶段。本次新三板改革是贯彻落实金融供给侧结构性改革的重要实践，是全面深化资本市场改革的重要一环，有利于完善新三板市场基础制度、提升市场治理能力，有利于补齐多层次资本市场服务创新型民营中小企业的短板。

12 月 28 日 新修订的证券法在十三届全国人大常委会第十五次会议闭幕会上表决通过，将于 2020 年 3 月 1 日起施行。历时四年多、历经全国人大常委会四次审议后，证券法终于完成“大修”，在证券发行制度、法律责任、投资者保护等方面进行了完善。

B.10
后　记

孙国茂

2020 年 7 月底召开的中央政治局会议提出，加快形成以国内大循环为主体、国内国际双循环相互促进的新发展格局。这次会议还决定，召开十九届五中全会，研究关于制定国民经济和社会发展第十四个五年规划和 2035 年远景目标的建议。会议传递出一个重要信息，“十四五”乃至今后更长时间，我国将实施“双循环战略”，加快构建以国内大循环为主体、国内国际双循环相互促进的新发展格局。

近年来，习近平总书记在供给侧结构性改革、创新驱动“五大发展理念”和“双循环战略”等一系列讲话中，反复提到“资本市场具有牵一发而动全身的作用”，“要建设一个规范、透明、开放、有活力、有韧性的资本市场”。国家把加快资本市场发展放在了前所未有的战略高度，决定了资本市场在“双循环战略”实施中将发挥至关重要的作用。在当前国内外环境下，推进资本市场改革，使资本市场由资本型开放转向制度型开放，不仅必要而且可行。资本市场对创新驱动和实现高质量发展之所以重要，是由资本市场的基本功能及其在股权融资、维持中外金融领域合作以及保持国际收支平衡等方面的作用所决定的。

一方面，实施“双循环战略”能否成功的关键是科技创新。在以往经济全球化背景下，欧美国家占据产业链的高端，它们因为拥有芯片设计与制造、电脑操作系统、飞机发动机等关键“卡脖子”技术，使我国长期处在产业链的中低端。2018 年以来，美国对我国实施贸易制裁，利用占据产业链高端的优势向我国全面实施战略遏制。我国要破解困局，打破美国的战略遏制，就必须依靠科技创新，补齐关键环节的技术短板。2018 年，习近平总书记在两院院士大会上说："我国基础科学研究短板依然突出，企业对基础研究重视不够，重大原创性成果缺乏，底层基础技术、基础工艺能力不足，工业母机、高端芯片、基础软硬件、开发平台、基本算法、基础元器件、基础材料等瓶颈仍然突出，关键核心技术受制于人的局面没有得到根本性改变。"① 从中我们可以深切感受到，在当前的历史关口，我国的科技创新比以往任何时候都迫切和重要。为了实现科技创新目标，我国必须建立一个规范、透明、开放、有活力、有韧性的资本市场。这意味着，中国资本市场迎来了深度转型战略机遇期。另一方面，"双循环战略"也为资本市场的发展提供了巨大的发展空间。从供给角度看，资本市场通过引入长钱促进企业研发核心技术，帮助上下游企业有效整合资源，更好地助力产业链和供应链的稳定、优化；从需求角度看，资本市场将更好地发挥财富功能，通过提供更加多元丰富的投资选择，更好地满足居民日益增长的财富管理需求，同时投资者的财富增值也可以促进消费，助力经济发展。

2019 年是我国资本市场诞生 30 周年。30 年来，资本市场取得的最辉煌的成就是，在为国有企业募集了资本金的同时完成了市场化改革，建立了现代企业制度。资本市场先后经历了股票发行审核制、额度管理制、指标管理制、通道制和保荐制等。目前，创业板和科创板已经先后试点注册制改革。在"十四五"期间资本市场将完全实行注册制，这对资本市场和宏观经济都将产生巨大影响。

首先，是对资本市场融资功能的影响。在注册制下，资本市场为实体经济融资的基础功能将会得到更大的发挥。大量原先无法上市融资的企业将会进入资本市场，募集到宝贵的发展资金。在中国经济处于转型升级的关键时期，注册制的全面实施，将为中国经济实现高质量发展提供重要的支撑。其次，是对资本市场生态环境的影响。在注册制下，资本市场的生态环境将发生重大变化。长期以来，资本市场的规范性、公司的退出等问题突出。随着

---

① 习近平：《在中国科学院第十九次院士大会、中国工程院第十四次院士大会上的讲话》，新华网，2018 年 5 月 28 日。http://www.xinhuanet.com/politics/2018-05/28/c_1122901308.htm。

注册制的全面实施，相关的制度建设也会加快推进，对资本市场的制度建设以及规范化发展将产生明显的推动作用。如果说过去30年，资本市场首先是为国有企业改革服务的话，那么未来资本市场将按照习近平“金融服务实体经济”的要求，为所有企业服务，使包括中小企业在内的所有企业实现高质量发展。

2019年是我们连续第九年编写这本报告。作为资本市场的见证者和记录者，我们一直为自己从事的工作感到自豪。服务中国资本市场的改革与发展是我们编写这本报告的初心和使命。正是因为这份初心和使命，我们才有坚持完成这项工作的动力。站在中华民族伟大复兴和建设现代化国家新的历史起点上，我们坚信中国资本市场必将经历新一轮凤凰涅槃式的发展。

2020年初，一场突如其来的新冠肺炎疫情使《中国证券公司竞争力研究报告（2020）》编写工作无法像往年一样进行，疫情影响了整个报告的编写工作。首先，报告编写所需的各种信息和数据的公布均比往年延迟；其次，2020年6月以前编写组无法召开会议，这给每位编写人员的工作带来极大的困难。在早期编写过程中，我们只能召开视频会议，讨论报告初稿。受到各种客观条件限制，我们不得不对很多编写工作进行调整。但与上年相比，2020年年度报告内容并未做较大改动。在此，我还是要向读者们推荐分报告B6“证券公司系统重要性评价（2020）”。《中国证券公司竞争力研究报告（2020）》共分为四个部分。总报告B1由孙国茂、李宗超撰写；评价篇B2由孙同岩、张辉撰写，B3由孙国茂、郭文娟撰写，B4由李猛、孙同岩撰写，B5由黄晓艳、闫小敏撰写；专题篇B6由孙国茂、李猛撰写，B7由姚丽婷、王大雷撰写，B8由孙国茂、李宗超撰写；附录B9由黄晓艳整理和编写。整个报告由孙国茂统编定稿。

在《中国证券公司竞争力研究报告（2020）》出版之际，我要感谢全国政协委员、中央财经大学贺强教授，社会科学文献出版社原社长谢寿光先生，国家金融与发展实验室理事长李扬先生，中国人民大学副校长吴晓求教授，财政部财政科学研究院院长刘尚希先生，北京大学汇丰商学院执行院长、香港证券交易所首席经济学家巴曙松教授，上海证券交易所原首席经济学家胡汝银先生，中国证监会国际合作部原副主任刘李胜教授等对研究报告的关心和支持。由衷感谢国务院参事、当代经济学基金会理事长、中国首席经济学家论坛主席夏斌先生为本书倾情作序。感谢社会科学文献出版社编辑恽薇、高雁和颜林柯在报告的统筹策划、编辑审校方面给予的专业而耐心的指导。我们将认真学习习近平总书记关于创新驱动和“双循环”经济发展新格局的系列讲话精神，围绕资本市场改革与高质量发展，开展更深入的研究。同时，我们也由衷盼望社会各界和学术同人对报告提出改进意见，帮助我们更好地开展这项研究工作。

2020 年 9 月

于青岛金家岭

Abstract

The capital market is the core of the modern economy and the hub and infrastructure for the allocation of resources in the whole society. General Secretary Xi Jinping made a series of important expositions on the development of my country's capital market. He emphasized that the capital market plays a vital role in the financial operation. It is necessary to deepen financial reforms to create a standardized, transparent, open, and dynamic, Resilient capital market. The financial supervision department closely follows the main line of deepening the structural reform of the financial supply side, establishes the science and technology innovation board and initiates the reform of the registration system, strengthens the construction of the basic system of the capital market, and ushered in a new development opportunity for my country's capital market. But at the same time, we should also see that the world is still in a period of in-depth adjustment after the international financial crisis. Preventing and deflating financial risks, especially preventing the occurrence of systemic financial risks, is the fundamental task of financial work. The Nineteenth National Congress of the Communist Party of China put forward a "sound monetary policy and macro-prudential policy dual-pillar control framework", which shows that macro-prudential supervision has become an important part of the top-level design of my country's financial reform. Among them, systemic importance as an important part of financial infrastructure has also been included in the vision of macro-prudential supervision. At the end of 2018, the People's Bank of China, China Banking and Insurance Regulatory Commission and China Securities Regulatory Commission issued the "Measures for the Evaluation of Systemically Important Banks", which means that my country will evaluate systemically important financial institutions. As securities companies are part of financial institutions, regulatory authorities have not yet issued evaluation methods for systemically important securities companies. The report innovatively proposes an evaluation system for systemically important securities companies by drawing on relevant international experience and domestic banking system evaluation methods.

After a two-year stabilization period, my country's securities companies ushered in an increase in the number in 2019. In 2019, there were a total of 133 securities companies in my country, an increase of two from the previous year. The two new securities companies were foreign-owned securities firms; there were two newly-listed securities firms in Shanghai and Shenzhen, a total of 37. After years of development, the operation and management of securities companies have become more standardized, and industry compliance has become the norm. The reputation and credibility of some securities companies with stable operations and excellent performance continue to increase, but some securities companies are poorly managed and compliance issues cannot be underestimated. Summarizing the operating conditions of securities companies, using scientific methods to evaluate their competitiveness, and analyzing the problems in the development of securities companies are of great significance for guiding the healthy development of the industry and improving the systemic importance assessment under the macro-prudential supervision system. Adhering to the concept of timely, effective, scientific, rigorous, and objective authority, the report comprehensively analyzes the new changes and characteristics of Chinese securities companies as the main body of the capital market, and uses scientific research methods and evaluation systems to evaluate the competitiveness and systemic importance of securities companies. Ranking evaluation. The book is divided into four parts: general report, sub-report, special report and appendix.

The general report first summarizes the macro background of the operation of China's securities industry, focusing on the content of deepening capital market reforms; secondly, it introduces the operation of my country's capital market in 2019, analyzes the primary and secondary securities markets, and analyzes the new third board market. The sci-tech innovation board market also gave a detailed introduction; finally, it summarized the development status and new characteristics of securities companies.

The sub-report deeply analyzes various data of my country's securities companies, and uses scientific research methods and evaluation systems to evaluate and rank the competitiveness of securities companies. First, it introduces the securities company evaluation theory used in this report. Based on past experience, the innovative use of indicators based on macro-prudential and micro-prudential risk control capabilities makes the evaluation system more in line with the background of the times and regulatory requirements. Secondly, a deep-level analysis of securities companies was conducted, and individual indicators such as brokerage business, underwriting and sponsorship business, and asset management business were compared and ranked. Finally, through the use of the above evaluation system, a comprehensive ranking of the competitiveness of my country's securities companies is carried out, which is the core research result of this report.

The special report elaborated on the two dimensions of securities company system and securities company supervision. Among them, the evaluation of systemically important securities companies belongs to the innovation part of the report. By setting up a scientific index system, it is the first time in the industry to evaluate systemically important securities companies. The appendix uses the "memorabilia" to sort out the events that occurred in my country's securities market in 2019. The appendix provides a detailed summary of the indicators of securities companies in 2019 for readers' reference and reference.

Keywords: Ranking of securities company, Competitiveness of securities, Company importance index of securities company Macro-prudential supervision of the securities market, Systemically important securities industry institutions

Contents

Ⅰ General Report

Abstract: The 2019 Central Economic Work Conference proposed to accelerate the reform of the financial system, improve the basic system of the capital market, and improve the quality of listed companies. The Shanghai Stock Exchange Science and Technology Innovation Board officially opened, becoming a milestone event in the development of the capital market; starting the NEEQ issuance and trading system reform, promoting the NEEQ to become an important platform for innovative private small, medium and micro enterprises to raise funds; exploring the GEM registration system. The newly revised "Securities Law" provides a solid guarantee for comprehensively deepening the reform of the securities market, implementing the implementation, and effectively preventing and controlling market risks. The capital market is moving further towards marketization and rule of law. Regarding the improvement of the quality of listed companies, the regulatory authorities continued the trend of strict supervision in previous years, and cracked down on violations of discipline, law, and criminal acts, making honest and compliance operations the basis for the high-quality development of listed companies. To accelerate the pace of capital market opening, the "Relevant Measures on Further Expanding the Opening of the Financial Industry" introduced 11 financial industry opening measures, covering three major areas including the securities market and the bond market, involving substantial changes at the market and institutional levels. The capital market showed a new look throughout the year. The number of listed companies has increased significantly, the number of IPOs has nearly doubled, and the amount of financing has increased by 80%. With the increase in the number of foreign securities firms, the domestic securities industry has accelerated mergers and acquisitions and it is urgent to cultivate its own "aircraft carrier" securities firms.

Keywords: Securities industry development report; Securities market operation; Securities company management; Foreign-funded securities firms

Ⅱ Evaluation Reports

Abstract: As the main body of the capital market and an important part of the financial market, the level of competitiveness of securities companies will directly affect the development of the capital market and even my country's comprehensive national strength. With the accelerated development of world economic integration and globalization, my country's securities companies are facing huge opportunities and challenges. On the one hand, as the world's second-largest economy, international investment banking giants are increasingly active in my country's securities market, putting tremendous pressure on domestic securities companies. On the other hand, in the economic globalization, domestic securities companies will also get opportunities for rapid development. It is especially important to understand and improve one's own competitiveness in this general economic trend. As the trend of mixed financial operations continues to increase, the banking, securities, and insurance sectors are closely linked through balance sheets. The crossover of risks in different fields has led to a self-reinforcing and gradually increasing trend of risks. In November 2018, the People's Bank of China and other three ministries jointly issued the "Guiding Opinions on Improving the Supervision of Systemically Important Financial Institutions" and proposed that the supervision of systemically important financial institutions should be strengthened, including the securities industry. This report mainly analyzes the research trends of domestic and foreign scholars on the evaluation of the competitiveness of securities companies. Starting from the actual situation in my country, based on the perspective of macro-prudential supervision, the risk control ability of securities companies in my country is evaluated, and the comprehensive competitiveness evaluation system of securities companies is established. Analyze the current situation, changes and trends of competition in the securities industry.

Keywords: Securities company competitiveness; Macro-prudential supervision; Evaluation system

Abstract: In 2019, the A-share market continued to pick up. A series of innovative measures were introduced, such as the launch of the Science and Technology Innovation Board, the improvement of the market's long-short mechanism and the expansion of the target, and more long-term funds entered the capital market. The asset management industry has entered the stage of comprehensive supervision, the competitive landscape of the large asset management industry is facing reconstruction, and the asset management institutions of securities firms are developing steadily. Benefiting from the entry of pension funds and occupational annuities into the market, the cultivation of state-owned capital operating institutions, the development of wealth management and asset management businesses, the growth of private equity funds, and the entry of international institutional investors, China's capital market has expanded, driving the profitability of the securities industry Significant improvement, and overall financial performance performed well. In the whole year, the securities industry achieved an increase of nearly 40% in operating income over the same period last year. With the significant increase in trading volume activity in the two cities, the brokerage business income of securities companies has increased significantly, but the contribution of brokerage business to operating income has dropped significantly; the net income of securities companies' underwriting business has increased significantly. Overall, the performance of the securities industry in 2019 has improved significantly, reversing the year-on-year decline for three consecutive years, and the overall profitability of the industry has increased. Capital stock, margin financing and securities lending balances have increased, and operating income and net profit have increased slightly.

Keywords: Securities company ranking; A-share market; Operating income; Net profit

Abstract: Under the new situation, the Party Central Committee has established a high starting point and high standard positioning for the capital market, opening up a broader space for the development of the securities industry. 2019 is the first year of the supply-side reform of my country's capital market. In this year, with the launch of a series of policies such as the opening of the Science and Technology Innovation Board, the reform of the registration system, and the implementation of new regulations on mergers and acquisitions and reorganizations, the scope of financing services for the real economy by the capital market has expanded. The importance of direct financing and securities companies has also been elevated to unprecedented heights. The basic system of the capital market has been continuously improved, and higher requirements have been put forward for securities companies' research pricing capabilities, value discovery capabilities, sales capabilities, and risk management capabilities. This chapter ranks the competitiveness of securities companies for the whole year of 2019, and evaluates the core competitiveness and comprehensive competitiveness of securities companies' operating capabilities, risk control capabilities, and innovation capabilities. The calculation results show that the securities industry's operating capabilities have continued to improve, the requirements for risk control capabilities have been further improved, and innovation capabilities have received more attention. On the whole, the securities industry presents a strong structure, and the Matthew effect is more obvious; small and medium-sized securities companies have become more competitive, and some small and medium-sized securities companies have adopted differentiated competition strategies to seek breakthroughs; market-oriented mergers and acquisitions in the securities industry have accelerated, and mergers and acquisitions have become An effective way to improve comprehensive competitiveness.

Keywords: Securities company competitiveness; Differentiated competition; Market-oriented mergers and acquisitions

Abstract: In 2019, my country's securities market is prosperous, and the overall performance of the securities industry has improved significantly. Brokerage business income is an important part of the operating income of securities companies. Throughout the year, the volume of transactions in the two cities increased significantly, and brokerage business income increased. Fund-driven securities investment business has become an important driving factor for industry performance improvement, and capital-heavy business capabilities have gradually become the core competitiveness of securities companies. This puts forward higher requirements for securities companies' asset acquisition, risk pricing and active management capabilities. Affected by the steady advancement of new asset management regulations and supporting policies and the shrinking of banks' balance sheets, various brokerage firms are struggling to achieve "de-channel, lower leverage, and limit non-standard" asset management business. The scale of channel business continues to decline, with significant results. In terms of investment banking, due to the rebound in the bond market and the implementation of the sci-tech innovation board registration system, the investment banking business of securities firms has expanded significantly. As of the end of 2019, there were 37 securities companies listed on the Shanghai and Shenzhen Stock Exchanges. Securities companies listed on the Shanghai and Shenzhen Stock Exchanges achieved net profit growth of more than 70% throughout the year. As the pace of deepening reforms in the capital market accelerates, the regulatory authorities' policy of creating carrier-class securities firms will further increase the industry concentration, and the securities industry still has broader room for development.

Keywords: Securities company operation; Operating income; Net profit; Listed securities company

B. 6 Evaluation of the Systematic Importance of Securities Companies (2020)

Sun Guomao, *Li Meng* / 208

Abstract: The core capital adequacy requirements of financial institutions put forward in the Basel Agreement Ⅲ make the evaluation and supervision of systemically important institutions the core content of macro-prudential supervision. In the securities market, the relationship between securities companies and various market entities determines that securities companies' own risks have strong externalities and spillover effects. Therefore, the evaluation of the systemic importance of securities companies is very important for macro-prudential supervision. This research combines the evaluation research of systemically important financial institutions at home and abroad and the practice of macro-prudential supervision, and establishes the systemic importance evaluation system and calculation method of securities companies in terms of the size, relevance, substitutability, complexity and asset realization of securities institutions. , To rank and analyze the systematic importance of securities companies. Studies have shown that although the systemic importance of my country's securities companies does not meet the macro-prudential supervision evaluation standards, there are many problems that cause systemic financial risks due to serious overall differentiation. It is proposed that "too relevant to fail" and "too much to fail" should be raised to the same important position as "too large to fail", and be incorporated into my country's macro-prudential supervision system as the specific content of the macro-prudential supervision framework of the securities market. We suggest that financial regulatory authorities should also guard against related financial risks and group financial risks that may occur in small and medium securities institutions.

Keywords: Systemically important securities companies; Systemic importance identification; Macro-prudential supervision

Ⅲ Special Topic Reports

Abstract: In 2019, my country's capital market developed steadily. The Sci-tech Innovation Board established and piloted a registration system. The registration system centered on information disclosure was operating well. Various regulatory reform measures under the background of the registration system were accelerated. And the supporting system continues to improve. Preventing systemic financial risks is an important direction of capital market supervision. The macro-prudential supervision capabilities of supervisory departments have been continuously strengthened. The two-pillar control framework of monetary policy and macro-prudential supervision policies proposed by the 19th National Congress of the Communist Party of China has gradually improved. The 13th Standing Committee of the National People's Congress reviewed and approved the revision of the "Securities Law of the People's Republic of China" and implemented it smoothly. This is a milestone in the process of the rule of law in the securities market. The new "Securities Law" fully implements the securities issuance registration system, further strengthens the information disclosure requirements of various entities in the securities market, intensifies penalties for violations of securities laws and regulations, greatly increases the cost of violations of laws and contracts, and makes major breakthroughs in investor protection; With the advancement of system reforms, the securities regulatory authorities have gradually improved their ability to regulate law enforcement and risk prevention and control; creating a good environment for the healthy development of my country's securities market.

Keywords: Macro-prudential supervision; Securities market supervision; New securities law

B. 8 Securities Industry Regulatory Penalty Research Report (2020)

Abstract: The review and approval of the "Securities Law" signifies that my country's capital market has taken another crucial step on the road to marketization and rule of law. The new securities law provides legal support for the creation of a standardized, transparent, open, dynamic and resilient capital market. The new law improves the means of supervision and law enforcement, strengthens the deterrence of supervision and law enforcement, weakens the resistance of supervision and law enforcement, reduces the cost of supervision and law enforcement, and improves the efficiency and effectiveness of supervision and law enforcement. In 2019, the securities regulatory authorities continued the trend of "strong supervision" and severely cracked down on violations of laws and regulations. The China Securities Regulatory Commission has imposed multiple administrative, monetary fines and market bans on violations; it has also adopted a number of administrative supervision measures on securities, fund and futures operating institutions, and has taken administrative supervision measures on relevant persons responsible. Among them, the administrative supervision of securities companies Measures and administrative penalties exceeded one hundred times, with a total fines of over 100 million yuan; administrative supervision measures were taken for two law firms and multiple lawyers, and administrative supervision measures were taken for one accounting firm and multiple certified public accountants. The new securities law puts forward new compliance requirements for the compliance of securities companies. Securities companies should attach importance to daily compliance management, raise their employees' legal awareness, be diligent and responsible for their work, and firmly establish the concept that the legal red line cannot be touched and the legal bottom line cannot be exceeded.

Keywords: Capital market legal system construction; Securities company regulatory punishment; Administrative punishment; Market ban

Ⅳ Appendix

皮 书

智库报告的主要形式
同一主题智库报告的聚合

❖ 皮书定义 ❖

皮书是对中国与世界发展状况和热点问题进行年度监测，以专业的角度、专家的视野和实证研究方法，针对某一领域或区域现状与发展态势展开分析和预测，具备前沿性、原创性、实证性、连续性、时效性等特点的公开出版物，由一系列权威研究报告组成。

❖ 皮书作者 ❖

皮书系列报告作者以国内外一流研究机构、知名高校等重点智库的研究人员为主，多为相关领域一流专家学者，他们的观点代表了当下学界对中国与世界的现实和未来最高水平的解读与分析。截至 2020 年，皮书研创机构有近千家，报告作者累计超过 7 万人。

❖ 皮书荣誉 ❖

皮书系列已成为社会科学文献出版社的著名图书品牌和中国社会科学院的知名学术品牌。2016 年皮书系列正式列入“十三五”国家重点出版规划项目；2013~2020 年，重点皮书列入中国社会科学院承担的国家哲学社会科学创新工程项目。

S 基本子库
SUB DATABASE

中国社会发展数据库（下设 12 个子库）

整合国内外中国社会发展研究成果，汇聚独家统计数据、深度分析报告，涉及社会、人口、政治、教育、法律等 12 个领域，为了解中国社会发展动态、跟踪社会核心热点、分析社会发展趋势提供一站式资源搜索和数据服务。

中国经济发展数据库（下设 12 个子库）

围绕国内外中国经济发展主题研究报告、学术资讯、基础数据等资料构建，内容涵盖宏观经济、农业经济、工业经济、产业经济等 12 个重点经济领域，为实时掌控经济运行态势、把握经济发展规律、洞察经济形势、进行经济决策提供参考和依据。

中国行业发展数据库（下设 17 个子库）

以中国国民经济行业分类为依据，覆盖金融业、旅游、医疗卫生、交通运输、能源矿产等 100 多个行业，跟踪分析国民经济相关行业市场运行状况和政策导向，汇集行业发展前沿资讯，为投资、从业及各种经济决策提供理论基础和实践指导。

中国区域发展数据库（下设 6 个子库）

对中国特定区域内的经济、社会、文化等领域现状与发展情况进行深度分析和预测，研究层级至县及县以下行政区，涉及地区、区域经济体、城市、农村等不同维度，为地方经济社会宏观态势研究、发展经验研究、案例分析提供数据服务。

中国文化传媒数据库（下设 18 个子库）

汇聚文化传媒领域专家观点、热点资讯，梳理国内外中国文化发展相关学术研究成果、一手统计数据，涵盖文化产业、新闻传播、电影娱乐、文学艺术、群众文化等 18 个重点研究领域。为文化传媒研究提供相关数据、研究报告和综合分析服务。

世界经济与国际关系数据库（下设 6 个子库）

立足“皮书系列”世界经济、国际关系相关学术资源，整合世界经济、国际政治、世界文化与科技、全球性问题、国际组织与国际法、区域研究 6 大领域研究成果，为世界经济与国际关系研究提供全方位数据分析，为决策和形势研判提供参考。

法律声明